Si on s'y mettait...

Les Éditions Transcontinental
1100, boul. René-Lévesque Ouest, 24ᵉ étage
Montréal (Québec) H3B 4X9
Téléphone : 514 392-9000 ou 1 800 361-5479
www.livres.transcontinental.ca

Catalogage avant publication de Bibliothèque et Archives nationales du Québec
et Bibliothèque et Archives Canada
Ménard, Jacques
Si on s'y mettait... : un projet mobilisateur pour redonner aux Québécois
le goût de voir grand

Comprend des réf. bibliogr.

ISBN 978-2-89472-365-4

1. Jeunesse - Québec (Province) - Conditions sociales - 21ᵉ siècle. 2. Jeunesse - Québec (Province) - Conditions économiques - 21ᵉ siècle. 3. Québec (Province) - Conditions sociales - 21ᵉ siècle. 4. Québec (Province) - Conditions économiques - 21ᵉ siècle. I. Beauregard, Denis. II. Titre.

HQ799.C32Q8 2008   305.23509714   C2008-940308-8

Révision : Diane Grégoire
Correction : Jacinthe Lesage
Photo de Jacques Ménard : Paul Labelle, photographe © 2008
Mise en pages et conception graphique de la couverture : Studio Andrée Robillard
Impression : Transcontinental Gagné

Imprimé au Canada
© Les Éditions Transcontinental, 2008
Dépôt légal – Bibliothèque et Archives nationales du Québec, 2ᵉ trimestre 2008
Bibliothèque et Archives Canada

Tous droits de traduction, de reproduction et d'adaptation réservés

Nous reconnaissons, pour nos activités d'édition, l'aide financière du gouvernement du Canada par l'entremise du Programme d'aide au développement de l'industrie de l'édition (PADIÉ). Nous remercions également la SODEC de son appui financier (programmes Aide à l'édition et Aide à la promotion).

Pour connaître nos autres titres, consultez le www.livres.transcontinental.ca. Pour bénéficier de nos tarifs spéciaux s'appliquant aux bibliothèques d'entreprise ou aux achats en gros, informez-vous au **1 866 800-2500**.

Jacques Ménard, O.C.
avec Denis Beauregard

Si on s'y mettait...

Les Éditions
Transcontinental

« Notre vie s'arrête le jour où nous nous mettons à garder le silence sur les choses qui comptent vraiment. »

Martin Luther King, Jr.
(traduction libre)

« Nos jeunes aiment le luxe, ont de mauvaises manières, se moquent de l'autorité et n'ont aucun respect pour l'âge. À notre époque, les enfants sont des tyrans. »

Socrate (469-399 av. J.-C.)

À mes enfants,
Louis Simon, Anne Valérie

À ceux de Denis,
Sylvie, Jocelyn, Ian, Julie, Amélie

Et à leurs amis,
Philippe • Shawn • Patrick • Catherine • Richard • Patrice • Benoit • Caroline • Nathalie • Erik • Stéphanie • Annick • Tyler • Dominique • Frédéric • Mathilde • Nicolas • Laure • Geneviève • Julie • Marc-Olivier • Katherine • Valérie • Marc • Charles • Marie • Sophie • Éric • Jan-Fryderyk • Yanick • Alexandre • Pier-Luc • Pierre-Luc • Thierry • François • Jean-Philippe • Samuel • Alexandra • Karine • Laurence • Anne • Vicky • Maxime • Dave • Simon-Pierre • Laurie-Anne • Camille • Isabelle • Anne-Élizabeth • Olivier • Emy-Lee • Laurie • Karl • Kevin • Océane • Sean • Julien • Lu-An • Liu-Qin • Laurianne • Mariane • Josée-Anne • Marie-Pier • Jasmie • Céleste • Marc-André • Justine • Claudine • Jonathan • Emma • Thomas • Marie-Hélène • Stephen • Katrie • Véronike • Maxime • Jake • Nate • Paul-Olivier • Maximilien • Jacquelin • Jérôme • Victor • Oliver • Jean-Sébastien • Dania • Luka • Emile • Benjamin • Garim • Jonathan • Stéphane • Eve • Lucas • Jean-Patrick • Vanessa • Amélie • Jacques • David • Mathieu • Antoine • Pierre-Olivier • John • Grégoire • Bruno • Lyne • Amy-Lee • Jade • Iann • Cassandra • Jessie • Roxane • Clovis • Yannie • Gabriel • Claudia • Marie-Claude • Amélia • Émilie • Ariane • Alex • Rémi • Sarah • Gabrielle • Michaël • Charles • Jimmy • Jessica • Cynthia • Hugo • Jon-Ian • Antonin • Caroline • François-Charles

Ainsi qu'à tous les jeunes du Québec

Lettre à mes enfants

Louis Simon, Anne Valérie,

Il y a longtemps que je désire vous dire certaines choses. D'une façon structurée, au-delà de nos conversations à bâtons rompus autour de la table ou au coin du feu, le samedi soir.

À vous deux, que votre mère et moi aimons par-dessus tout, je veux parler à cœur ouvert de ce dernier bout de chemin que nous allons faire ensemble. Je veux vous parler du film à suspense déjà commencé dans lequel vous tiendrez bientôt les premiers rôles. Les prochaines années seront vos années. Celles qui vous permettront de laisser votre trace dans le grand livre que nous écrivons tous collectivement. Vous deux qui avez vu le jour après que votre mère et moi eûmes appris avec tristesse que nous ne pourrions jamais avoir d'enfants. Jamais une erreur médicale n'aura été aussi bien accueillie !

Je saisis l'occasion que m'offre l'écriture de ce livre parce que je crois que mon message peut s'adresser aussi à toutes les personnes de votre génération, soit vos amis, vos connaissances et, plus largement, à tous les jeunes Québécois avec lesquels vous vous engagez dans une phase cruciale de l'avenir du Québec.

Pourquoi ce livre ?

J'entretenais depuis quelque temps l'idée d'écrire un ouvrage qui résumerait les grands défis auxquels le Québec est confronté, mais qui proposerait aussi des avenues qui me semblent prometteuses. Non pas que je crois avoir la science infuse. Loin de là ! Mais je tiens à partager quelques idées qui pourraient à tout le moins provoquer le débat dont le Québec a besoin pour sortir de sa torpeur. Bref, un livre dont la génération montante pourrait tirer profit. C'est en ayant votre avenir en tête, à vous deux, que je me suis mis à écrire ce livre. Et puis, d'une phrase à une autre, voilà le travail terminé.

Quelques passages vous feront probablement sourire. Ce n'est pas que je prenne à la légère des sujets aussi importants. Cela indique tout simplement que, dans la vie, on peut travailler très fort sans nécessairement se prendre au sérieux. Vous verrez, c'est tout aussi efficace. C'est beaucoup plus intéressant quand on s'amuse en travaillant.

Tempus fugit

« Arrêtez ce train
Je veux en descendre
Et rentrer à la maison
Ça va trop vite
J'peux pas l'supporter
Mais franchement, quelqu'un peut-il arrêter ce train ? »
Traduction libre de la chanson
Stop This Train de John Mayer

Non, personne n'arrêtera le train de la vie ! Au contraire, il prendra de plus en plus de vitesse à mesure que vous vieillirez. Vous êtes sortis de la gare depuis un bon moment déjà et vous voilà à bord d'un train direct, sans arrêt. Impossible de débarquer le temps d'une pause, comme c'était encore possible à l'adolescence.

Le temps fuit, le temps presse. Pas le temps de prendre votre pouls trop souvent. De tâter vos états d'âme. Faites une différence le plus tôt possible dans votre vie. Et surtout, n'ayez pas peur de vous tromper.

Vérifiez vos points de repère... et foncez. Ne perdez surtout pas votre temps à geindre sur vos déceptions. Laissez cela aux gérants d'estrades et à ceux qui préfèrent regarder passer la parade. Menez votre parade vous-mêmes. Personne d'autre que vous n'en est responsable. Ainsi, vous n'aurez personne d'autre que vous à blâmer si ça chauffe trop ; vous n'aurez que des félicitations à adresser à vos complices, quand ça ira bien. Et je suis persuadé que ça ira bien.

Des compromis, oui, mais pas de compromissions

Vos valeurs et vos principes sont non négociables. Tricher là-dessus équivaudrait à jeter votre boussole en plein bois. Ce serait le meilleur moyen de ne jamais retrouver votre chemin.

Vos valeurs et vos principes sont l'empreinte digitale de votre âme. Votre signature. Même s'il ne vous restait plus rien dans un moment particulièrement tragique (personne n'est à l'abri), vous seriez encore riches de vos valeurs et de vos principes. Donc équipés pour tout recommencer, forts de l'expérience acquise.

Au moment de prendre des décisions difficiles, faites abstraction de votre ego et des considérations qui s'apparentent trop à l'appât du gain. Il ne restera plus que les éléments essentiels à la décision, dont la dimension humaine.

Vous devez agir pour vos petits-enfants

Ils sont déjà là. Ils vous regardent. Ils vous jaugent. Même s'ils ne sont pas encore nés. Oui, vos enfants et vos petits-enfants sont en vous. Tout près de vous. Ils guident vos actions vers leur avenir qui vous semble pourtant bien lointain. Ils sont déjà à bord de ce train que personne ne peut ralentir.

Tous les jours de votre vie, agissez comme s'ils étaient déjà là, comme s'ils guidaient vos décisions. Rendez-les déjà fiers de vous. Si notre propre génération s'était toujours comportée en vous ayant bien présents à l'esprit, notre société ne serait certainement pas dans l'état où elle est.

C'est vrai dans nos bureaux, à l'usine ou encore dans les parlements. Dommage, vous méritiez mieux. Mais il n'est pas trop tard pour faire, avec vous, le dernier bout de chemin dans la bonne direction.

Un trou dans le testament

Autant je suis fier de ce que notre génération vous laisse de mieux, autant j'ai honte de certains volets de cet héritage.

Nous vous laissons un environnement de piètre qualité. Nos parents avaient fait tellement mieux pour nous. Vous, votre carte de crédit gouvernementale est déjà pleine. Nous n'avons pas toujours fait des choix responsables en vous endettant autant. C'était tellement plus facile d'agir en myopes que de nous préoccuper de l'avenir, votre avenir. La qualité de notre système d'éducation, de nos services de santé et même de certaines de nos infrastructures n'est pas à la hauteur de ce que vous méritez. En plus, nous abandonnons un nombre invraisemblable de laissés-pour-compte au bord du chemin. Dommage… Je suis convaincu que vous ferez mieux. Vous pouvez compter sur moi pour faire le dernier bout de chemin avec vous. Vous m'apprendrez. Je serai bon élève. Il se fait tard, mais pas trop tard. Ensemble, nous sauverons la mise, pour vous et vos enfants.

La planète vous appartient

Avec tout le talent qui est le vôtre et les ressources à votre portée, le monde vous appartient. Vous serez, j'en suis sûr, des faisceaux de vie, d'énergie et d'amour desquels s'édifiera un monde meilleur.

N'hésitez pas à voir « large ». Influencez la vie des gens que vous croiserez sur votre route, amis comme étrangers, tout au long de votre voyage. Un voyage que je vous souhaite à l'échelle du monde.

Il n'y a de frontières que celles qu'on érige soi-même

Allez là où les plus grands défis vous appellent. En commençant par le Québec et le Canada, bien sûr, mais n'hésitez pas à parcourir le monde.

C'est l'étendue de la table de travail d'aujourd'hui. Rien ne vous est interdit. Vos seules limites sont celles de votre ardeur à vous réaliser. La planète entière compte sur vos talents, votre énergie, votre générosité.

La passion se cultive

Restez toujours passionnés, sans peur, et, j'ose dire, «invincibles», dans le sens où, une fois que vous aurez mis toutes les chances de votre côté, votre confiance en vous vous fera traverser les montagnes. Intelligence, travail et respect des autres ne peuvent mener à quelque défaite que ce soit. Ne laissez jamais le doute vous habiter. Cela ne ferait que vous retarder. Vous diminuer. Rien à voir avec la science infuse. Bien au contraire. Curiosité et écoute des autres sont aussi gages de réussite. Restez humbles, particulièrement devant le succès. Humilité et confiance tranquille sont les ingrédients de la réussite. Ajoutez à cela une bonne dose d'amour et, en plus de réussir, vous serez heureux. Ce qui n'est pas toujours la même chose.

Ne gagnez jamais aux dépens des autres. Il faut toujours gagner avec les autres. Comme on le disait il y a quelques années, trouvez des solutions «gagnant-gagnant». En affaires comme dans votre vie personnelle. Ainsi, les gens rechercheront votre compagnie et votre participation à leurs projets. Vous serez entourés de complices. Et croyez-moi, avec le boulot que vous avez à accomplir, vous en aurez bien besoin.

Nous vous aimons tellement

Quels que soient vos choix, sachez que votre mère et moi, nous vous aimons plus que tout au monde. Que nous serons là encore un bon bout de temps si Dieu nous prête vie. Présents, à l'écoute. Prêts à donner un coup de main. Disponibles et, surtout, fiers de vous.

Allez !

Papa

Table des matières

Introduction • Dire tout haut ce qu'on pense tout bas :
si on s'y mettait ?   17

PARTIE I
LE QUÉBEC SE COMPLAÎT
DANS LA MÉDIOCRITÉ   21

0 • Réarranger les chaises sur le pont du *Titanic*   23
1 • Les finances publiques   27
2 • Des centenaires par centaines   35
3 • La productivité n'est pas une MTS   43
4 • Éduquer, c'est donner la vie une seconde fois   47
5 • Pourquoi les Québécois ont les poches vides   59

PARTIE II
LES JEUNES NE SONT PAS PLUS CONS
QU'ON NE L'ÉTAIT À LEUR ÂGE   65

6 • Des choses à dire… tu parles !   69
7 • Qui pense quoi ?   91
8 • Le Québec, une jeune société distincte ?   103
9 • Les jeunes du monde entier   109
10 • Un grand brassage intergénérationnel   113

PARTIE III
ÇA PREND UN PLAN DE MATCH 117

11 • Le modèle québécois : une Cadillac avec un moteur de Lada 121
12 • Assez, c'est assez ! 123
13 • On est moins nono quand on sait 131
14 • Qui paie ses dettes s'enrichit 137
15 • La pauvreté n'est pas un projet de société 143
16 • La fiscalité peut servir 151
17 • Miser sur l'or bleu 161
18 • Payer maintenant, vieillir plus tard 167
19 • La productivité, pas seulement pour les lapins 173
20 • Oui à un système d'éducation performant 181
21 • Sortir le marché du travail des soins intensifs 201
22 • L'entreprise dans l'œil de l'ouragan 215
23 • L'entreprise nouvelle génération 227
24 • L'économie sociale : capitale ! 233
25 • Esprits créatifs, à vos ordis ! 235
26 • Donner sans compter son temps 243
27 • Un ministère de l'Imagination : pourquoi pas ? 247
Conclusion • Le droit de rêver, l'obligation d'agir 251
Notes 257
Références 261
Merci 265

INTRODUCTION

Dire tout haut ce qu'on pense tout bas : si on s'y mettait ?

Prendre la parole au Québec sur des questions d'affaires publiques n'est pas facile pour tout le monde. Surtout pour nous, gens d'affaires. On s'est fait dire : attention, terrain miné. Calme-toi le pompon. **T'es en conflit d'intérêts.**

Je me suis déjà fait traiter de banquier par un ténor du mouvement syndical qui ne voulait rien savoir de mon opinion sur le financement du système de santé. Un banquier qui ose réfléchir au financement d'un système qui coûte près de 25 milliards de dollars par année aux Québécois, mais de quoi je me mêle ? Voilà qui nous incite à nous faire discrets, voire inexistants sur la place publique.

J'ai décidé il y a longtemps de ne pas me taire. Justement parce que **j'ai des intérêts.** J'en ai plein ! J'en ai même plus à titre de citoyen qu'à titre de dirigeant d'entreprise. Je dis donc bien poliment à tous ceux qui prétendent que les gens d'affaires doivent disparaître des débats publics parce qu'ils sont en conflit d'intérêts : *mea culpa*. J'ai des intérêts et je ne m'en cache pas.

Quels intérêts ?

Comme parent, j'aimerais que mes enfants décident de rester au Québec. J'aimerais voir vieillir mes petits-enfants sans me taper les aéroports pour leur dire de vive voix que je les aime. *Mea culpa*, je suis en conflit d'intérêts.

17

Comme usager des routes, je suis tanné de remplacer mes pneus et mes jantes à chaque printemps dans les rues balafrées de Montréal. Avez-vous déjà eu le même problème à Québec, où habitent les hauts fonctionnaires, entre autres du ministère des Transports ? *Mea culpa*, je suis en conflit d'intérêts.

Comme citoyen, j'aimerais voir moins d'itinérance, moins de *squeegies* qui attaquent mon pare-brise parce qu'ils n'arrivent pas à s'intégrer dans un système qui les a laissés pour compte. *Mea culpa*, je suis en conflit d'intérêts.

Comme citadin, j'aimerais garder chez nous les quelques équipes de sport professionnel qu'il nous reste parce que ça fait partie de ma qualité de vie d'aller voir un bon match à l'occasion. J'aimerais pouvoir continuer à assister à un concert donné par un orchestre de classe mondiale dirigé par un chef brillant. *Mea culpa*, je suis en conflit d'intérêts.

Comme patient, j'aimerais passer moins de trois jours dans les corridors d'un hôpital. J'aimerais qu'on respecte ma dignité et qu'on me soigne dans les conditions auxquelles je peux m'attendre d'une société développée. *Mea culpa*, je suis en conflit d'intérêts.

Comme homme d'affaires, j'aimerais que les entreprises québécoises cessent de faire faillite parce qu'elles ne sont plus assez compétitives, et que les entreprises familiales cessent d'être vendues à rabais parce que la fiscalité trop lourde empêche la génération suivante de prendre le relais. Ben oui, ben oui, ça me donnerait plus de clients potentiels à conseiller ou à qui ma banque, mais aussi d'autres institutions, pourrait obtenir du finanement. *Mea culpa*, je suis en conflit d'intérêts.

Vous aussi, vous êtes en conflit d'intérêts, tous autant que vous êtes. Et je dis : tant mieux. Et je vous incite fortement à vous en occuper, justement, de vos intérêts. Je dis à tous les Québécois, en particulier à mes collègues du milieu des affaires, et par-dessus tout aux jeunes : **n'ayez pas peur**. Il ne faut jamais craindre d'exercer son droit de parole si on veut bâtir une société qui s'occupe bien des intérêts de chacun.

Le Québec évolue. Il a ses hauts et ses bas. Est un peu bipolaire à ses heures. Au bout de notre vie active, que laisserons-nous aux jeunes ? À nos enfants ? À nos petits-enfants ? Auront-ils les moyens de leurs ambitions ? Denis Beauregard et moi échangeons depuis vingt ans sur l'évolution du Québec.

Nous, les Québécois, vivons dans un état de béatitude, hypnotisés par la relative prospérité économique, due en bonne partie au prix du pétrole et des commodités de base. Cette relative prospérité nous procure une illusion de sécurité. Les non-dits servent trop souvent de paravent. Ce n'est pas *cool* d'oser appeler un chat un chat. Hélas, dans le monde d'aujourd'hui, les droits acquis ne sont pas garants d'un confort futur. Denis et moi croyons qu'il faut cesser d'infantiliser la population et dire les choses. Dans ce livre, je m'adresse aux baby-boomers qui deviendront bientôt le plus important « papi-mamie-power » de l'histoire. C'est aux gens de notre génération qu'il appartient de redresser le gouvernail pendant que nous avons encore les moyens d'agir. Si nous ne le faisons pas, nous hypothéquerons la capacité de nos enfants de faire leur bout de chemin honorablement, du moins au Québec.

Ce livre est un geste d'espoir. Nous proposons aux Québécois un voyage stimulant auquel chacun peut contribuer. Nous voulons redonner au Québec le dynamisme qui lui a valu ses plus grands succès en mettant tout un chacun à contribution. Ce livre mise aussi sur la volonté des jeunes de se mobiliser individuellement et collectivement dans la réalisation d'un grand projet conforme à leurs valeurs. Il donne l'heure juste. Il propose aussi un plan d'action concret fondé sur la vision des jeunes et sur la créativité dont ils sont capables. Il convie les Québécois à 10 grands chantiers et leur propose des actions précises, pertinentes et réalistes. Rien d'un credo. Plutôt une invitation à passer à l'action.

Si on s'y mettait... on pourrait réaliser de grandes choses ensemble. Ça donne le vertige rien que d'y penser.

PARTIE I

Le Québec se complaît dans la médiocrité

Quand on se regarde, on se désole ; quand on se compare, on se console, dit le dicton. Je n'en suis pas si sûr. Ça dépend avec qui on se compare.

Il est toujours intéressant de savoir où en sont les autres. Qui ça, les autres ? Ceux avec qui on est en concurrence directe : d'abord les autres Canadiens et les Américains, puis les pays d'Asie. Ne serait-ce que pour examiner le taux de croissance économique fulgurant de ces pays depuis une bonne dizaine d'années, la croissance de leur productivité, la capacité de pays comme l'Inde de produire des diplômés en quantité astronomique en regard de nos standards, et pour bien d'autres raisons.

Bien sûr, les chiffres peuvent cacher des réalités qu'on préfère ne pas voir. Les mauvaises langues disent parfois que les statistiques sont à certains économistes ce que le lampadaire est à l'ivrogne ; ça sert plus à s'accrocher qu'à éclairer. Reste que cela peut être très instructif de mesurer nos progrès à l'aune de ceux des autres.

C'est ce que je fais dans cette première partie. Ce regard porté sur les autres n'a pas pour but de nous autoflageller, un exercice dans lequel nous sommes passés maîtres, mais il servira plutôt à avoir l'heure juste. Je veux aller au-delà des savantes justifications des politiciens en période de campagne électorale et sortir de l'agitation des Cassandre de tout acabit.

Comment se compare-t-on en matière de finances publiques? Sommes-nous dans la bonne moyenne ou traînons-nous à la queue du peloton des pays avec lesquels nous sommes en concurrence? Une bonne partie du dynamisme de notre économie dépend de la réponse à cette question. Une partie de notre niveau de vie réel aussi.

La population vieillit-elle aussi vite qu'on le dit? Si c'est le cas, ce n'est pas un drame... si nous nous préparons en conséquence. Mieux encore, il faut bâtir une société au sein de laquelle les personnes âgées seront bien traitées et contribueront, à leur manière, au développement de cette société.

Sommes-nous une société productive par rapport à la performance de nos concurrents? Quelle importance, direz-vous? Il y va de notre niveau de vie, tout simplement. Particulièrement pour une société aussi ouverte sur le monde que la nôtre. Et démolissons une fois pour toutes ce vieil épouvantail qu'agitent les ténors de la «gaugauche»: non, augmenter la productivité d'une société ne consiste pas à sortir le fouet. Bien au contraire.

Sommes-nous une société éduquée par rapport à nos concurrents? La réponse à cette question fondamentale n'est peut-être pas si simple que certains peuvent le penser. Ce n'est pas nécessairement parce que nos jeunes usent leurs jeans et leurs pantalons cargos plus longtemps sur les bancs de l'école que nous marquons des points.

Je terminerai cette première partie en citant une étude percutante qui évalue les différences, en dollars, entre les performances du Québec, celles de l'Ontario et celles de l'ensemble du Canada. Où sont nos forces, nos faiblesses, et quels sont les manques à gagner? Je vous présenterai des chiffres et, surtout, vous parlerai de ce qu'il faudrait faire pour rattraper les autres. Parce qu'il y a du rattrapage à faire...

0

Réarranger les chaises sur le pont du *Titanic*

Le 22 juin 1960. Coup de tonnerre dans un ciel bleu, les rouges prennent le pouvoir après seize ans de grande noirceur. « Maîtres chez nous », clamait Jean Lesage à la tête, justement, de l'équipe du tonnerre. « C'est une victoire merveilleuse, une victoire pour les jeunes qui sont libérés du manque de sécurité face à l'avenir », déclarait le premier ministre avec enthousiasme, le soir même de la victoire. C'était il y a presque un demi-siècle de cela. Je m'en souviens comme si c'était hier. Quel grand moment de fierté !

100 à l'heure… puis stop !

Au cours des années et des décennies qui ont suivi, la nationalisation de l'électricité, la création du ministère de l'Éducation, la mise sur pied de l'assurance maladie, de la Caisse de dépôt et placement du Québec, de la Régie des rentes du Québec, et de combien d'autres institutions marquantes ont contribué puissamment à l'affirmation du Québec, à son développement et à son rayonnement sur la scène mondiale.

Le frère Untel a fait voler en mille éclats les vestiges d'un système d'éducation complètement dépassé. Les enfants et les adolescents que nous étions sont allés à l'école, au collège, à l'université en grand nombre, comme aucune autre génération avant eux. Nous avons rattrapé des décennies de retard à un rythme d'enfer. Nous avons tout remis en question. Nous avons défié le changement. Si notre révolution a été tranquille, elle n'en fut pas moins fulgurante. Nos entreprises ont conquis le monde dans les domaines les plus compétitifs : télécommunications, informatique, matériel de transport, ingénierie, biotechnologie et plusieurs autres. Chapeau ! En sortant du collège ou de l'université, les choix de carrière les plus stimulants s'offraient à nous.

Puis vint la bureaucratie. Le « modèle québécois » s'est enrichi d'une nouvelle pièce : le F-R-E-I-N. En quelques années, notre dynamisme nouveau, notre esprit d'entrepreneuriat au sens le plus large, notre confiance en nous-mêmes, bref, les causes de nos succès, se sont estompés. Résultat : nous vivons maintenant dans un Québec frileux qui craint de plus en plus le changement, qui s'engage dans l'avenir les yeux rivés sur le rétroviseur. Nous vivons dans une société ralentie par le sacro-saint statu quo, paralysée par le poids de pseudo-droits acquis – hors du consensus, point de salut ! – et affaiblie par tous ces rendez-vous manqués des dernières décennies. La souplesse qui nous a valu du succès s'est transformée en rigidité. Plus rigide que ça, t'es déjà mort.

Nous vivons aussi dans un Québec endetté qui peine à éduquer ses enfants convenablement, à soigner ses malades, à soutenir les efforts de ses entreprises et même à réunir les éléments d'une politique familiale cohérente. En fait, un Québec où les jeunes les plus mobiles pourraient être tentés d'aller voir si l'herbe est plus verte ailleurs. Si c'est vrai que le soleil brille pour tout le monde, salut papa, on t'écrira !

Nous ne pouvons pas récupérer tous ces rendez-vous manqués, pas plus que nous ne pouvons remettre le dentifrice dans le tube quand il en est sorti. Inutile de nous apitoyer sur notre sort. Mais rien ne nous empêche de reprendre le collier, forts des leçons apprises de nos succès et de nos échecs. Nous pouvons repartir plus résolus que jamais et réaliser enfin notre plein potentiel comme société. Cela ne dépend que de nous. Ne serait-ce que par fierté pour ce que nous sommes et par respect pour les générations qui nous ont amenés où nous sommes. Au nom aussi de celles qui suivront. Ferland a écrit « Et puis je me reprends » dans sa magnifique chanson *Avant de m'assagir*. Écoutez-la, ça donne du pep !

Après tout, le Québec est riche de ressources qui font l'envie de bien des pays. Un Québec qui possède tous les atouts pour faire partie du peloton de tête au palmarès de la richesse des provinces canadiennes. Il me semble évident que tout est possible. Stratégie, effort et volonté de gagner peuvent nous redonner l'impulsion que nous avons perdue en cours de route. Évidemment, il faudra changer des choses, nous réveiller, retrousser nos manches. Nous «cracher dans les mains», comme le disait Félix.

Devant tout cela, comment les jeunes perçoivent-ils leur avenir? Leurs valeurs ont-elles changé au point de façonner une société nouvelle? La vision de la génération montante rend-elle caduque la société bâtie par les baby-boomers, pour les baby-boomers? Je ne voulais pas souffler les réponses à ces interrogations. Je suis donc allé poser ces questions, et bien d'autres, aux jeunes Québécois âgés de dix-huit à trente-cinq ans. J'ai comparé les ambitions et les valeurs de ces jeunes à celles de jeunes Canadiens et même à celles de la jeunesse d'une douzaine de pays dans le monde. Les résultats sont parfois étonnants, mais toujours stimulants. Les jeunes ne sont pas plus cons que nous ne l'étions à leur âge. Leur vision constitue le fondement même de cet ouvrage.

Toujours en retard d'une crise

Ce livre établit d'abord un constat. Mon père avait l'habitude de dire que, pour espérer sortir du bois, il est essentiel de réaliser qu'on est dedans. Partant de là, pas nécessaire d'y retourner pour se perdre encore une fois. Encore faut-il affronter la réalité et ne pas nier les problèmes. Quand nos viaducs nous tombent sur la tête, quand la vermine ronge les conduits de nos hôpitaux, quand les algues de toutes les couleurs nous forcent à rester sur la plage, pourquoi toujours prétendre qu'il n'y a pas de problème, que tout est réglé, qu'on allait justement y travailler, qu'un comité se mettra à l'œuvre, etc.?

Quand on a le nez collé sur l'arbre, ça sent bon, mais on perd la forêt de vue. Durant ce temps-là, la vie continue, et l'expérience démontre que les problèmes terrestres se règlent rarement grâce à l'intervention divine. Il faudrait apprendre à gérer autre chose que des crises à coups de relations publiques. Bien sûr, il arrive parfois que nul ne soit mieux servi que par… une crise.

Dans de nombreux domaines (éducation, santé, économie, etc.), ne sommes-nous pas en train de réarranger les chaises sur le pont du *Titanic* pour avoir une meilleure vue sur l'iceberg ? Repoussons-nous des bouées de sauvetage sous prétexte que nous sommes trop occupés à nous faire bronzer ? S'il vous plaît, ne pas déranger… Nos gentils organisateurs savent-ils où ils nous emmènent ? Ou nos guides sont-ils aussi perdus que nous ? Ramer dans la gravelle : un sport bien répandu au Québec. Un sport d'élite même. Ça magane les rames, mais ça fait les bras ! Pourtant, il ne faut pas attendre que la goutte fasse déborder… le baril !

Donc, le point de départ : regarder la réalité bien en face. Arrêter de chercher les plus mal pris que nous pour continuer à nous bercer d'illusions. Où en sommes-nous quand nous enlevons nos lunettes roses ? Les politiciens utilisent souvent les sondages pour formater leurs promesses et ensuite les justifier les soirs de débats télévisés. Ils prennent les résultats des sondages pour une destination alors qu'il s'agit d'un point de départ. C'est regarder l'avenir par le mauvais bout de la lorgnette. Les vrais hommes d'État (les femmes aussi, bien sûr) utilisent les sondages comme une source de questionnement. Ils y cherchent des références utiles pour aiguiller leurs projets de changement. Pour amener les gens vers demain et non surfer sur la peur du changement. Bref, ils regardent par le bon bout de la lorgnette, en vrais leaders qu'ils sont.

1
Les finances publiques

Les sociétés font des choix en fonction des valeurs de leurs citoyens. Notre Belle Province ne fait pas exception. Particulièrement depuis quelques décennies, le gouvernement du Québec joue un rôle crucial dans nos choix économiques et sociaux. Il soutient, accélère et même oriente certaines des grandes décisions qui sont, ailleurs, prises davantage en fonction des lois du marché. Notre régime fiscal reflète notre volonté collective de partager la richesse beaucoup plus largement que dans plusieurs juridictions nord-américaines. Nous avons choisi de creuser les déficits budgétaires pour soutenir envers et contre tous notre vision de la société, même à des moments où nos performances économiques nous dictaient de faire le contraire. Nous avons choisi de rouler en voiture de luxe dans des domaines aussi coûteux que la santé, alors que nos moyens nous permettaient peut-être de rouler à l'aise dans une bonne vieille familiale.

Dans la vie, tout choix a un prix. En politique aussi. Voyons comment se situent aujourd'hui les finances publiques du Québec en regard des juridictions avec lesquelles nous sommes en concurrence.

Une dette à donner des cauchemars aux insomniaques

Comme le disait l'écrivain québécois d'origine française Jean-François Somain, l'argent n'a pas d'importance, mais le manque d'argent en a!

Dans le domaine des finances publiques, les données existent. Elles sont compilées, analysées, diffusées. Et incontestables, pensez-vous? Rien de moins sûr.

Dans le coin gauche: «La CSN ne croit pas que le Québec ait vraiment les moyens de rembourser la dette publique dans le contexte actuel, ni même que cela soit nécessaire ou prioritaire[1].» Dans le coin droit: un nombre impressionnant de leaders dans tous les domaines, d'économistes et de chefs d'entreprise croient que la dette publique est un défi prioritaire pour le Québec.

Le Québec remporte la palme... des provinces les plus endettées

Qui a raison, qui a tort? Si le fait de devoir au-delà de 122 milliards de dollars ne vous empêche pas de dormir (sans parler de la portion de la dette fédérale qui incombe au Québec – une autre centaine de milliards), vous pouvez toujours continuer à rêver.

Lorsqu'on comptabilise la dette par habitant, la situation des Québécois n'est guère plus reluisante, comme en témoigne le tableau de la page suivante.

Quant à moi, le fait que le Québec décroche la première position des provinces canadiennes n'a rien pour me rassurer. Difficile de croire que plus nous avons de dettes, plus nous sommes riches! Il y a peut-être quelque chose qui m'échappe, mais j'ai toujours eu de la misère à croire que nous soyons les seuls à avoir le pas dans le régiment.

Dette financière nette consolidée des administrations publiques provinciales, territoriales générales et locales au 31 mars 2005

PROVINCES OU TERRITOIRES	DETTE FINANCIÈRE NETTE CONSOLIDÉE (EN MILLIARDS DE DOLLARS)	PAR HABITANT (EN DOLLARS)
Québec	114,98	15 165
Ontario	106,73	8 533
Colombie-Britannique	17,18	4 051
Manitoba	11,86	10 098
Nouvelle-Écosse	11,82	12 617
Terre-Neuve-et-Labrador	10,78	20 938
Saskatchewan	8,30	8 371
Nouveau-Brunswick	6,14	8 166
Île-du-Prince-Édouard	1,35	9 768
Nunavut	0,33	11 000
Territoires du Nord-Ouest	−0,46	−1 070
Yukon	−0,30	−9 677
Alberta	−21,28	−6 538

Source : Statistique Canada, *Le Quotidien,* 3 mai 2007.

Je ne suis pas tout seul dans mon camp. Je suis même en très bonne compagnie. L'économiste Pierre Fortin, qu'on peut difficilement accuser de faire dans la « pop économie », classe la dette totale du Québec dans le top 5 des pays de l'OCDE les plus endettés en regard de leur PIB. Seuls le Japon, la Grèce, l'Italie et la Belgique nous battent à cet égard[2]. Et puis après ? répondent en chœur les tenants du « tout va pour le mieux dans le meilleur des mondes ».

Les plus grands experts s'entendent pour allumer le feu jaune foncé. En fait, le problème n'est pas de payer les intérêts sur notre dette, qui représentent à peu près la moitié du budget annuel de l'éducation. On y arrive, bien sûr, mais à quel prix ! Mais une fois ces intérêts payés, il nous reste de moins en moins d'argent pour financer la croissance de nos programmes. Vous le savez comme moi, l'éducation est sous respirateur. La santé gobe pratiquement tout l'argent neuf, et ça ne suffit toujours pas à faire bouger l'aiguille. Notre réseau routier est indigne d'un pays développé. Quand les feuilles changent de couleur à l'automne, il se met à pleuvoir dans nos écoles. Nos hôpitaux nous rendent malades et parfois même nous font mourir.

Pas étonnant. Quand les seuls paiements d'intérêts sur la dette occupent le troisième rang des dépenses du gouvernement (j'ai bien dit les intérêts, pas le remboursement du capital), je commence à croire qu'il faut se réveiller. Si Voltaire écrivait *Candide* aujourd'hui, je pense qu'il lui ferait faire un petit tour dans certains bureaux du gouvernement du Québec! Ou peut-être chez certains éléments de notre gauche, qui est probablement la plus à droite du monde. Le propre de la gauche n'a-t-il pas toujours été de provoquer le changement et non de livrer toutes les batailles d'arrière-garde visant à assurer le statu quo?

Pourquoi notre taux d'endettement m'inquiète-t-il autant? Il m'inquiète parce que:

1. se classer dernier, ou à peu près, ne m'a jamais semblé porteur d'avenir;
2. notre capacité collective de payer a atteint ses limites. Déjà, c'est au Québec que les dépenses publiques sont les plus élevées au Canada;
3. notre productivité est plus faible que celle de nos partenaires commerciaux. Cela veut dire que produire des biens ou des services nous coûte plus cher qu'à nos voisins et à nos concurrents. N'oublions pas que l'économie du Québec est basée sur l'exportation. Attention, danger! On voit déjà les ravages du dollar canadien sur notre industrie manufacturière. Ce ne sont pas des incantations pour que l'État intervienne qui y changeront grand-chose;
4. nous nous préparons à vivre un des chocs démographiques parmi les plus violents du monde. J'y reviendrai au chapitre suivant.

Tout cela se traduit par:

1. *une augmentation importante et prévisible des coûts des programmes sociaux.* À moins que nous nous mettions tous à mourir à cent ans, en parfaite santé, frappés par la foudre en faisant notre jogging le long du fleuve;

2. *une diminution importante du nombre de personnes en âge de travailler et qui contribuent au financement des services de l'État.* Donc, la facture augmente pendant que le nombre de payeurs diminue. Deux plus deux feront toujours quatre. Moins il y aura de payeurs, plus ça coûtera cher à chacun. Même si plusieurs personnes âgées maintiendront une certaine contribution, celle-ci sera moindre que celle fournie dans leur vie active et, en raison de leur âge et de leur état de santé, elles coûteront forcément plus cher à la société ;
3. *un des plus longs cycles de croissance économique de l'après-guerre et des taux d'intérêt qui ont battu des records… vers le bas!* Imaginez les conséquences d'une augmentation des taux d'intérêt sur une dette aussi importante que la nôtre. Une hausse de seulement 1 % des taux d'intérêt sur une dette de 122 milliards de dollars augmenterait le montant des intérêts annuels de 400 millions à court terme et d'environ 1,2 milliard annuellement à long terme[3]. Ce n'est pas moi qui le dis, c'est l'économiste Pierre Fortin. Vous savez comme moi que le Québec n'a pratiquement pas de marge de manœuvre. Si vous en doutez, regardez votre dernière déclaration de revenus. Et croyez-vous sérieusement que la Banque du Canada baissera pendant longtemps les taux d'intérêt pendant que l'économie galope dans l'Ouest ? Attendez-vous plutôt au contraire.

Des impôts à vous décourager d'aller travailler

Des conséquences à ces impôts élevés ? Eh oui. Il n'y a que les Québécois pour menacer de renverser un gouvernement qui respecte ses engagements, c'est-à-dire qui baisse les impôts. Société distincte, dites-vous ? Je ne crois pas. Il faudrait plutôt se poser les bonnes questions. Par exemple, pourquoi les 42 % de contribuables québécois qui ne paient pas d'impôt sur le revenu accepteraient-ils avec enthousiasme que les payeurs en paient moins et que les services diminuent ? Une des lois de l'économie veut que les gens adoptent toujours un comportement économique raisonnable. Voilà une belle application de cette loi. Assurer l'accès au bar ouvert, en faisant des pieds et des mains pour faire payer les autres. Individuellement, ça se tient. Socialement, c'est suicidaire.

Intéressons-nous à ceux qui paient des impôts. Si notre richesse collective est plus faible qu'ailleurs (54e rang sur 60 États et provinces en Amérique du Nord, d'après le journaliste Alain Dubuc[4]), que notre facture de services publics est plus élevée, de même que notre taux d'endettement, pas besoin d'un doctorat en économie pour prévoir le résultat. Notre fardeau fiscal bat des records en Amérique du Nord. Il n'y a pas de quoi pavoiser. En fait, le problème, c'est qu'on n'est pas les premiers dans les bonnes affaires !

Un point de repère : si, en 2005, on avait appliqué au Québec le même régime fiscal qu'en Ontario, on aurait payé au total cinq milliards de moins en impôts et taxes. C'est quand même beaucoup. Les vacances familiales dont vous rêvez depuis longtemps sont peut-être là-dedans ! Le dernier projet de développement avorté dans votre région aussi. On ne refera pas le coup de la multiplication des petits pains…

Parlons des entreprises maintenant. C'est le Québec qui impose à ses entreprises la charge fiscale la plus lourde au Canada, en proportion du PIB[5]. Bien que les impôts sur les profits soient plutôt raisonnables, les taxes sur la masse salariale, elles, sont à vous décourager d'embaucher du monde. Sans parler de la taxe sur le capital, qui a la vie bien dure au Québec. Ailleurs, cette taxe est passée au rang de douloureux souvenir.

Un système fiscal, donc, qui reflète une réalité complètement dépassée. Au moment où rien n'est plus facile que de déplacer la production n'importe où dans le monde, taxer lourdement l'emploi n'est certainement pas la meilleure idée. Et à ce sujet, les chiffres sont trompeurs. Cent nouveaux emplois de *flippers* de hamburgers ne remplaceront jamais les postes d'ingénieurs, de professionnels, de techniciens qu'offrent les grandes entreprises ouvertes sur le monde. Fait particulièrement préoccupant, ce fléau qui touche les emplois de qualité frappe assez fort dans les régions qui s'affaiblissent en raison des départs des grandes entreprises et de leurs emplois générateurs de retombées économiques, sociales et culturelles. Cela dit, je n'ai rien contre les gens qui font des hamburgers : j'en mange, moi aussi.

Quand nous regardons honnêtement l'état de nos finances publiques, la question se pose : est-ce le genre d'héritage que nous voulons laisser à nos enfants ? Pour l'instant, le moins que je puisse dire, c'est que nous avons fait un grand trou dans le testament. Et quand la succession risque de coûter plus cher que ce qu'elle rapportera, vous savez ce qu'on fait ? On refuse la succession. Une façon de le faire : aller voir ailleurs. Bye-bye, pôpa !

Et tout cela se passe pendant qu'au Québec, on compte encore cinq personnes en âge de travailler pour une personne âgée de plus de soixante-cinq ans. Ce qui m'amène à mon prochain sujet : le vieillissement accéléré de la population.

Des réactions ?
Venez poursuivre la discussion sur le blogue de l'auteur : **www.sionsymettait.com**

2

Des centenaires par centaines

Le Québec vieillit. Comme tout le monde, direz-vous. Non. Plus vite que tout le monde, à l'exception du Japon et de l'Italie. Comment expliquer cela ? Nous faisons moins de bébés et nous vivons plus vieux. Ce qui est grave pour une société, ce n'est pas de vieillir, c'est de vieillir sans relève suffisante. C'est là où nous en sommes.

Demain, quel âge aurons-nous ?

Voici ce qui nous attend dans moins de vinq-cinq ans (autant dire demain quand on parle de démographie). Vers 2030, si rien ne change, le Québec figurera au troisième rang au titre de population la plus vieille du monde (après le Japon et l'Italie). La proportion des personnes âgées de soixante-cinq ans et plus aura doublé, passant de 12 % à 24 %. Un phénomène d'une vitesse fulgurante.

Le fait qu'il y aura moins de personnes en âge de travailler par rapport au nombre de personnes de soixante-cinq ans et plus signifie qu'un plus petit nombre sera en mesure de soutenir les dépenses publiques, et par conséquent d'assurer la croissance de notre économie.

Quand j'ai terminé mes études, nous étions huit personnes en âge de travailler pour une personne de soixante-cinq ans et plus. Et ça ne date pas de la Première Guerre mondiale ! En 1986, nous étions encore sept pour une. Aujourd'hui, nous ne sommes plus que cinq pour une. Dans vingt-cinq ans, ils ne seront plus que deux pour une. Ils, ce sont les enfants qui usent aujourd'hui leurs culottes sur les bancs de l'école à acquérir des connaissances transversales.

Que s'est-il donc passé ?

Pourquoi ce vieillissement accéléré ? Plusieurs raisons peuvent l'expliquer, dont celles-ci :

1. *La chute du taux de fécondité.* Le taux de fécondité est passé de 3,8 enfants en 1951 à 1,6 en 2006. Pour assurer le remplacement de la population, il faudrait que ce taux soit d'un peu plus de 2. On est loin de la revanche des berceaux !

2. *Un accroissement important de l'espérance de vie.* En 1980, l'espérance de vie à la naissance (hommes et femmes confondus) était d'un peu moins de soixante-quinze ans. Elle est maintenant de plus de quatre-vingts ans.

3. *Un solde migratoire peu reluisant.* On attire peu d'immigrants, et on a de la difficulté à les retenir. On a toutes les misères du monde à obtenir un solde migratoire net international d'environ 35 000 personnes par année (ceux qui arrivent moins ceux qui partent). La Colombie-Britannique en attire autant que nous avec une population d'à peine un peu plus de quatre millions. Entre les provinces, le Québec perd environ 30 000 personnes par année. L'an dernier, le solde migratoire interprovincial de l'Alberta était de plus de 63 000 personnes. *Go West Young Man !* Il me semble que j'ai déjà vu ce film-là…

Le graphique présenté à la page suivante illustre l'évolution démographique du Québec par tranche d'âge de 1981 à 2006.

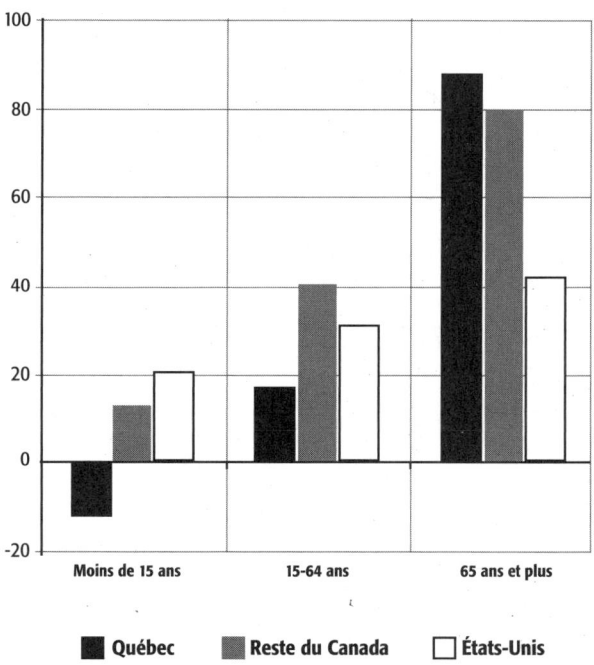

Évolution de la population par tranche d'âge de 1981 à 2006

■ Québec   ■ Reste du Canada   ☐ États-Unis

Source : Marcel BOYER, *La performance économique du Québec : constats et défis (III)*, rapport du CIRANO, mai 2007.

Vite, ça presse ! Il faut lancer dès aujourd'hui les bons signaux au monde entier : le Québec est ouvert à l'immigration. Et il faut se creuser les méninges pour garder chez nous ceux qu'on a réussi à attirer. Une chose est certaine : pas de job, pas de fric ; pas de fric, pas d'avenir ; pas d'avenir, pas d'immigrants non plus.

À ce sujet, on s'est rendu compte que la dernière migration vers l'Ouest a permis d'injecter 2 milliards de dollars de plus dans l'économie canadienne, alors qu'elle a retiré 500 millions à l'économie québécoise. C'est l'Ouest évidemment qui a empoché le gros lot. Pourquoi ? Parce que la population est plus productive là où ça bouge. Les travailleurs plus jeunes, bien formés, ont tendance à aller là où ils pourront développer au mieux leurs compétences et retirer les revenus les plus élevés. Que feriez-vous à leur place ?

Vieillir n'est pas un défaut

Il faut bien se comprendre. Je ne suis pas en train de dire que vieillir est un défaut. Bien au contraire. C'est le moment de la vie où on peut enfin profiter de tout son temps, aider ses enfants autant que c'est possible de le faire et assister aux premiers pas de ses petits-enfants. Quoi de plus merveilleux !

Par ailleurs, les gens âgés ne doivent pas être vus comme un fardeau pour la société. Ils ont acquis une expérience précieuse qu'ils peuvent transmettre aux générations montantes. *Si jeunesse savait, si vieillesse pouvait…* Quand on montre la porte à des milliers de personnes en pleine possession de leurs moyens dans le secteur de la santé et de l'éducation, comme cela a été le cas il y a quelques années, on rate une belle occasion de transmettre du savoir et quelques expériences de vie. On constate ce que ça coûte aujourd'hui ! Plusieurs d'entre nous avons acquis des actifs qui nous permettront de bien vivre et de continuer à contribuer à l'effort collectif. Je ne veux pour rien au monde projeter une image négative de ce moment de la vie auquel parviendra un nombre croissant de Québécois. J'y serai moi-même dans quelques années et je compte bien demeurer actif pour la société, tout en profitant de la vie au maximum.

Toutefois, je refuse de nier l'évidence. Ce n'est pas le fait que les individus vieillissent qui comporte des défis. C'est un banal fait de la vie. C'est plutôt le nombre de personnes âgées par rapport à l'ensemble de la population qui nous force à revoir nos stratégies. On s'entend, le vieillissement de la population, ce n'est pas un tsunami. Ça se prévoit. Ça se planifie. À condition de voir les choses en face… Surtout qu'en matière de démographie, il n'y aura pas de miracle.

À défaut de nous organiser dès maintenant, le grand nombre de personnes âgées dans notre société risque de causer une importante fracture sociale. Quand les jeunes verront nos demandes se multiplier pour payer nos hanches artificielles, nos genoux mécaniques, nos stimulateurs cardiaques nouvelle génération, ils risquent de sauter les plombs. Je ne serai peut-être pas le seul à exiger la hanche Jack Nicklaus – la meilleure et la plus chère. N'essayez pas de me refiler le modèle Wal-Mart «*Do it yourself*»! Sans compter le laser pour nos yeux, les chirurgies pour nos cataractes, nos fauteuils roulants modèle sport, et quoi encore... Il ne faudrait pas nous étonner si certains jeunes mettent le pied accidentellement sur notre tuyau d'oxygène pendant que nous ferons faire notre mise au point annuelle!

En fait, le conflit gronde déjà. Les sondages confirment que les jeunes en ont assez de nous entendre leur casser les pieds avec nos dadas sur la santé. J'ai des petites nouvelles pour eux : ça ne fait que commencer. Nous ne sommes pas pressés de trépasser, et les compagnies pharmaceutiques se fendent en quatre pour «faire durer la visite», comme disait ma mère.

Ma génération n'est pas pressée de partir, et les jeunes le savent bien. Ils savent aussi que nous continuerons de mener le bal pendant encore un bon bout de temps au Parlement et à l'Assemblée nationale. Ils savent aussi que nous gaverons les boîtes de scrutin, guidés par nos préoccupations de santé, que nous soyons autonomes, semi-autonomes, derrière une marchette, en fauteuil roulant ou même alités... mais toujours vivants.

Avec pareille perspective, comment les blâmer de regarder leurs montres et de se demander quand le vieux dégagera le plancher? Attention, conflit de générations en vue.

Tasse-toi, mononcle ? Pas sûr...

Le Québec crée moins d'emplois que les États-Unis et les autres provinces canadiennes. De 1981 à 2006, le déficit d'emplois pondéré a été de 261 000 emplois. Comme en témoigne le graphique présenté à la page suivante, le Québec accuse un retard sur les États-Unis et l'ensemble du Canada.

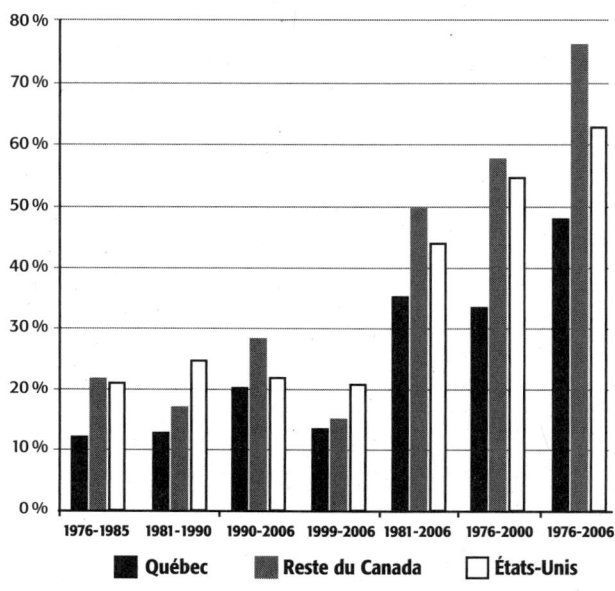

Source : Marcel BOYER, *La performance économique du Québec : constats et défis (III)*, rapport du CIRANO, mai 2007.

Même si le nombre d'emplois diminue, le nombre de travailleurs diminue encore plus vite. Si la tendance se maintient, comme le dit Bernard Derome les soirs d'élections – tiens, voilà un bel exemple de personne performante demeurée très active, même après que l'âge de la retraite pourtant bien méritée eut sonné –, le Québec devra réagir rapidement. Comment ?

Voici **3 pistes d'action.**

1. *Il faudra faire des efforts considérables pour améliorer notre productivité*, c'est-à-dire l'efficacité avec laquelle nous produisons des biens et des services. Surtout dans une économie d'exportation. La plus récente étude de Statistique Canada à ce sujet indique que le Québec traînait

à la queue des provinces canadiennes (par la peau des dents devant Terre-Neuve, avec seulement $^1/_{10}$ de 1 % de plus) pour la croissance de sa productivité de 1997 à 2005.

2. *Le taux de participation au marché du travail devra s'accroître.* Il s'agit du ratio entre le nombre de personnes qui ont un emploi ou qui en cherchent un par rapport à la population en âge de travailler. Un point de repère : en janvier 2007, 65,5 % au Québec contre 73,4 % en Alberta[6]. La différence est énorme.

3. *La durée du travail devra être allongée.* Les Québécois travaillent en moyenne trois semaines de moins par année que les Américains et une semaine de moins que les autres Canadiens. C'est au Québec que le nombre de retraités de cinquante-cinq à cinquante-neuf ans est le plus élevé. La cigale et la fourmi, ça vous dit quelque chose ?

Le tableau suivant de Statistique Canada (CANSIM) donne un bon aperçu de la situation du Québec comparativement à celle de l'ensemble du Canada et de l'Ontario, en 2006.

Population active, occupée et en chômage, et taux d'activité et de chômage (Canada, Québec, Ontario)

	2006		
	CANADA (EN MILLIERS)	**QUÉBEC** (EN MILLIERS)	**ONTARIO** (EN MILLIERS)
Population de 15 ans et plus	26 185,1	6 251,5	10 229,0
Population active	17 592,8	4 094,2	6 927,3
Population active occupée	16 484,3	3 765,4	6 492,7
Population active en chômage	1 108,4	328,7	434,6
Population inactive	8 592,3	2 157,3	3 301,7
Taux d'activité	67,2	65,5	67,7
Taux de chômage	6,3	8,0	6,3
Taux d'emploi	63,0	60,2	63,5

Source : Statistique Canada, CANSIM, tableau 282-0002. Dernières modifications : 9 octobre 2007.

Bref, il faudra peut-être faire du neuf avec du vieux... Pourquoi mettre systématiquement de côté des personnes qualifiées, capables de contribuer encore à la richesse collective et désireuses de le faire ? Pire encore : pourquoi les inciter à partir comme on le fait maintenant en encourageant la retraite anticipée ? Personne n'est maso. Quand c'est pratiquement aussi payant de quitter le travail que de continuer à bosser, qui veut continuer de se lever à 6 h du matin ? Au contraire, il faudrait multiplier les possibilités de poursuivre sa vie active aussi longtemps qu'on peut être utile à la société. Les mesures incitatives devraient être inversées : ça devrait être payant de continuer à travailler, pas l'inverse. Liberté 55... illusion pour les individus, gaspillage pour la société.

3
La productivité n'est pas une MTS

Quand on exporte beaucoup, on a intérêt à produire à meilleur coût que les autres. Particulièrement ceux à qui on essaie de vendre ses produits. Qui voudrait payer plus cher ailleurs ce qu'il peut produire à meilleur coût chez lui ? Je le répète, en économie, personne n'est maso.

Plusieurs facteurs entrent en ligne de compte dans le coût total de nos produits et services. Entre autres, la force ou la faiblesse de notre monnaie par rapport à celle de nos clients. Facile à comprendre. Moins notre argent vaut cher par rapport à celui de nos clients, moins nos produits leur coûteront cher. Élémentaire, mon cher Watson ! Tant et aussi longtemps que les choses se passent ainsi, il n'y a pas grand intérêt à investir pour moderniser nos installations et acquérir de nouvelles technologies. C'est un peu ce qui s'est passé chez nous au cours des dernières décennies. Cela faisait plus de trente ans qu'on n'acceptait plus le dollar canadien au pair à Kennebunk ! Pas terrible pour les voyages, mais excellent pour nos exportations. Une job sur trois au Québec !

Et voilà que la tempête se lève. Là encore, on n'a pas le temps de regarder passer les nuages. Dans le temps de le dire, la valeur du dollar canadien a rejoint celle de la devise américaine. Quelques mois et c'était déjà fait. Ouch ! Ça fait mal ! En plus, il y a la concurrence des pays émergents qui font la cour à nos clients en profitant de conditions dans leur pays qui n'ont rien à voir avec les nôtres. Entre autres, les lois du travail, quand il y en a. Les Chinois ne contestent pas longtemps ! Mauvais marché pour les pancartes ! Parlez-en aux exportateurs, qui ne savent plus à quel saint se vouer.

Que fait-on ? Pleurer auprès des gouvernements n'a jamais donné grand-chose. Une solution : améliorer notre productivité. Cela veut dire produire de façon plus efficace que nos concurrents. Meilleur, moins cher. Rien à voir avec le fouet et l'huile de bras !

La voie par excellence est de faire de la recherche-développement de qualité et bien ciblée, de mettre au point les meilleures technologies, d'améliorer les processus de production. Et, par-dessus tout, d'éduquer notre monde. Bref, il faut travailler autrement, mettre les priorités à la bonne place et avoir le courage de prendre les bonnes décisions et de garder le cap.

Où sommes-nous ? Loin dans la brume...

Au départ, la productivité du travail au Canada (production totale par heure travaillée) est inférieure à la productivité américaine. C'est pire encore au Québec où la productivité est inférieure à la productivité canadienne. Le graphique présenté au haut de la page suivante donne une bonne idée de la situation de l'écart de productivité qui pénalise le Québec, mais aussi de l'évolution de cette situation.

Est-ce à dire que les travailleurs québécois se traînent les pieds ? La réponse est non. C'est beaucoup plus complexe que cela.

Les Américains doivent une bonne partie de la croissance rapide de leur productivité depuis 1995 à l'introduction massive des technologies de l'information et des communications (TIC) pratiquement partout dans leurs entreprises. De la moindre « binerie » à la multinationale, l'ordinateur est roi. Ce qui a propulsé la production par heure de travail de façon phénoménale. Le Canada n'a pas suivi la tendance au même rythme. Le Québec encore moins. Sauf pour les jeux en réseau qui tiennent nos ados en haleine jusqu'à 3 h du matin... Pas terrible pour la productivité, le lendemain de la veille.

Retard de productivité du Québec
Comparaison entre 1990 et 2004
(Écart en poucentage, dollars constants de 1997 et PPA de 2000)

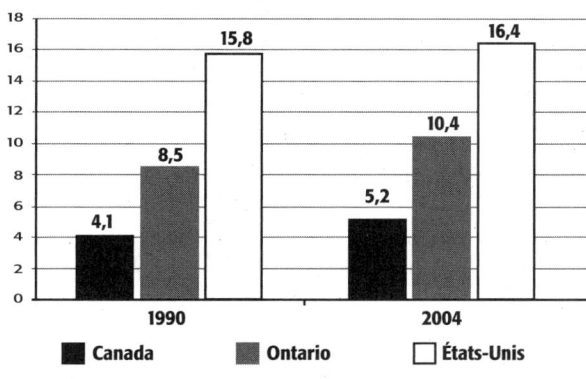

Source : Claude Montmarquette, *Ça va mal… est-ce nécessairement mauvais ?*, présentation, École d'été de l'Institut du Nouveau Monde, août 2007.

Le tableau suivant témoigne de la difficulté que nous éprouvons à réduire l'écart avec les États-Unis.

Comparaison de la croissance annuelle de la productivité du travail dans le secteur des entreprises avant et après révision

	CANADA	ÉTATS-UNIS	
		AVANT RÉVISION	APRÈS RÉVISION
	(variation annuelle en %)		
1981 à 2006	1,5	2,2	2,1
1981 à 2000	1,6	1,9	1,9
2000 à 2006	1,0	2,9	2,7
2003	0,3	3,8	3,8
2004	0,0	3,1	2,9
2005	2,5	2,1	2,0
2006	1,0	1,7	1,0

Source : Statistique Canada, *Le Quotidien*, 14 septembre 2007. Les données américaines proviennent du Bureau of Labor Statistics dans *News, Productivity and Costs* - deuxième trimestre de 2007.

Le Québec rattrape-t-il son retard par rapport au reste du Canada ? J'ai déjà abordé cette question dans une section précédente. Le Québec se classe à l'avant-dernier rang des provinces canadiennes pour la croissance de sa productivité de 1997 à 2005. Tiens, une place qui commence à nous être familière. Inquiétant...

Donc, non seulement nous sommes en queue de peloton, mais en plus, l'écart se creuse avec les meneurs. Ce qui ne veut pas dire que certains secteurs ne sont pas de taille à se battre avec les meilleurs du monde. Comme partout, il s'agit de moyennes. Mais c'est quand même alarmant.

Si la productivité est la mesure du progrès technique d'une société, nous aurions certainement intérêt à nous bouger. Nous verrons comment dans notre plan d'action, que vous trouverez dans la troisième partie de cet ouvrage.

Pas jojo, tout ça ? Je vous ai dit que je vous donnerais l'heure juste. Reste-t-il encore des lunettes roses dans la salle ?

4

Éduquer, c'est donner la vie une seconde fois

Il y a de ces hasards dans la vie. Les pays champions de la compétitivité sont aussi les pays champions en éducation...

La voie royale vers le succès

La Finlande, le Danemark et la Suisse s'échangent les premiers rangs en matière de compétitivité et d'éducation, avec une régularité d'horloge suisse[7]. Je refuse de croire que cela n'est que le fruit du hasard. Il est important de se pencher sur la question, car notre prospérité dépend de notre capacité à développer notre capital humain. Par exemple, en envoyant le monde à l'école. Et surtout, en lui faisant apprendre les bonnes choses.

Au cours des décennies précédentes, le Québec a déployé des efforts importants pour développer son système d'éducation. Au moment de la révolution tranquille, le jeune Québécois moyen avait fréquenté l'école durant neuf ans, et le jeune Ontarien, onze ans. Aujourd'hui, tous deux peuvent bénéficier de quinze ans de scolarité. Ce n'est pas rien ! Numériquement, c'est un rattrapage spectaculaire dont il y a lieu d'être fier. D'autant plus que c'est en accroissant nos connaissances et nos habiletés que nous allons augmenter nos chances de concurrencer les pays en émergence. Beaucoup plus qu'en diminuant nos salaires. Surtout que, d'ici vingt ans, plus d'un milliard de travailleurs arriveront sur le marché du travail dans ces pays qui nous font maintenant concurrence. Ils auront une seule idée en tête : faire mieux que nous. Tout un stimulant !

Cependant, il faut creuser nos progrès statistiques. Le fait qu'un plus grand nombre de jeunes fréquentent l'école, le collège et l'université est réjouissant. Encore faut-il se demander ce qu'ils y font. Je ne suis pas certain que faire faire des petits gâteaux à tous les enfants fait avancer notre société. Il faudrait fouiller le sujet. Mais surtout pas un autre comité là-dessus !

La publication, à l'automne 2007, des résultats de l'étude PISA – une enquête réalisée en 2003 par l'Organisation de coopération et de développement économiques (OCDE) auprès de 400 000 jeunes de quinze ans, dans 57 pays –, constituait bien sûr une bonne nouvelle. Selon les résultats de cette étude, le Québec a obtenu de très bonnes notes. Bravo ! Mais attention, ces résultats ont été observés auprès d'élèves qui n'avaient pas encore goûté la nouvelle réforme de l'éducation. En arriverions-nous aujourd'hui aux mêmes conclusions ? Nous ne le saurons pas avant la publication des prochains résultats, qui sortent aux trois ans. Croisons-nous les doigts en attendant.

De plus, certains experts dans le domaine insistent sur le fait que le fort taux d'abandon scolaire au Québec pourrait fausser en partie l'interprétation des résultats. Comment ? Si, au moment de l'examen, un grand nombre d'élèves faibles ne faisaient plus partie de la cohorte québécoise, les résultats de l'ensemble risquent d'être artificiellement plus élevés.

Par ailleurs, je m'inquiète beaucoup de ceux qui échappent au système. Le match est devenu beaucoup trop exigeant pour laisser autant de joueurs le long des bandes. « Y en aura pas de facile ! » comme disent les sportifs. Il y aura des emplois disponibles en grande quantité. Tous ceux qui seront qualifiés et qui voudront travailler pourront le faire. Et c'est tant mieux, car on ne me fera jamais croire que quelqu'un voudrait être tenu à l'écart. Comme nous le rappelait Félix Leclerc, « la meilleure façon de tuer un homme, c'est de le payer à ne rien faire ». Pourquoi alors tant de gens seront-ils exclus de la course, malgré cette abondance d'offres d'emploi ?

« Lis ça pour moi, je n'ai pas mes lunettes... »

Un sondage réalisé en 2003 révélait que 55 % des Québécois francophones éprouvaient des problèmes pratiques de lecture[8]. Des détenteurs de diplôme d'études secondaires (DES) ne sont même pas capables de déchiffrer ce qui est écrit sur leur diplôme. Ajoutez à cela le fait que presque 30 % des jeunes n'ont toujours pas obtenu leur DES à l'âge de vingt ans et que seulement 60 % l'obtiennent à l'intérieur du délai normal, c'est-à-dire cinq ans. Ce n'est quand même pas un exploit olympique !

Je ne crois pas qu'il y a lieu de nous réjouir non plus du fait que nos écoles reçoivent un plus grand nombre de jeunes qu'il y a quarante ans. Avec la faiblesse de l'éducation qu'on leur offre, je crains qu'un trop grand nombre de jeunes n'aient pas les moyens de contribuer à l'effort collectif. Et n'oubliez pas qu'ils font partie du « deux pour un » – deux personnes en âge de travailler pour une personne de soixante-cinq ans et plus – qui soutiendra la société de demain. Cela n'augure pas très bien. Si le peu de personnes en âge de travailler ne sont pas équipées pour être productives, ça risque de chauffer pour tout le monde. Y compris pour les vieux.

Apprendre sur le tas

Une façon de pallier ce problème, en partie du moins, serait de former les gens après leur entrée sur le marché du travail. Mieux vaut tard que jamais, n'est-ce pas ? Voici ce que révèle une étude de l'OCDE à ce sujet[9] :

1. Le Canada figure au 12e rang, sur 18 pays évalués, en ce qui concerne le taux moyen de participation à une activité de formation continue (le Québec arriverait au 17e rang).
2. Le Québec est à l'avant-dernier rang des provinces canadiennes en ce qui a trait à la participation à une activité de formation continue.
3. Le Québec est au dernier rang des provinces canadiennes pour le taux moyen de participation à des activités de formation continue liées à l'emploi.

Encore une fois, la queue du peloton. Décidément, c'est une habitude ! Cela laisse place à l'amélioration, me direz-vous... Moi aussi, je veux bien être optimiste. La bonne nouvelle, c'est que le vieillissement rapide de la population devrait permettre d'accroître plus rapidement la proportion de diplômés dans la population active, à mesure que les catégories d'âges plus scolarisées remplaceront les personnes les moins scolarisées. Mais ce sera loin d'être suffisant. Encore faudra-t-il être certain que les « scolarisés » auront appris quelque chose.

Pas de cadeau pour certains jeunes

Un nombre croissant de jeunes vivent dans la rue. Après une décroissance marquée, la **criminalité** chez les jeunes a recommencé à augmenter. Plusieurs croient que la violence donne un sens à leur vie. Voilà des joueurs de notre équipe qui ne seront pas outillés pour contribuer beaucoup aux progrès de la société. Du moins durant un certain temps. Toutefois, restons optimistes, car certains s'en sortent grâce entre autres aux efforts des centres jeunesse et d'autres intervenants qui travaillent dans l'ombre, avec une grande générosité. Malheureusement, on entend plus souvent parler des dérapages que des bons coups.

Autre problème : le **jeu pathologique,** de plus en plus populaire chez les jeunes. Les nôtres n'y échappent pas. Les spécialistes évaluent que la proportion de jeunes qui éprouvent un problème avec le jeu est de 4 % à 8 %. De 10 % à 14 % de ces jeunes vulnérables risquent de développer une véritable pathologie liée au jeu. On sait aussi que les taux de prévalence chez les ados qui ont un problème avec le jeu est de deux à quatre fois plus élevé que chez les adultes[10].

Qu'arrive-t-il à ces jeunes ?
1. Ils prennent beaucoup plus de risques de toutes sortes.
2. Ils éprouvent de grandes difficultés à se conformer aux normes sociales et à faire preuve d'autodiscipline.
3. Ils sont plus à risque en matière de suicide.
4. Ils délaissent leurs relations amicales et affectives.

5. Ils ont peine à gérer les situations difficiles.
6. Ils sont plus enclins à la délinquance et aux actes criminels.

Les études[11] démontrent aussi à quel point les jeunes d'aujourd'hui sont confrontés à la **toxicomanie**. La majorité des buveurs à risque élevé sont des hommes de moins de vingt-cinq ans. Le taux de consommation de substances illicites (autres que le cannabis) est le plus élevé chez les jeunes âgés de dix-huit à vingt-quatre ans. Ça annonce assez mal merci pour l'avenir.

Faut-il rappeler enfin la triste statistique qui reflète une situation que tous déplorent: le tiers des décès chez les jeunes est attribuable au suicide. Il y a vingt-cinq ans, cette proportion était de l'ordre de 15 %[12].

Bref, la société de demain, qui aura plus que jamais besoin de chacun de ses citoyens en pleine possession de ses moyens, doit absolument s'occuper efficacement de tous ces jeunes dont l'apport sera essentiel. Or, la partie du budget dévolue à la mission sociale du ministère québécois de la Santé et des Services sociaux stagne, pendant que presque tout l'argent neuf est englouti par les services de santé. Ça aussi, ça m'inquiète…

Je sais bien que les milieux défavorisés n'ont pas le monopole des problèmes sociaux, mais il n'en reste pas moins que les taux de décrochage et de criminalité sont plus élevés là qu'ailleurs. Et ce n'est pas tout: l'espérance de vie dans des quartiers de grande pauvreté comme Centre-Sud et Hochelaga-Maisonneuve, à Montréal, est d'environ vingt ans de moins que celle des gens qui vivent dans l'ouest de l'île, là où on roule en BMW. Pas le genre de statistique qu'on voit souvent dans les journaux. Pourtant, c'est une réalité brutale.

Récemment, j'ai fait une visite dans ces quartiers, accompagnant un comité de Centraide. Jusque-là, je me pensais bien branché sur la réalité montréalaise. Ce matin-là, la réalité m'a frappé comme une tonne de briques. Incroyable qu'on tolère de telles situations chez nous! Entre ces quartiers défavorisés et ceux mieux nantis, il y a des différences effarantes. Les difficultés que vivent certaines familles découlent d'une foule de facteurs. Les travailleurs sociaux qui côtoient ces gens tous les jours voient des choses qui ont de quoi faire dresser les cheveux sur la tête et vous briser le cœur comme parent. Je les admire beaucoup.

Bien sûr, de plus en plus de gens d'affaires et de membres de la communauté se retroussent les manches pour essayer de faire une différence pour ces personnes moins favorisées par la vie. Parlez-en à des organismes comme Le Boulot vers…, la Fondation Ressources-Jeunesse, EPOC Montréal, et bien d'autres. Mais si chacun de nous ouvrait davantage les yeux et le cœur à cette réalité intolérable ? Bref, si on s'y mettait, encore plus nombreux ?

En fait, nous sommes condamnés à réussir cette grande corvée qui nous attend. Il est très clair que jeunes et moins jeunes devront aller au front, ensemble. Si nous voulons améliorer notre sort en tant que société, il faudra que moins de jeunes arrivent à l'école le matin l'estomac vide, que moins de mères monoparentales soient incapables de s'occuper de leurs enfants convenablement, que moins de jeunes soient les victimes toutes désignées des *pushers* et des recruteurs des gangs de rue.

Malheureusement, les programmes des gouvernements ont peu fait depuis vingt ans pour réduire « l'indice de misère » chez cette portion de jeunes qui doivent se lancer dans la vie lourdement handicapés. Si on s'y mettait, tous ensemble, on aurait de meilleures chances de faire la différence.

Un financement insuffisant, une éducation déficiente

Le Québec s'est donné un système d'éducation unique en créant les cégeps. Quelque 150 000 jeunes et 25 000 adultes les fréquentent chaque année. Un acquis en matière d'accessibilité aux études supérieures, particulièrement dans les régions. Un apport intéressant, surtout sur le plan du développement des techniques.

Pourtant, je ne peux passer sous silence le fait qu'à peine deux cégépiens sur trois obtiennent un diplôme d'études collegiales (DEC) qui mène à l'université, et qu'un sur deux obtienne un DEC technique. Et cela, même en leur donnant un an de plus que prévu pour obtenir leur DEC. Une fois de plus, on « échappe » trop de monde. On n'a pas les moyens de se payer un luxe pareil ! Si on peut parler de luxe...

Bien sûr, nos cégeps manquent d'argent. On note un sous-financement d'environ 300 millions de dollars par année. Impossible que cela ne fasse pas de dommages...

Quant aux universités, les recteurs estiment à trois milliards de dollars le sous-financement cumulatif de celles-ci par rapport aux universités canadiennes. Et l'écart continue de se creuser à raison de près de 400 millions par année. Pas possible que la qualité de l'enseignement n'en souffre pas.

Un recteur m'expliquait récemment qu'il arrivait à boucler son budget grâce à un recours abusif aux chargés de cours. Du même souffle, il déplorait qu'en faisant cela c'étaient l'encadrement des étudiants et la recherche qui en souffraient de plus en plus. Particulièrement dans les facultés qui ne sont pas soumises à un agrément international. Les facultés de médecine, par exemple, n'ont pas le choix : il faut qu'elles maintiennent un niveau suffisant pour satisfaire aux exigences des organismes d'agrément internationaux. Sinon, elles perdent leur agrément. Dans d'autres domaines, il est toujours possible de bourrer un auditorium avec plusieurs centaines d'étudiants laissés plus ou moins à eux-mêmes, avec des profs dont la disponibilité est forcément réduite. Hélas, ce n'est pas la meilleure recette pour développer de grands esprits, car on peut aussi assassiner de jeunes Mozart, même sur les bancs de l'université...

Quand la pancarte tient lieu d'argument

Les universités québécoises sont sous-financées, alors que les étudiants les fréquentent presque gratuitement, contrairement à leurs collègues du reste du Canada et des États-Unis. Cherchez l'erreur !

S'il y a un sujet sur lequel on ne peut même pas prononcer un mot sans provoquer une levée de boucliers intempestive, c'est bien la question des droits de scolarité. Vite aux barricades ! Quand la pancarte tient lieu d'argument, le débat est bien mal parti. C'est là où on en est après des années de tergiversations, malgré l'évidence. Et puisqu'il faut bien le dire, de manque de courage politique. On a vu les réactions hystériques provoquées par l'annonce de la timide augmentation de 50 $ par semestre dans le budget du printemps 2007. Ce sont pourtant les mêmes groupes qui dénoncent avec vigueur la piètre qualité de l'enseignement ! Oh, incohérence quand tu nous tiens...

Je suis bien conscient qu'une hausse des droits de scolarité ne réglera pas le problème du sous-financement des universités comme par magie. Là non plus, il n'y aura pas de miracle. Surtout qu'il faudra aussi s'assurer qu'aucun Québécois qui en a le potentiel et qui veut travailler ne se voit refuser l'accès aux études supérieures, faute de moyens financiers. C'est une condition *sine qua non* pour augmenter les droits de scolarité en toute conscience sociale. Mais un coup d'œil sur le tableau suivant remettra certainement les choses en perspective :

Moyenne des droits de scolarité pour les étudiants du premier cycle

	Moyenne annuelle (en dollars courants)				Variation		
	1990-91	2000-01	2004-05	2005-06	1990-91 à 2005-06	2000-01 à 2005-06	2004-05 à 2005-06
Canada	1 464 $	3 447 $	4 140 $	4 214 $	187,8 %	22,2 %	1,8 %
Nouvelle-Écosse	1 941 $	4 631 $	6 003 $	6 281 $	223,6 %	35,6 %	4,6 %
Alberta	1 286 $	3 907 $	4 940 $	5 125 $	298,4 %	31,2 %	3,8 %
Saskatchewan	1 545 $	3 668 $	5 062 $	5 062 $	227,7 %	38,0 %	0,0 %
Nouveau-Brunswick	1 925 $	3 585 $	4 719 $	5 037 $	161,7 %	40,5 %	6,7 %
Ontario	1 680 $	4 256 $	4 831 $	4 881 $	190,5 %	14,7 %	1,0 %
Colombie-Britannique	1 808 $	2 592 $	4 735 $	4 874 $	169,5 %	88,0 %	2,9 %
Île-du-Prince-Édouard	1 874 $	3 499 $	4 374 $	4 645 $	147,9 %	32,8 %	6,2 %
Manitoba	1 512 $	3 219 $	3 236 $	3 272 $	116,4 %	1,7 %	1,1 %
Terre-Neuve-et-Labrador	1 344 $	3 373 $	2 606 $	2 606 $	93,9 %	−22,7 %	0,0 %
Québec	904 $	1 819 $	1 888 $	1 900 $	110,2 %	4,5 %	0,7 %

Source : Statistique Canada, *Le Quotidien*, 1er septembre 2005.

On ne peut passer sous silence l'étude récente de Statistique Canada[13] qui révèle que seulement 8,5 % des jeunes interrogés à ce sujet ont déclaré qu'ils n'allaient pas à l'université faute de moyens financiers. Il y a certainement moyen de trouver une solution sans handicaper tout le système comme on le fait maintenant.

D'ailleurs, les tenants du statu quo à tout prix oublient de mentionner que c'est en Nouvelle-Écosse que les droits de scolarité sont les plus élevés au Canada et que c'est aussi dans cette province que l'université attire le plus d'étudiants, toutes proportions gardées. À l'inverse, c'est au Québec que les droits sont (de loin) les plus bas et ce sont les universités québécoises qui sont les moins fréquentées. Plutôt cocasse, non ? Pourrait-on à tout le moins discuter du problème rationnellement ?

Cela dit, ne serait-il pas normal que les principaux bénéficiaires des études supérieures contribuent davantage à en défrayer les coûts ? Il me semble que poser la question, c'est y répondre.

Une étude récente des professeurs Robert Lacroix et François Vaillancourt[14] démontre que l'investissement dans les études universitaires constitue pour le principal intéressé un des placements les plus rentables qu'il aura l'occasion de faire dans toute sa vie. Quelques exemples : sur la durée de toute une carrière, des études en pharmacologie ou en génie rapporteront au diplômé environ un million de dollars additionnels, pour un rendement sur le capital investi dans les études d'environ 25 % ; en médecine, le rendement est de l'ordre de 22 % ; et en droit, de 20 %. Connaissez-vous un placement qui rapporte autant sur la durée de toute une vie ? Si oui, passez-moi le tuyau, ça m'intéresse. Un petit effort additionnel de la part des étudiants, après avoir veillé à ce que tous ceux qui se qualifient aient accès à l'éducation supérieure, représenterait-il la plus grande injustice des temps modernes ? Permettez-moi d'en douter.

Par ailleurs, il est très clair que la société dans son ensemble devra fournir un plus grand effort pour financer son réseau d'éducation. Entre les 44 % du budget de fonctionnement du gouvernement affectés à la santé et les 25 % environ destinés à l'éducation, il y a peut-être des choses à revoir. À moins que nous ayons comme objectif de transformer le Québec en un immense hôpital.

Faut pas nous prendre pour des steaks !

Quand changer des lettres pour des chiffres dans un bulletin scolaire ou rétablir la dictée à l'école prend l'ampleur d'un déchirant débat de société, je pense que nous sommes gravement malades.

Nous venons de voir que les cégeps peinent à diplômer leurs élèves, que les universités sont à la veille d'organiser des tombolas pour se financer... Mais que dire des écoles primaires et secondaires ?

Bien sûr, je ne suis pas pédagogue. C'est peut-être pour cela que je n'arrive pas à comprendre qu'en gommant toute espèce de compétition de nos écoles nous puissions aider nos enfants à réaliser leur plein potentiel. Sans aucune compétition, comment faire pour devenir les meilleurs ? Pourtant, nos jeunes devront bien être les meilleurs dans quelque chose pour affronter leurs vis-à-vis du monde entier qui n'ont pas subi, eux, le charme discret du nivellement par le bas. L'histoire de l'humanité est faite de gagnants et de perdants. La vie se charge constamment de nous le rappeler. Comment croire un seul instant qu'une fois arrivés à l'âge adulte, nos enfants relèveront avec enthousiasme le défi de la concurrence ? J'ai dû rater quelque chose en cours de route, parce que je ne comprends pas.

Je ne comprends pas qu'on s'obstine à remettre un diplôme à des élèves qui ont usé leurs jeans troués jusqu'en cinquième secondaire, alors qu'ils possèdent des connaissances de quatrième année du primaire. Peut-être cela explique-t-il en partie le taux d'abandon au secondaire et au cégep ?

En supprimant les rangs dans les classes, en mélangeant tout le monde dans les mêmes groupes, les petits futés comme les plus lents (ce n'est pas de leur faute, j'en conviens), en interdisant l'échec à tout prix (doubler quand on n'a rien appris, quelle idée saugrenue !), et en brassant tout ça ensemble, je me demande bien comment on pourrait se retrouver, collectivement, aux commandes d'une société performante. C'est comme si on mettait toutes les lettres de l'alphabet dans un sac puis qu'on les lançait en l'air en espérant récolter *Le lac*, de Lamartine, étalé sur le plancher !

4. ÉDUQUER, C'EST DONNER LA VIE UNE SECONDE FOIS

Qu'on m'explique avec des mots qui figurent dans le dictionnaire, et pas seulement dans le jargon du M-I-N-I-S-T-È-R-E. Ma bible, je la lis ailleurs ; ma foi, je la réserve pour autre chose. Surtout quand je constate les résultats des savantes démarches qui ont mené aux désastres qu'on connaît. Et ne venez surtout pas me dire que nos enfants s'épanouissent à mort en se gavant de compétences transversales même s'ils ne sont pas foutus de nommer le premier ministre du Québec ni celui du Canada sans se tromper de chaise.

Qu'on arrête de nous prendre pour des steaks ! Il y a de ces évidences qui semblent n'échapper qu'aux grands spécialistes. Politiciens de toutes les couleurs, à vos culottes !

5

Pourquoi les Québécois ont les poches vides

Je viens de le dire, le Québec accuse des retards par rapport à l'Ontario et à l'ensemble du Canada. Ces retards nous privent de ressources financières précieuses. Ou, si vous préférez, ces retards expliquent pourquoi nous sommes moins riches que les autres.

Le PIB réel par habitant est une façon d'illustrer notre richesse par rapport aux autres. C'est ce qu'illustre le graphique suivant.

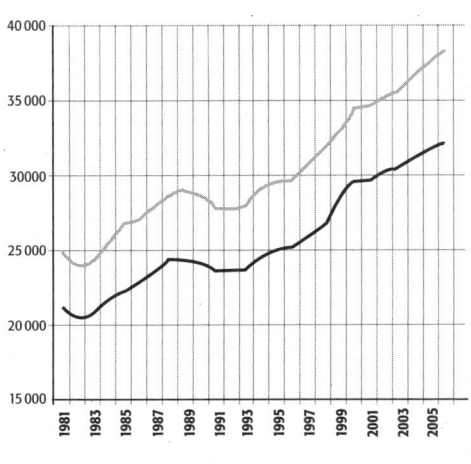

PIB réel par habitant
(Québec et reste du Canada)

Source : Marcel BOYER, *La performance économique du Québec : constats et défis (III)*, rapport du CIRANO, mai 2007.

Se remettre les yeux en face des trous

Il n'est pas facile de mesurer, avec des chiffres crédibles, chacune des causes de nos retards. Claude Séguin, longtemps sous-ministre des Finances du Québec et actuellement un des principaux vice-présidents chez CGI, a fait l'exercice[15]. Je le remercie beaucoup de m'avoir fourni les résultats de ses travaux, fondés sur les recherches de l'Institute for Competitiveness and Prosperity, mis sur pied par le gouvernement ontarien. Je vous présente quelques-unes de ces données, qui devraient nous remettre les yeux en face des trous.

Comparativement aux autres Canadiens, le Québec affichait un écart de −16 % en matière de prospérité, en 2004. En espèces sonnantes et trébuchantes, cela signifie 6 300 $ de moins pour chaque Québécois, incluant les bébés et les vieillards. C'est beaucoup d'argent ! Les Canadiens (sans le Québec) ont un taux de richesse moyen de 41 700 $, contre 35 400 $ pour les Québécois. On parle du PIB par habitant. On a beau ne pas être attaché aux biens de la terre, ça laisse quand même songeur...

Vu autrement, si le Québec avait un taux de prospérité par habitant équivalent aux autres Canadiens, chacun d'entre nous aurait en moyenne 8 500 $ nets de plus dans ses poches. J'ai bien dit « nets », donc après impôts. Je vous laisse rêver... Les divers ordres de gouvernement au Québec toucheraient 18 milliards de dollars de plus par année. C'est à votre tour de rêver, madame la ministre des Finances...

Voyons les détails. Commençons par le positif. Notre structure industrielle n'est pas si mauvaise. Elle est même meilleure que celle de l'ensemble du Canada. Au jeu des comparaisons, elle nous vaut un beau **+400 $** (par rapport à notre écart de −6 300 $). Ça commence bien ! Mais comment se fait-il que nous soyons moins riches avec une structure industrielle meilleure ?

Pour nous amener à ce résultat, **10 éléments** conjuguent leurs effets :
1. *La participation de la population au marché du travail.* J'ai déjà dit que notre taux de participation est inférieur à la moyenne canadienne. Il y a moins de monde au Québec qui travaille ou qui cherche un emploi qu'ailleurs au Canada. Le coût pour le Québec : **–1 100 $**.
2. *Le taux de chômage* (ou d'emploi, si vous préférez). Ou encore le nombre de personnes au travail par rapport à l'ensemble de la population active. Le coût pour le Québec : **–700 $**.
3. *L'intensité au travail.* Ça aussi, j'en ai parlé. La durée de la semaine de travail, les congés, les vacances et tout ce qui fait que nous travaillons moins d'heures par année que la moyenne canadienne. Le coût pour le Québec : **–2 500 $**.
4. *Le type de grappes industrielles implantées chez nous,* ou les domaines dans lesquels on travaille surtout. Le coût pour le Québec : **–600 $**.
5. *Le contenu de nos grappes industrielles,* ou qui fait quoi dans ces grappes. Bref, la valeur relative de la production, etc. Un avantage pour le Québec : **+200 $**.
6. *L'efficacité de nos grappes industrielles.* Un des éléments clés de notre productivité : avec quelle efficacité combinons-nous nos facteurs de production ? Coût pour le Québec : **–1 000 $**.
7. *L'effet de l'urbanisation sur la production de la richesse.* L'urbanisation peut être un facteur de création de la richesse. Ce facteur nous vaut un effet nul par rapport au reste du Canada : **0 $**.
8. *L'éducation.* On parle de l'impact du système d'éducation sur la création de la richesse. J'ai beaucoup parlé d'éducation dans cette première partie. Coût pour le Québec : **–900 $**.
9. *L'intensité de l'investissement en capital,* ce qui sous-tend notre capacité technologique, notamment. Coût pour le Québec : **–500 $**.
10. *La productivité résiduelle.* Il s'agit de la productivité attribuable à des facteurs autres que le travail et le capital. Sur ce plan, un gain pour le Québec : **+400 $**.

Additionnez les plus, soustrayez les moins. Si vous n'arrivez pas à −6 300 $, refaites vos calculs. Vous avez, en quelques chiffres, l'explication détaillée de l'écart de richesse entre le Québec et le reste du Canada.

Si je fais le même exercice entre le Canada (incluant le Québec) et les États-Unis, l'écart total est de −13 700 $, ou 27,9 %. N'oublions pas que le Québec est en retard de 6 300 $ sur le Canada. Ce n'est donc pas le Québec qui remonte la moyenne canadienne, bien au contraire.

Vous voulez connaître les grandes sources d'écart entre le Canada et les États-Unis ? Les voici :

- la combinaison des facteurs « profil économique, participation de la main-d'œuvre, emploi et intensité du travail » vaut aux Canadiens un écart de −5 400 $;
- l'ensemble des facteurs qui ont trait à la productivité vaut un écart de −8 300 $.

Au bout de tout ça, le PIB par habitant du Québec équivaut à 72,1 % de celui des Américains.

Vous voulez en savoir plus sur les sources d'écart entre l'intensité au travail des Québécois par rapport aux Ontariens ?

1. En 2005, les travailleurs québécois (de vingt-cinq à soixante-quatre ans) ont passé deux semaines de moins au travail que leurs collègues ontariens.
2. Les différences les plus importantes par secteur (1997-2005) :
    - services publics : 3,7 semaines ;
    - construction : 3,4 semaines ;
    - finance : 2,9 semaines ;
    - hôtellerie/restauration : 2,9 semaines.
3. Il y a plus de travail à temps partiel « involontaire » au Québec.
4. Soixante-cinq pour cent de la différence totale provient du fait que moins de Québécois travaillent de « longues heures » (plus de cinquante heures par semaine) que les Ontariens.
5. Trente-cinq pour cent de la différence s'explique par un plus grand nombre de congés de maladies, réelles ou fictives…

Les grandes conclusions de ces travaux se résument ainsi :
1. Le Québec doit relever de grands défis pour accroître son taux de prospérité, à la fois sur le plan de la disponibilité de sa main-d'œuvre et sur celui de sa productivité.
2. Tout comme le reste du Canada, le Québec sous-investit pour assurer son avenir dans les domaines suivants :
   – machinerie, équipement et logiciel ;
   – investissement public ;
   – éducation postsecondaire.
3. Le système fiscal québécois décourage l'investissement d'affaires.
4. Les grappes industrielles québécoises sont moins productives et moins innovatrices. Peut-être parce que les structures de marché au Québec n'offrent pas suffisamment de défis et ne favorisent pas la compétition.

On peut toujours choisir de se cacher la tête dans le sable. Toutefois, je crois qu'il y a matière à réflexion. Et surtout, à la lumière des constatations que fait ressortir cette étude, qui n'a strictement rien d'idéologique, il y a de la matière pour agir.

Bien sûr, on peut toujours choisir d'être moins riches que les autres et appeler ça un choix de société. Mais il faut à tout le moins connaître le coût de nos choix. C'est ce que j'ai essayé de faire dans cette première partie : dresser un constat, sans aucun parti pris, du Québec d'aujourd'hui, en comparant notre situation à celle de nos voisins.

De toute évidence, nous avons du pain sur la planche.

Si on s'y mettait...

Des réactions ?
Venez poursuivre la discussion sur le blogue de l'auteur : www.sionsymettait.com

PARTIE II

Les jeunes ne sont pas plus cons qu'on ne l'était à leur âge

« Les jeunes n'ont rien à dire. Ils se foutent de tout ! » Qui a dit ça ? Un « croûté », sûrement. Encore faut-il leur parler de ce qui les intéresse.

On ne peut pas présumer de ce que les jeunes ont dans la tête. Si vous croyez qu'ils sont le fidèle reflet de ce que vous étiez à leur âge, détrompez-vous. Une seule façon de savoir ce qu'ils pensent : aller le leur demander. C'est ce que j'ai fait. J'ai parlé avec eux de leur avenir, de leurs valeurs, de leurs attentes, de leur attitude à l'égard du travail, de la famille, de la société. Vaste programme, me direz-vous. Tu parles !

J'ai donc rencontré des dizaines de jeunes. Des amis de mes enfants, leurs camarades, des représentants de regroupements de jeunes, des étudiants, des travailleurs. Et bien sûr, quelques-uns parmi ceux qui regardent passer les autobus bien assis sur leur balcon. Bref, j'ai profité de chaque occasion qui m'était donnée de discuter avec des jeunes. J'ai rencontré des leaders de la génération montante qui roulent déjà en BMW, mais aussi des étudiants qui peinent à boucler leurs fins de mois. Cela s'est révélé une des expériences les plus enrichissantes que j'aie connues.

J'ai consulté la documentation diffusée par des regroupements de jeunes, tant dans le monde des affaires que dans les milieux étudiants. J'ai lu également les manifestes de l'École d'été de l'Institut du Nouveau Monde. Beaucoup de cris du cœur là-dedans. Des accents de sincérité, à n'en pas douter.

J'ai aussi voulu donner à ma démarche un caractère plus scientifique, histoire de développer mon plan d'action sur des bases solides. J'étais curieux de connaître la vision des jeunes sur leur propre avenir. Pour ce faire, j'ai mandaté la firme CROP et son président, Alain Giguère, dont je souligne le travail remarquable dans ce dossier qui l'intéresse visiblement au plus haut point.

CROP a mené, dans le respect des règles de l'art, un sondage auprès de plus de 1 000 jeunes (âgés de dix-huit à trente-cinq ans) représentatifs de la jeunesse québécoise. Marge d'erreur : ± 4 %. Une trentaine de grandes questions ont été élaborées, dont certaines comportaient plus de 20 sous-questions. Il en résulte un portrait exclusif de l'attitude des jeunes Québécois face à leur avenir. Ces informations n'ont jamais été recueillies avant, du moins de façon aussi organisée. Alain Giguère a aussi réalisé une segmentation extrêmement intéressante à partir des résultats obtenus. Cette segmentation nous donne de précieux renseignements sur la provenance, le milieu, le niveau de vie des répondants, en fonction des blocs de questions. J'en parlerai un peu plus loin.

D'abord, je vous donne un exemple. Je voulais savoir quels sont les jeunes qui souhaitent le plus que les impôts augmentent. Cela m'intriguait, car c'est contre nature de vouloir payer plus d'impôt. Eh bien, je vous le donne en mille : ce sont ceux qui n'en paient pas. Fallait y penser ! Mettez encore plus de homard dans le buffet à volonté, mais passez la facture à mon voisin… Vous verrez, c'est extrêmement intéressant.

J'ai également demandé à la firme Angus Reid de sonder les jeunes Canadiens sur des sujets semblables. Encore là, très intéressant. Nos jeunes Québécois vivent les deux pieds sur terre, tout en défendant certaines valeurs qui leur sont propres. Mais on note aussi des différences profondes avec les jeunes Canadiens, tant sur le plan de leur vision de l'avenir que sur le plan des moyens qu'ils envisagent pour atteindre leurs objectifs. Une jeune société distincte ? Pas autant qu'on pourrait le croire à première vue.

J'ai ajouté à tout cela certains résultats d'une vaste enquête menée par la firme New Paradigm dans une douzaine de pays, en Amérique du Nord, en Amérique du Sud, au Moyen-Orient et en Asie. Merci à Anthony D.

Williams, coauteur de *Wikinomics*[16], un livre extraordinaire dont je vous parlerai plus particulièrement au chapitre 25, pour son excellente collaboration. Ces comparaisons internationales nous apprennent que nos jeunes ne sont pas aussi déconnectés qu'on a parfois tendance à le croire. Je dirais même qu'ils manifestent une ouverture d'esprit qui les honore.

Enfin, j'ai tenu compte des résultats d'une étude réalisée par EKOS Research dont le *Globe and Mail* a fait état le 6 août 2007. Cette étude portait plus particulièrement sur les différences de valeurs entre les gens âgés de moins de quarante ans et ceux âgés de plus de quarante ans au Canada. Attachez vos ceintures, fracture sociale en vue…

Comme vous voyez, le contenu des pages qui suivent reflète les préoccupations des jeunes de chez nous. Je suis allé puiser à la source. J'ai sondé l'âme de nos jeunes, en direct, si je peux dire.

6
Des choses à dire...
tu parles !

Je vous l'ai dit, j'ai rencontré personnellement un paquet de jeunes pour savoir ce qu'ils ont dans la tête et dans le cœur. Avant d'aller plus loin, je vous présente les résultats de ces rencontres, que j'ai tenues individuellement ou en petits groupes.

Posez-leur une question et les voilà partis : les jeunes sont intarissables ! Certains soirs, on a veillé tard ! Rien ne les intéresse plus que leur avenir, malgré leur attitude un peu je-m'en-foutiste. Les pantalons cargos genre la fourche aux genoux, les chandails bedaine, la démarche de Slinky : rien de cela ne révèle ce qu'il y a sous la casquette, palette en avant, sur le côté ou vers l'arrière. Ça bouillonne sous les crinières *straight* comme sous les cheveux qui affichent toutes les teintes de l'arc-en-ciel ! J'ai même vu des cheveux aux couleurs non répertoriées dans le catalogue de votre salon de coiffure préféré.

Une première constatation : pas de pensée unique chez les jeunes. Au contraire, j'ai remarqué une diversité impressionnante d'opinions. C'est sain. J'ai cependant noté des points communs, indépendamment de leur milieu, de leur niveau de vie et de leur mode de vie. Même si le message est ponctué de « tsé veux dire », « 'stie »...

« C'est mon fric que t'as dépensé… »

Un bon exemple : la dette publique. J'ai eu des échanges vraiment intéressants à ce sujet. Les jeunes qui n'ont aucune idée de l'ampleur de la dette s'en foutent éperdument. Quand on chiffre la dette à moins de 100 millions de dollars, ils répondent « Y a rien là, reviens-en, stie ! ». À l'opposé, les jeunes qui ont une meilleure idée de la dette sont très préoccupés. « T'as dépensé notre argent pis tu voudrais qu'on se tape les intérêts en plus ! Ça prend du culot ! » Oui, le niveau d'éducation a quelque chose à voir là-dedans. Et ceux qui ne paient pas d'impôt ont l'impression qu'on leur parle de la vie sur Mars. Aucun intérêt ! « C'est votre dette, arrangez-vous avec ! » So-so-so-solidarité, *you bet* ! Le réveil risque d'être brutal.

Les jeunes préoccupés par l'ampleur de la dette ont peur, et ils le disent clairement. Leur crainte : une facture d'impôt qui détruirait littéralement leur qualité de vie en même temps que leurs projets. Pour eux, la qualité de vie, c'est *full* important ! Payer les factures des vieux avant de commencer à vivre, pas très encourageant. Je me mets à leur place. Plusieurs paient déjà leur part d'impôt avec le sentiment de n'avoir aucune prise sur quoi que ce soit. « La moitié de mon chèque de paye disparaît avant que je mette la main dessus. Tu ne trouves pas ça frustrant, toi ? Et pour avoir quoi en retour ? » Ils ne voient pas très bien. Pour les jeunes adultes au travail, l'éducation, c'est du passé. La santé, c'est tellement loin devant. Du moins, c'est la perception d'un grand nombre d'entre eux. Ils déplorent que leurs préoccupations ne fassent pas partie du portrait. « Je n'ai rien acheté, mais ça me coûte une fortune à chaque paye. » Payez maintenant, achetez plus tard ! Je me sens gêné.

Leur dire d'aller voter aux quatre ans les fait grimper dans les rideaux. « Nos votes sont écrabouillés par les votes des vieux. Pourquoi on irait voter ? » « Regarde où vont les budgets, font-ils remarquer, 25 % en éducation, 44 % en santé, 13 % en intérêts sur votre dette. Tire tes conclusions toi-même. » Ils se sentent pris au piège. Aucun doute, ils savent compter. « Même si tous mes amis allaient voter, ça changerait quoi ? Vous avez le nombre pour vous, et plus ça va aller, pire ça va être », disent-ils. Et plusieurs d'ajouter : « En plus, vous allez coûter de plus en plus cher et vous allez payer de moins en moins de taxes. Comment voulez-vous qu'on ne soit pas inquiets ? » L'un d'eux résume de façon lapidaire : « La démocratie, "c't'une crosse" pour faire croire aux jeunes esclaves qu'ils peuvent choisir leurs maîtres. »

Ce qui fait le plus peur aux jeunes devant le poids de la dette, c'est leur incapacité de faire leurs propres choix de société. « Il n'y a déjà plus de marge de manœuvre et vous allez nous laisser une dette indécente par-dessus le marché. Vous voudriez qu'on soit contents et qu'on vous dise merci, style ? »

« Vous nous laissez une des pires dettes au monde avec pratiquement rien pour bâtir une société à nous : des routes pourries, des hôpitaux pourris, des écoles pourries ; on se fait fourrer », résume assez bien la perception de plusieurs. Déception, inquiétude. Surtout qu'ils ne croient pas que la génération des baby-boomers fera un effort pour alléger le fardeau avant de tirer sa révérence… « Pourquoi vous paieriez si vous pouvez éviter de le faire ? C'est exactement ce que vous avez fait jusqu'à maintenant. »

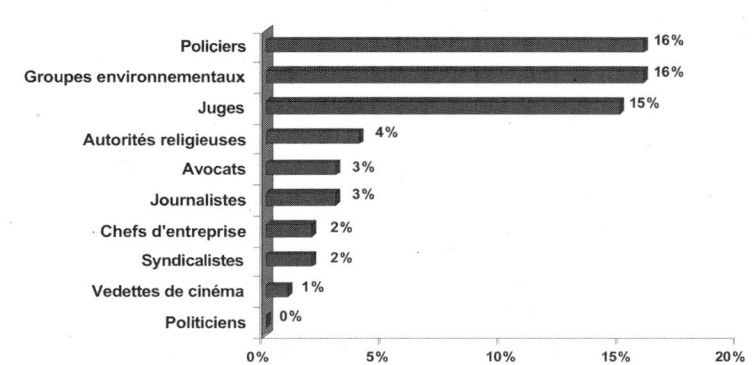

Confiance envers les institutions
Vous avez très confiance en eux :

Institution	%
Policiers	16 %
Groupes environnementaux	16 %
Juges	15 %
Autorités religieuses	4 %
Avocats	3 %
Journalistes	3 %
Chefs d'entreprise	2 %
Syndicalistes	2 %
Vedettes de cinéma	1 %
Politiciens	0 %

Source : CROP. *Les valeurs des jeunes Québécois et leurs perceptions de l'avenir*, mars 2007.

Rien d'étonnant à ce que les politiciens se classent au dernier rang au palmarès de la confiance que leur font les jeunes. Cette fois, c'est CROP qui nous le dit. Plus ou moins 4 % d'erreur. Les politiciens se retrouvent dans le fond du baril (0 % des jeunes leur font « très confiance »), alors que les policiers, les groupes environnementaux et les juges récoltent chacun au moins 15 % des votes. Plus clair que ça, tu meurs. Les jeunes nous disent: « Mettez de l'ordre et de la justice là-dedans. Arrêtez de nous mentir en pleine face. »

Leur message aux vieux : « Levez les feutres aussitôt que possible »

On a parlé du vieillissement de la population. La majorité des jeunes se doutent bien de ce qui les attend, mais bien peu sont en mesure de mettre des chiffres sur leurs craintes. Même des chiffres très approximatifs. J'en ai donc avancé quelques-uns. Cela a confirmé leurs appréhensions. « En plus d'être obligés de payer vos dettes, on ne pourra rien faire de ce qui nous intéresse. » Ils parlent de détournement de fonds (leurs fonds) vers la santé parce que c'est la seule préoccupation des vieux, les « croûtés » dans leur vocabulaire. « On est en pleine mondialisation, les deux mains attachées dans le dos. » Comment ne pas être inquiets ?

L'allongement de l'espérance de vie n'est pas nécessairement une bonne nouvelle pour eux. Plutôt des problèmes à venir. Des problèmes qu'ils n'auront pas les moyens de régler, du moins sans renoncer à ce qu'ils jugent beaucoup plus prioritaire. « Pendant qu'on va s'occuper du passé – c'est-à-dire des vieux –, le présent va nous passer sous le nez. Et que dire de l'avenir ? On est pleins d'enthousiasme, mais on se sent un peu piégés. On n'en fait pas un drame, on est inquiets, c'est tout. »

En petits groupes, et encore plus en rencontres privées, plusieurs jeunes n'hésitent pas à aborder la problématique sous l'angle du choix de société. « Est-ce plus rentable d'investir le peu de ressources qu'on a dans les dernières années des vieux qui n'ont plus rien à apporter à la société ou dans les jeunes qui vont tenir le fort pour tout le monde durant les prochaines décennies?» «Levez donc les feutres le plus vite possible», risquent les moins timorés. «On ne dirait jamais ça à nos parents. Mais, entre nous, c'est un peu ce qu'on pense», laissent tomber certains.

Fracture générationnelle, dites-vous ? Achetez-vous des tuyaux à oxygène en acier inoxydable. C'est plus difficile à écraser par inadvertance au centre d'accueil au cours de la visite du dimanche après-midi...

L'envers de la médaille existe, c'est rassurant ! Particulièrement chez ceux qui semblent plus scolarisés. Plusieurs de ces jeunes manifestent un enthousiasme rafraîchissant. «Quand les vieux vont jouer aux cartes au centre d'accueil, nous, les jeunes, on va avoir une occasion en or de faire ce qu'on veut. Enfin!» Plusieurs d'entre eux attendent depuis longtemps d'avoir des responsabilités. Ils ont eu leur première «vraie job» à trente ans. La ligne hiérarchique vieillit, mais elle est encore en place. Ils sont impatients d'être dans l'action pour vrai. Beaucoup ont cumulé plusieurs diplômes et ont papillonné de boulots temporaires en contrats à temps partiel. Dans leur cas, le mot d'ordre serait plutôt : «Vive les vieux ! Ils vont se tailler !»

Qu'en dit monsieur CROP ?

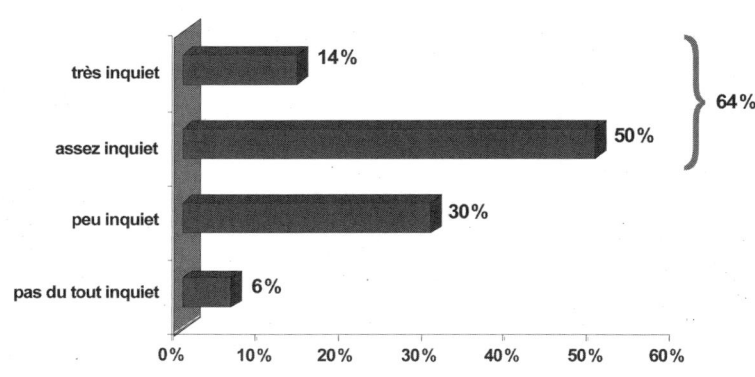

Source : CROP. *Les valeurs des jeunes Québécois et leurs perceptions de l'avenir*, mars 2007.

Coûts induits par le vieillissement de la population
Face au vieillissement de la population, vous croyez que :

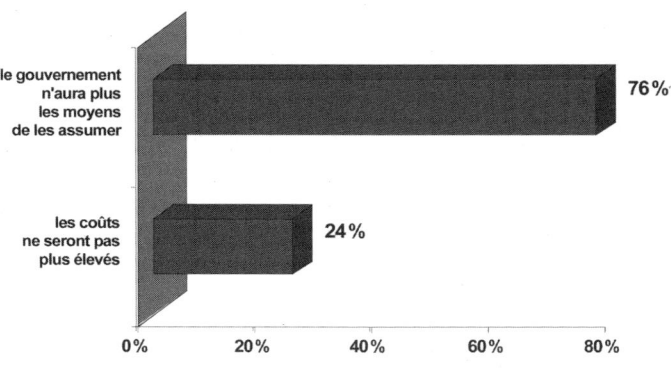

- le gouvernement n'aura plus les moyens de les assumer : 76 %
- les coûts ne seront pas plus élevés : 24 %

Source : CROP. *Les valeurs des jeunes Québécois et leurs perceptions de l'avenir,* mars 2007.

Hausse des impôts et vieillissement de la population
Advenant le cas où le gouvernement du Québec devait augmenter les impôts afin de combler la diminution du nombre de travailleurs et de payer les services sociaux, vous seriez :

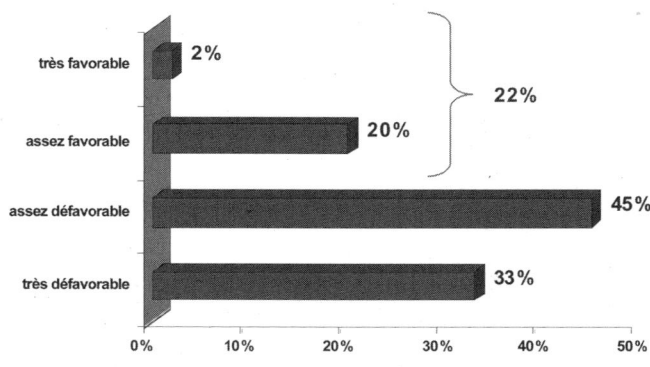

- très favorable : 2 %
- assez favorable : 20 %
- } 22 %
- assez défavorable : 45 %
- très défavorable : 33 %

Source : CROP. *Les valeurs des jeunes Québécois et leurs perceptions de l'avenir,* mars 2007.

Deux jeunes sur trois sont inquiets du vieillissement de la population. Trois sur quatre sont même convaincus que le gouvernement n'aura plus les moyens de fournir les services et qu'il faudra hausser les impôts, leurs impôts. Pourtant, près de 8 jeunes sur 10 ne veulent pas entendre parler de hausse d'impôt pour payer la facture des services sociaux.

Les services coûteront plus cher. Les jeunes seront moins nombreux à payer, mais ils ne veulent pas entendre parler de hausse d'impôt. Conséquence? Baisse de services, c'est mathématique. Et sur le plan politique? Fracture générationnelle à l'horizon. De quoi nous faire regretter les bons vieux conflits de générations... Besoin accru d'argent. Ceux qui travailleront ne voudront pas payer, et ceux qui vont voter en demanderont encore plus. Laissez faire la calculatrice, trouvez-vous une boule de cristal.

Famille, loisirs, travail… et dans l'ordre, s'il vous plaît!

«Vous nous avez tout donné, sauf votre présence.» Et pan dans la mâchoire, papa!

Dès qu'on parle de famille, d'environnement, de qualité de vie, une étincelle brille au fond de leurs yeux. Leur vision du monde est bien différente de la nôtre. «Moi, c'est la famille qui m'intéresse. Je veux des enfants. Je veux voir mes amis. Je tiens à mes loisirs. Je veux vivre dans un environnement propre.» C'est clair, ils n'ont pas l'intention de passer une partie de leurs journées en ligne sur les ponts, d'enfiler un sandwich le midi et d'entrer à la maison après que les enfants seront couchés. Oubliez ça.

«C'est sûr que je veux un niveau de vie convenable, mais pas au détriment de ma famille. Je n'ai pratiquement pas vu mon père. J'ai été élevé par ma mère. Il m'a manqué terriblement. J'en veux à personne, mais je ne referai pas le coup à mes enfants.» Ce sont des remarques que j'ai entendues souvent. Là-dessus, pas de compromis. Leur idée est claire. Il faudra que le monde de l'entreprise «fasse avec», comme on dit.

Là aussi, la maison CROP confirme les données empiriques que j'ai recueillies auprès des jeunes. Quand on aborde l'importance des valeurs chez les jeunes, la démarcation est claire. Les trois premières dans l'ordre : la famille (71 %), les amis (54 %), les loisirs (30 %). À l'inverse, les moins importantes : l'argent (11 %) et le travail (17 %). La question qui leur était posée était la suivante : « Veuillez indiquer dans quelle mesure chacun des sujets suivants est important pour vous sur une échelle de 0 à 5. » Voilà pourquoi le total de ces réponses ne peut s'additionner pour donner 100 %.

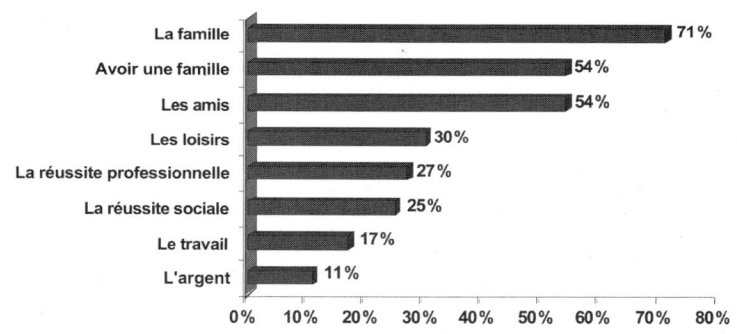

Source : CROP. *Les valeurs des jeunes Québécois et leurs perceptions de l'avenir,* mars 2007.

Le message est non équivoque. « Nous voulons travailler, gagner de l'argent, mais le travail ne doit pas nuire à notre famille, ni à nos relations avec nos amis, ni à nos loisirs. » Ils sont quand même confiants d'atteindre un niveau de revenus suffisant. Faudra voir comment ils vont s'y prendre.

Vous vous rappelez, quand on était jeunes, on disait à la blague « si les études nuisent à tes loisirs, lâche tes études ». Eux, c'est « si ta job nuit à tes loisirs, lâche ta job ! ». En une génération, c'est ce que j'appelle un gros changement.

Du fric, oui, mais du plaisir aussi

«Tout le monde veut aller au ciel, mais personne ne veut mourir»! On connaît la chanson. On a élevé nos enfants dans une société de consommation. Comment leur reprocher de souhaiter maintenir le degré de confort auquel ils sont habitués, gadgets inclus?

Bon nombre de jeunes, étudiants ou au travail, ne voient vraiment pas pourquoi leurs revenus seraient moindres que ceux de leurs parents. Même s'ils attachent une faible importance à la valeur «argent» et à la valeur «travail». Pensée magique? Probablement chez certains d'entre eux. Mais pour plusieurs, gagner de l'argent, beaucoup d'argent, c'est d'abord une question d'organisation dans un monde où les occasions seront nombreuses. Pour paraphraser Yvon Deschamps, ils vont être trop occupés à faire de l'argent pour avoir le temps de travailler!

Le sondage CROP confirme en bonne partie cette vision des choses.

Niveau de revenu nécessaire pour répondre à leurs attentes

Lorsque votre revenu sera arrivé à maturité, voici le niveau nécessaire, avant impôts et déductions, pour répondre à vos attentes :

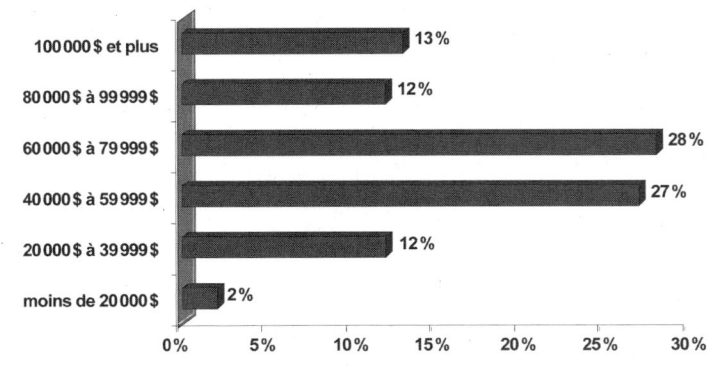

Source : CROP. *Les valeurs des jeunes Québécois et leurs perceptions de l'avenir,* mars 2007.

Peu ouverts à un travail qui les priverait de relations étroites avec leur famille et leurs amis, ou qui menacerait leurs loisirs, plus de la moitié des jeunes répondants croient que des revenus annuels supérieurs à 60 000 $ seront nécessaires pour répondre à leurs besoins. Un sur quatre aura besoin de revenus supérieurs à 80 000 $. Plus de 1 sur 10 situe ses besoins à plus de 100 000 $. Pas sûr qu'ils se croient nés pour un petit pain!

Les jeunes ont-ils confiance en leur capacité d'atteindre ces seuils de revenus? Parmi eux, 17 % croient qu'ils dépasseront les 100 000 $. Quatre sur 10 croient qu'ils auront des revenus de 60 000 $ à 100 000 $. Et 92 % ont l'impression qu'ils réussiront à obtenir ce qu'ils veulent dans la vie. Plus confiant que ça, tu donnes des cours de jovialisme à Jean-Marc Chaput!

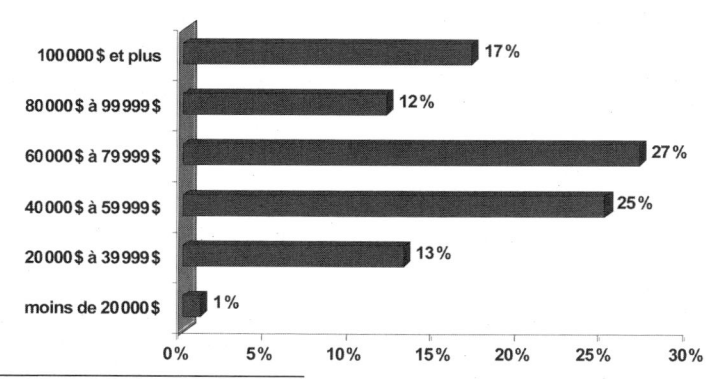

Source: CROP. *Les valeurs des jeunes Québécois et leurs perceptions de l'avenir*, mars 2007.

Pensée magique ou confiance en soi? Comment concilier leurs valeurs familiales, leur peu d'enthousiasme pour des emplois qui exigent du temps et leurs besoins financiers?

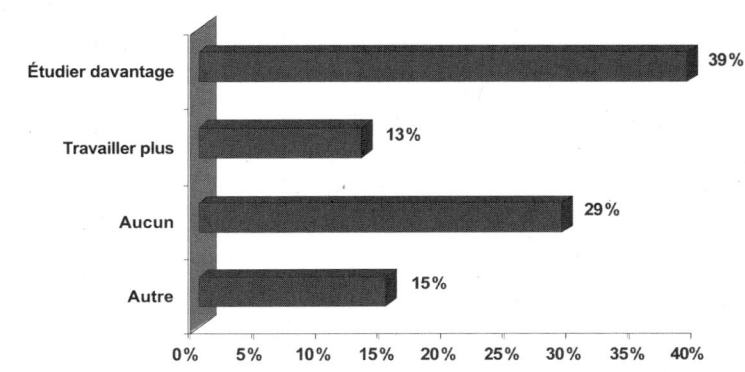

Source : CROP. *Les valeurs des jeunes Québécois et leurs perceptions de l'avenir,* mars 2007.

Comment feront-ils ? Une bonne partie de la réponse réside dans leur vision du travail, qui est complètement différente de celle de ma génération. Ils rejettent du revers de la main les emplois qui les forceraient à se pointer au bureau ou à l'usine tous les jours de la semaine, de neuf à cinq. « On n'est pas des machines ! » clament-ils. « On ne veut pas finir comme nos vieux, brûlés avant de profiter de la vie. »

Les jeunes attribuent en bonne partie au manque d'imagination le faible taux de participation actuel au marché du travail. Même chose pour le décrochage scolaire. « Donne-moi une job qui fait appel à ma créativité et qui me laisse organiser mon travail à mon goût, et je vais te sortir de l'ouvrage qui va te jeter par terre ! Je vais t'en donner plus que tu m'en demandes. » « Moi, je veux m'amuser dans ma job. Je veux découvrir des nouvelles choses tout le temps. Si tu penses que je vais passer ma vie à m'amuser seulement après la job, tu te mets un doigt dans l'œil... C'est pour ça que j'ai lâché les études. C'était tellement plate ! »

Les cheveux rouge écarlate, avec des pics de six pouces collés dur, la bedaine à l'air, mais des yeux d'une intelligence vive. Pas conne, loin de là. Je la vois mal au comptoir de la banque. Et pourtant, il y a sûrement des choses qu'elle pourrait faire mieux que personne. Une joueuse à ne pas laisser sur le banc dans le grand match de la mondialisation...

Réseautage et créativité

En poussant un peu plus loin, je me suis rendu compte que les jeunes ne jurent que par les nouvelles technologies. Rencontrer des gens au travail, oui, dans une certaine mesure. Mais ils veulent surtout faire partie de plusieurs réseaux dont les ramifications s'étendent au monde entier. Tout en travaillant chez eux, selon des horaires qui leur conviennent pour s'occuper du bébé quand c'est le temps. La famille, les amis, les loisirs... c'est cohérent tout ça. Le neuf à cinq, hors de question. Ils sont prêts à fournir des efforts considérables si leur créativité est mise à contribution. Exécuter seulement, pas question. Les murs du bureau ou de l'usine : trop étroits pour eux. Ils veulent avoir de l'impact au travail. Un chiffre qui résume tout : 84 % des jeunes trouvent important de se sentir créatifs au travail.

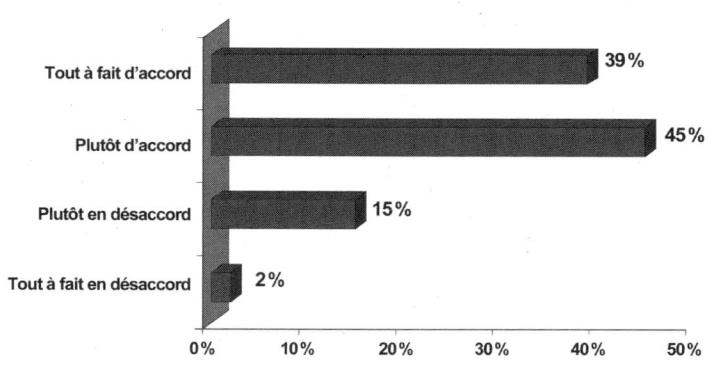

Besoin de se sentir créatif au travail
Au travail, il est très important pour vous de vous sentir créatif.

- Tout à fait d'accord : 39 %
- Plutôt d'accord : 45 %
- Plutôt en désaccord : 15 %
- Tout à fait en désaccord : 2 %

Source : CROP. *Les valeurs des jeunes Québécois et leurs perceptions de l'avenir*, mars 2007.

Les jeunes croient mordicus à leur vision de l'avenir. Ils sont convaincus de réussir. Tout le reste finira bien par tomber en place. « La technologie nous permet de réussir sans sacrifier nos valeurs, parce qu'elle nous permet de travailler de n'importe quel endroit. Vous ne savez pas en profiter parce que votre milieu de travail, c'est aussi votre cadre de vie, vos relations sociales, votre raison d'être. Nous, c'est bien différent. Les boum-à-la-caboum à cinq heures, ce n'est pas notre *bag*. » Sujet à profonde méditation…

Les jeunes sont plus de trois sur quatre à croire qu'ils sont davantage capables que la plupart des gens de profiter des possibilités qui s'offrent à eux et de surmonter les défis de la vie. Ce qui laisse bien peu de place aux « pas capables ». Ils ont toutes les ambitions du monde, sans vouloir renoncer au plaisir pour autant. Énorme revirement en comparaison avec les générations précédentes.

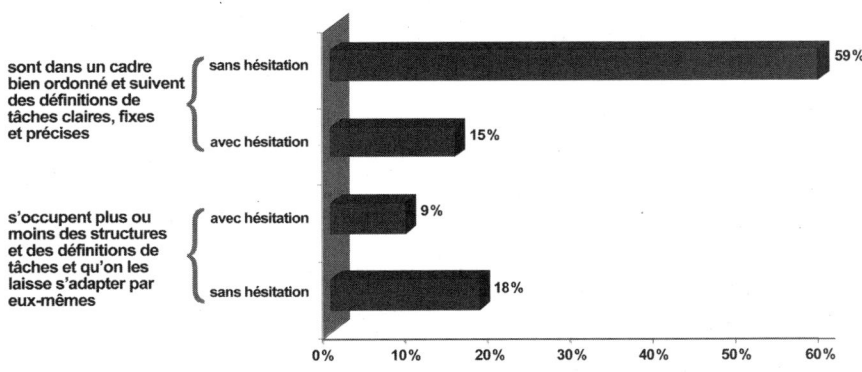

Source : CROP. *Les valeurs des jeunes Québécois et leurs perceptions de l'avenir,* mars 2007.

Malgré des apparences trompeuses, leur vision du monde n'a rien d'anarchique. CROP nous apprend que les trois quarts des jeunes considèrent qu'une entreprise fonctionne mieux quand le cadre est bien ordonné, avec des définitions de tâches précises et claires et un leader qui sait où il va. On est loin du *free for all*! Le message qu'ils nous lancent est qu'ils préfèrent une direction précise, un encadrement structuré, mais une grande liberté dans l'exécution et un impact sur les décisions. Pourquoi pas!

« Passe-moi le *cash* »

Un autre élément tout aussi logique : « Je veux être payé pour mes idées. Pas seulement pour le temps que je passe à faire une job. » Idées = fric. Les jeunes ne veulent pas être les dindons de la farce. D'ailleurs, deux sur trois veulent un jour être leur propre patron. Là, j'ai hâte de voir! Être son propre patron sans accorder d'importance à l'argent et au travail? Il faudra qu'on m'explique comment c'est possible. Sait-on jamais. Il y a tellement de choses qu'on croyait savoir et puis… Cela dit, pas moins de 95 % sont tout de même convaincus qu'il faut travailler fort pour obtenir des résultats.

Incohérent, tout ça? Je ne crois pas. Se pourrait-il que « travailler fort » ait un sens complètement différent pour les jeunes que pour nous? Au-delà des apparentes contradictions, il y a là une matière brute d'une grande richesse à laquelle il importe de réfléchir avant de passer au plan d'action.

« J'sais pas si je vais déménager ou rester… »

Si une bonne partie de notre génération était plutôt réfractaire à l'idée de partir, les jeunes sont beaucoup plus enclins à aller voir ailleurs si le soleil brille pour tout le monde. Ils ne sont pas pressés de partir de la maison, mais aller à l'étranger, c'est une autre affaire. Les raisons évoquées tournent souvent autour de l'intérêt du travail disponible. Peu de nos jeunes seraient prêts à se satisfaire d'un travail moins intéressant pour rester au Québec. Ceux qui se disent les plus ouverts à la mobilité sont souvent les plus scolarisés et les plus friands de postes à haute teneur en créativité. « Ça ne me dérange pas de parler anglais pour avoir un travail plus intéressant ailleurs. S'il faut parler le chinois, je vais l'apprendre ! »

On est loin de la barrière linguistique qui, il n'y a pas si longtemps, suffisait à conserver au Québec notre bassin de main-d'œuvre, souvent même dans les postes les plus spécialisés.

Un sondage mené en août 2006 par l'Association médicale du Québec révélait que 43 % des médecins spécialistes envisageaient d'augmenter leur pratique à l'extérieur du Québec au cours des cinq prochaines années. Bien sûr, l'immense majorité de ceux-ci se trouvait parmi les jeunes. Même en tenant compte du fait que ce sondage a été mené durant l'affrontement entre les médecins spécialistes et le gouvernement du Québec, il y a là une tendance qu'on ne peut ignorer. On a de la misère à former nos jeunes ; il faudrait au moins nous organiser pour garder les meilleurs chez nous.

D'autres raisons que l'intérêt pour le travail font en sorte que les jeunes sont ouverts à aller voir ailleurs. Notamment, la fiscalité québécoise. « Pourquoi je dirais adieu à la moitié de mon salaire quand ça peut me coûter moins cher ailleurs pour des services qui ne sont pas moins bons qu'ici ? » La question mérite une certaine attention.

Que disent les sondeurs à ce sujet ?

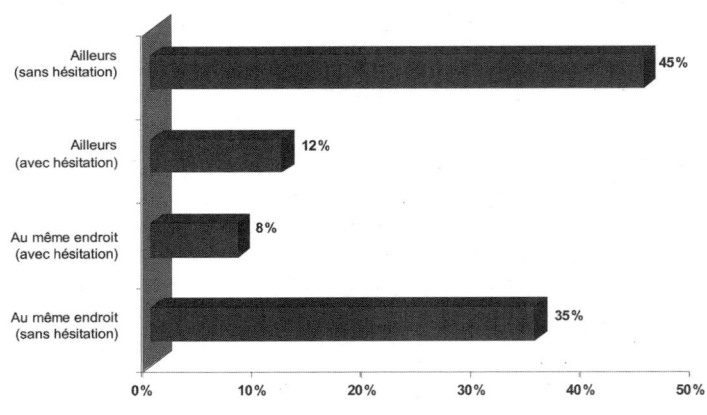

Source : CROP. *Les valeurs des jeunes Québécois et leurs perceptions de l'avenir*, mars 2007.

D'après CROP, près de la moitié des jeunes répondent sans aucune hésitation (plus un autre 12 % avec hésitation) qu'ils préféreraient avoir un emploi qui les amènerait à travailler pour certaines périodes déterminées au Québec, ailleurs au Canada et même ailleurs dans le monde. C'est chez les jeunes aux études et sans attaches (célibataires) que le travail à l'étranger suscite le plus d'attrait. Donc, souvent chez les jeunes qui poursuivent leurs études et qui compteront vraisemblablement parmi les plus scolarisés. Ils sont trois sur quatre à croire que le gouvernement du Québec n'aura plus les moyens de fournir les services à cause du vieillissement de la population et que les jeunes devront payer plus d'impôt. Leurs inquiétudes sont très vives en matière de santé. Ils ne croient pas qu'ils auront accès aux mêmes services que leurs parents.

Augmenter les impôts pour financer les services, pas question. Les jeunes s'y refusent dans une proportion de 78 %. Pas étonnant qu'ils soient ouverts à des changements quand il s'agit des modèles canadien et québécois en matière de santé. Sept jeunes sur 10 sont d'accord pour qu'il y ait des services de santé privés afin de permettre à ceux qui en ont les moyens d'obtenir les soins qu'ils désirent. Faudrait passer le message aux politiciens. L'épouvantail du système de santé américain ne les émeut guère.

Pourtant, on croit encore dur comme fer que le système de santé est une des caractéristiques essentielles des modèles canadien et québécois, ce qui justifierait, selon certains, une facture d'impôt plus élevée chez nous. Les jeunes semblent ne plus acheter aussi facilement ce genre d'argument.

Attention, matière grise volatile. Fini l'époque où nos professionnels ne parlant pas couramment l'anglais devaient se résoudre à travailler au Québec, même s'ils auraient souhaité aller voir ailleurs.

Taxer le résultat, oui, mais l'effort, non

Les jeunes m'ont semblé très préoccupés de justice sociale, de répartition de la richesse, d'égalité dans l'effort. Par exemple, 60 % d'entre eux considèrent que, sous aucun prétexte, il ne doit y avoir des gens qui ont faim et qui sont sans abri. On doit tout faire pour éviter une telle situation.

Par contre, quand vient le temps de se demander s'ils préfèrent les gens qui remplissent leur devoir quoi qu'il advienne ou les gens qui recherchent avant tout leur bonheur, plus de la moitié optent pour la seconde hypothèse. Comme le chante Claude Dubois, «J'peux pas supporter la misère...», mais on peut toujours trouver le moyen de la tolérer.

Les jeunes sont aussi très préoccupés par la qualité de l'environnement. La majorité (80%) se dit d'accord pour payer plus cher un produit certifié sans danger pour l'environnement. Les deux tiers évitent les services ou les produits d'une entreprise qui affiche une piètre performance environnementale. Dans un autre domaine, les trois quarts n'achèteraient pas de produits ou services d'une entreprise qui exerce de la discrimination envers ses employés.

Quand je dis aux jeunes que 42% des contribuables québécois ne paient pas d'impôt sur le revenu, il y a deux réactions. Ceux qui en paient crient au vol, et ceux qui n'en paient pas trouvent ça très bien ainsi, tout en suggérant que l'État aille chercher son manque à gagner dans les poches des «riches» et dans les coffres des compagnies. J'ai l'impression que les jeunes qui ne paient pas encore d'impôt changeront d'idée le jour même où ils commenceront à contribuer... Ça reste à voir.

Ce qui est intéressant, c'est qu'un bon nombre de jeunes ont finalement réalisé qu'une société est pauvre parce qu'elle ne compte pas assez de riches. La suite logique : éviter de faire fuir les riches. N'oublions pas que le Québec occupe actuellement le 54e rang sur 60 États ou provinces au palmarès de la richesse en Amérique du Nord. Les jeunes verront-ils la lumière au bout du tunnel ? Pourquoi pas !

Au sujet de l'imposition des entreprises, les opinions sont très partagées, comme le montre le graphique de la page suivante. Presque moitié-moitié. En fait, 45% croient qu'il faut imposer le moins possible les entreprises afin qu'elles soient en mesure de soutenir le développement économique et d'offrir une bonne qualité de vie. C'est exactement la voie qu'a choisie l'Irlande avec le succès économique et social qu'on connaît. Par contre, 55% des répondants disent qu'il faut imposer le plus possible la richesse des entreprises, lorsqu'elles en produisent, afin de les faire participer davantage au financement des services.

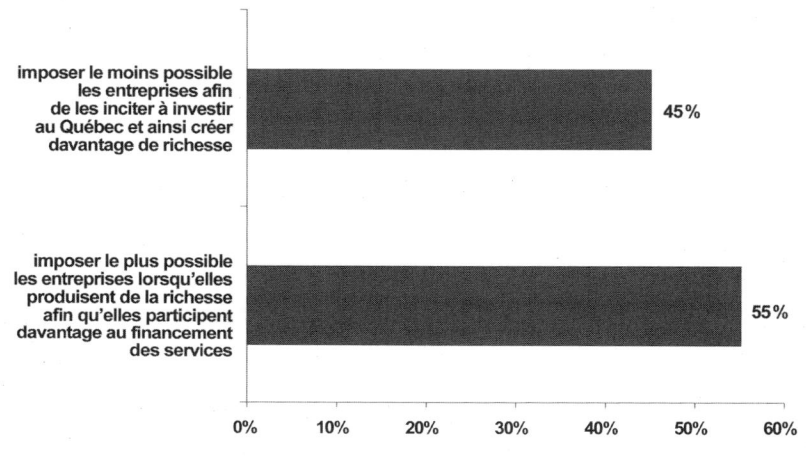

Source : CROP. *Les valeurs des jeunes Québécois et leurs perceptions de l'avenir,* mars 2007.

Un aspect intéressant ressort de cette seconde option : imposer les entreprises quand elles produisent de la richesse et non au moment où elles font des efforts pour en produire. Pas cons du tout, ces jeunes. Ils ont compris que taxer l'effort des entreprises ne sert personne. Dire qu'il y en a qui n'ont pas assez de toute une vie pour comprendre ça ! La taxe sur le capital, ça vous dit quelque chose ? Les jeunes au pouvoir ? Pourquoi pas !

Ces mêmes jeunes sont très critiques envers nos entreprises. Ils sont moins du tiers à croire que les entreprises essaient de trouver un équilibre entre profits et intérêt public. Plus de 8 sur 10 sont d'avis que les industries sont en train de tout détruire sur la planète. À bon entendeur, salut !

Droits de scolarité : la secte du gel... et les partisans du dégel

L'épineuse question entre toutes : les droits de scolarité. Bien difficile de discuter de ce sujet avec certains jeunes. Une religion : le statu quo. Plus qu'une religion, une secte. Une secte qui recrute surtout chez les jeunes qui sont encore aux études. Il n'y a aucun argument qui tienne. Ils ont les deux oreilles bouchées *ben* dur. La discussion devient brutale le temps de prononcer le mot « dégel ».

C'est le seul sujet qui leur ferait lever une pancarte à 30 degrés sous zéro. Aucun argumentaire possible. C'est non ! « C'est un choix de société. » « Les vieux ne comprennent rien. » « Pas question de faire payer les jeunes pour des études qui profiteront à toute la société. » Dans la seconde qui suit la bordée de capsules préenregistrées, les écoutilles se ferment. Pas facile de débattre dans ces conditions.

Par contre, ceux qui se butent ainsi font également partie de ceux qui se plaignent amèrement de la piètre qualité de l'éducation prodiguée dans les universités... *Le cœur a ses raisons que la raison ignore.* J'ai déjà lu ça quelque part. Et les droits de scolarité sont devenus une question de tripes, bien au-delà d'un sujet de discussion. On en fait une question d'honneur, comme gagner la coupe Stanley. Personne ne veut être dans l'équipe des perdants. Ils ont la pancarte tatouée sur le cœur ! Parce que ce serait être un « perdant » que de se faire passer un dégel pendant qu'on est encore aux études. Après ? Après moi, le déluge.

Dans l'autre coin de l'arène, on retrouve les tenants d'un dégel progressif. Surtout des jeunes qui ont terminé leurs études, mais pas tous. Ils sont en faveur d'un dégel progressif qui permettrait de rejoindre dans cinq ans la moyenne canadienne (qui est, au premier cycle, deux fois plus élevée qu'au Québec, soit environ 5 000 $). Voilà un objectif beaucoup plus draconien que la hausse de 50 $ par semestre annoncée dans le dernier budget. Ces jeunes, qui sont aussi très critiques à l'égard de la qualité de l'enseignement universitaire, soutiennent qu'une telle hausse aiderait les institutions à accroître cette qualité.

Positions irréconciliables ? Peut-être pour l'instant. Mais je préfère faire confiance à l'intelligence. Avec le temps... Le score à ce jour selon CROP : 44 % pour le dégel ; 56 % contre.

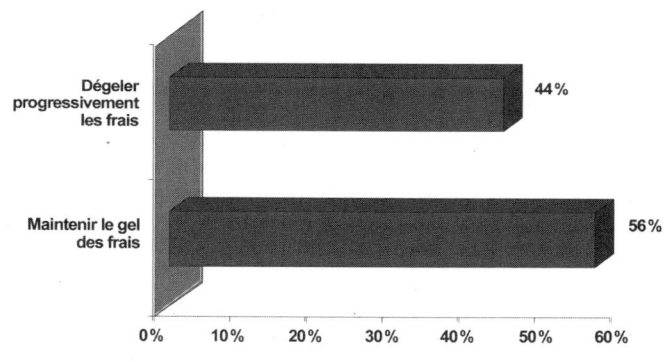

Source : CROP. *Les valeurs des jeunes Québécois et leurs perceptions de l'avenir,* mars 2007.

Je parie que, si la proposition de hausse dans le sondage était limitée à 50 $ par semestre, les « oui » auraient fracassé la barrière psychologique du 50 %. À suivre...

Ni les États-Unis ni la Scandinavie

On a proposé aux jeunes de choisir entre trois grands «modèles» de société, en leur expliquant bien de quoi il s'agit : le modèle américain (peu d'impôt, peu de services publics) ; le modèle scandinave (beaucoup d'impôt, beaucoup de services publics) ; et le modèle canadien (jusqu'à 50% d'impôt, un mélange de services publics et privés).

Dans tous les cas (santé, éducation, retraite), c'est le modèle intermédiaire, ou canadien, qui remporte la palme, et de loin :
- pour les services de santé, 69% des jeunes préfèrent le modèle canadien ;
- pour l'éducation, 62% choisissent le modèle canadien, 27% le scandinave et 11% l'américain ;
- pour la retraite, 66% choisissent le modèle canadien ; les deux autres systèmes remportent 17% des votes chacun.

Même quand on leur a expliqué le mouvement du vieillissement de la population et l'impact qu'il aura sur le coût et la disponibilité des services, les choix des jeunes demeurent sensiblement les mêmes.

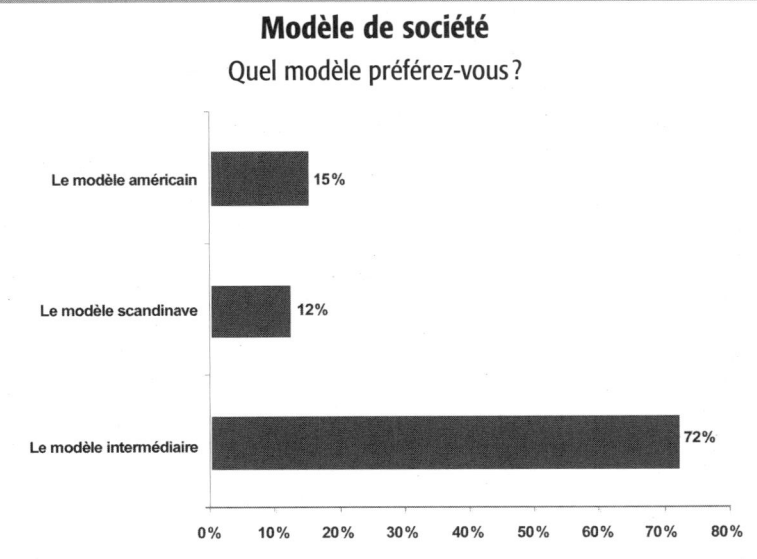

Source : CROP. *Les valeurs des jeunes Québécois et leurs perceptions de l'avenir*, mars 2007.

En général, le modèle scandinave est plus souvent privilégié par les jeunes à faible revenu, ceux qui sont encore aux études et ceux qui sont nés ailleurs qu'au Canada. Ce système obtient ses meilleurs scores dans le domaine de l'éducation par opposition à la santé. Donc, les jeunes semblent croire que la gratuité scolaire est plus justifiée qu'un système de santé exclusivement public. Charité bien ordonnée commence par soi-même. Ils apprennent vite !

Quant au modèle américain, il obtient la préférence des jeunes au revenu élevé. En revanche, c'est le système le moins apprécié pour l'éducation.

Des réactions ?
Venez poursuivre la discussion sur le blogue de l'auteur : www.sionsymettait.com

7
Qui pense quoi ?

Nous connaissons maintenant les tendances, et nous avons quelques pourcentages. Combien de jeunes croient que, craignent que, affirment que... Très intéressant. Mais la maison CROP est allée encore plus loin. Alain Giguère a voulu savoir (et moi aussi, bien sûr) à quelles catégories de jeunes il faut attribuer telle ou telle tendance.

Des exemples. Quel type de répondants préfèrent le système scandinave au système américain, en matière d'éducation, de santé et par rapport au vieillissement de la population ? Qui sont les jeunes que l'évolution démographique du Québec inquiète ? Quels jeunes sont les plus ouverts à l'arrivée d'établissements de santé privés ? Bref, je voulais connaître autant leurs opinions que les chiffres bruts, histoire d'enrichir le plus possible les résultats pour bâtir mon plan d'action sur du solide.

Alain Giguère a donc fait une segmentation poussée à partir du grand sondage. Un travail exceptionnel. Ces résultats nous permettent maintenant de savoir comment les jeunes Québécois se répartissent entre les grandes catégories, les grandes tendances, les principaux segments. Qui sont les jeunes les plus ouverts à aller travailler à l'étranger ? Dans quelles catégories se trouvent-ils en fonction de leur âge, de leur niveau de scolarité, de leur revenu ? Qui sont ces jeunes qui préfèrent un emploi mettant à contribution leur créativité et ceux qui sont plus à l'aise dans des postes plus étroitement encadrés ? Du qualitatif sur le quantitatif ! Passionnant !

Voilà une mine de renseignements extrêmement utiles pour asseoir un plan d'action qui repose sur la vision des jeunes, leurs attentes, leur capacité d'engagement à tous égards. Après tout, ce sont eux qui mettront en action ce plan de match. Alors aussi bien connaître à fond le potentiel dont la société québécoise dispose pour faire face à l'avenir.

Tout aussi important : comment déployer cette force prodigieuse au profit de toute la société ?

5 types de jeunes Québécois

Comment dessiner des profils à partir des réponses de centaines de jeunes à des dizaines de questions ? La maison CROP a soumis les résultats du sondage à une analyse *factorielle* dans le but de trouver des *patterns* sous-jacents aux réponses des jeunes. L'idée était de découvrir comment ceux qui ont répondu de telle façon à un bloc de questions portant, par exemple, sur la justice sociale, ont répondu ailleurs dans le sondage aux questions portant sur, disons, leurs attentes en matière de revenus, les droits de scolarité, leur confiance dans les différents leaders, etc. Informaticiens recherchés, mais amateurs, s'abstenir.

C'est ce qu'on appelle une analyse factorielle. Cela veut dire qu'on regroupe les réponses autour de facteurs. Pour cette étude, CROP a utilisé **5 grands facteurs** :

1. L'inquiétude au sujet de l'avenir démographique du Québec et ses conséquences sur les finances publiques
2. La sensibilité à l'égard des enjeux sociaux, éthiques et écologiques auxquels la société actuelle doit faire face
3. La valorisation de la réussite sociale et professionnelle
4. Le modèle de gouvernement et de répartition de la richesse
5. La capacité de s'adapter et de trouver des occasions dans un monde incertain, complexe et chaotique

C'est à partir de ce premier travail de synthèse que l'exercice statistique a été effectué. Le but : dégager cinq segments résumant la diversité des attitudes des jeunes au sujet des questions investiguées. Finalement, une démarche de validation et un retour sur l'ensemble des résultats du sondage ont conclu ce projet. Un travail d'experts !

La segmentation est blindée, bétonnée et, surtout, extrêmement révélatrice de la composition de ce bloc qu'on appelle les jeunes adultes québécois – qu'il est d'ailleurs faux de mettre en vrac dans le même panier ! Une première au Québec.

De ce vaste brassage informatique, 5 types de jeunes Québécois ont émergé :

– L'aventurier (25 % des jeunes adultes québécois)
– Le casanier (25 %)
– Le social-démocrate (10 %)
– L'arriviste (22 %)
– L'enthousiaste (18 %)

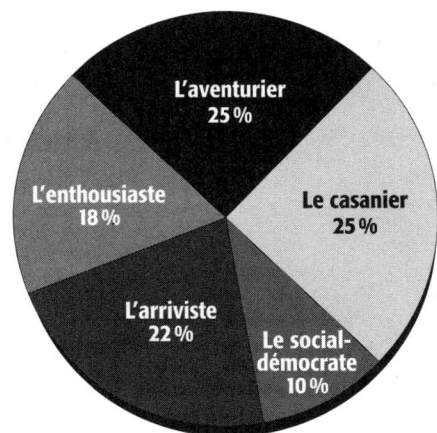

Il est fascinant de se pencher sur chacun de ces types.

L'aventurier

Épris de liberté, l'aventurier, qui représente 25 % des jeunes adultes québécois consultés, ne se formalise pas des structures et veut explorer le monde.

L'AVENTURIER

QUI EST-IL ?

- Son projet de vie : s'amuser tout en explorant le monde pour y saisir les opportunités et y vivre de nouvelles expériences.
- Il aspire à beaucoup de liberté, fuit les obligations et les contraintes et désire qu'il y ait le moins de structures possible dans les organisations.
- Il veut un travail qui lui laisse beaucoup de temps libre.
- Il est pessimiste face à l'avenir et a une vision darwiniste de la vie en société, croyant qu'il y aura toujours des pauvres et qu'il n'y a rien à faire.
- Il souhaite que les entreprises soient le moins réglementées possible et le moins imposées possible.
- Il favorise un système à l'américaine pour ce qui est des enjeux reliés au vieillissement, tels que les caisses de retraite.

COMMENT VOIT-IL...
→ **LA VIE ?**

- C'est complexe, c'est fait d'imprévus et de défis, et il faut s'y adapter.
- Selon lui, on ne peut rien changer au fait qu'il y a des gens qui ont faim et sont sans abri.
- Il faut saisir les occasions et s'ouvrir aux opportunités.

→ **LE TRAVAIL ?**

- Il désire occuper un emploi qui lui laisse beaucoup de temps libre.
- Il réglementerait les entreprises le moins possible pour laisser une plus grande flexibilité aux employés.
- Il croit qu'une entreprise fonctionne mieux lorsqu'il y a moins de structures.
- Les entreprises devraient être imposées le moins possible.
- Il espère gagner plus de 80 000 $ par année.

OÙ LE TROUVE-T-ON SURTOUT ?

- Dans les foyers dont le revenu annuel est de 60 000 $ et plus
- Chez les hommes
- Dans la population active
- Chez les étudiants

→ **LE VIEILLISSEMENT DE LA POPULATION ?**

- Le gouvernement ne pourra pas maintenir les services actuels.
- Les jeunes devront payer plus d'impôt à l'avenir.

Par rapport à la moyenne de l'échantillon, l'aventurier se démarque par :
- une bonne adaptabilité à la complexité de la vie (71 % contre 43 % pour l'ensemble de l'échantillon) ;

– le désir de prendre du temps pour ses loisirs (90 % contre 69 %) ;
– la recherche de son propre bonheur avant tout (62 % contre 53 %) ;
– sa conviction qu'on ne peut pas contrer la pauvreté (52 % contre 40 %).

Full cool dans une discothèque, l'aventurier ! Mais pas terrible pour bâtir une société performante, éthique, compatissante…

Le casanier

Le casanier, qui représente le quart de l'échantillon, est inquiet face à l'avenir et cherche le réconfort dans la routine et la vie de famille.

LE CASANIER

QUI EST-IL ?

- Il est perplexe devant la complexité et les incertitudes de la vie actuelle.
- Il est inquiet face à l'avenir et devant l'ensemble des défis qui se dressent devant lui.
- L'ordre, la routine et le *cocooning* le rassurent. Ce sont ses mécanismes d'évasion et il y trouve un minimum de sécurité émotionnelle.
- Au travail, il prend ses distances. Il veut avant tout du temps libre, un emploi qui ne l'amène pas à voyager et qui lui fournit un cadre bien ordonné, tout en côtoyant les mêmes personnes.
- Il aspire au confort douillet du foyer. Il estime très important de fonder une famille et d'avoir des enfants.
- Il est sensible aux enjeux sociaux et écologiques.

QUE PRÉFÈRE-T-IL ?

- Il préfère un emploi qui ne sera pas le centre de sa vie et qui lui laissera du temps libre.
- Il préfère un lieu de travail fixe, sans déplacements fréquents.
- Il aime une structure professionnelle très ordonnée où les tâches sont fixes, claires et précises.
- Il croit que les industries sont en train de détruire la planète, mais il croit aussi que la pollution est un mal nécessaire pour préserver les emplois au pays.
- Il croit que le vieillissement de la population représentera un fardeau accablant.
- Il croit que la pauvreté n'a pas sa place dans un pays comme le Canada.

OÙ LE TROUVE-T-ON SURTOUT ?

- Dans les foyers avec enfant(s)
- Chez les femmes
- Dans les foyers dont le revenu annuel est de 40 000 $ et plus
- Chez les 30-35 ans
- Chez les détenteurs d'actifs financiers

Les réponses du casanier le situent plus près de la moyenne de l'échantillon que ne l'est le social-démocrate, qui est, à sa façon, un extrémiste. Toutefois, on peut noter certaines différences par rapport à l'ensemble. Le casanier :

- favorise un emploi qui lui laisse du temps libre (87 % contre 69 % pour l'ensemble de l'échantillon) ;
- favorise un emploi qui permet de travailler au même endroit (61 % contre 43 %) ;
- préfère un cadre de travail bien ordonné (86 % contre 73 %) ;
- est inquiet au sujet du vieillissement de la population (75 % contre 64 %), qui représente une menace au maintien des services de santé (69 % contre 59 %).

Le type casanier est résolument de nature « conservatrice » en ce qui concerne sa vision de l'avenir et le choix de son emploi. Il est plus inquiet aussi face à l'avenir. Donnerait-il raison au vieil adage qui dit qu'on devient conservateur lorsqu'on commence à avoir quelque chose à conserver ? Cela mérite réflexion…

Le social-démocrate

Le jeune social-démocrate, qui compose 10 % de la population des répondants au sondage, se caractérise notamment pas sa grande conscience sociale.

Dans leurs réponses, en quoi les jeunes sociaux-démocrates se distinguent-ils de l'échantillon total ? Ils sont massivement en faveur du modèle scandinave :

- au sujet du vieillissement de la population (81 % contre 12 % pour l'ensemble de l'échantillon) ;
- pour le système de santé (82 % contre 15 %) ;
- pour planifier la retraite des gens (84 % contre 17 %) ;
- pour financer l'éducation (88 % contre 27 %).

LE SOCIAL-DÉMOCRATE

QUI EST-IL ?

- Il est fondamentalement attaché aux modèles sociaux-démocrates de répartition de la richesse.
- Il a une grande conscience sociale et écologique.
- Il est favorable à une hausse d'impôt pour répondre aux besoins de solidarité de la population.
- Ses considérations éthiques et écologiques se traduisent même en critères d'achat et de consommation de biens et services.
- Il est inquiet au sujet du vieillissement de la population et de la capacité des gouvernements à maintenir les services actuels.

QUE PRÉFÈRE-T-IL ?

- Le modèle scandinave : faire payer beaucoup plus d'impôt aux contribuables pour financer les services sociaux et assurer la qualité de vie des gens en matière de santé, de retraite et d'éducation.
- L'éradication de la pauvreté et le rejet de toute attitude sociale défaitiste à cet égard.
- Le rejet des produits et services d'entreprises qui ont une piètre performance environnementale ; il serait prêt à payer davantage pour un produit écologique.
- Le maintien du gel des droits de scolarité pour assurer une plus grande accessibilité à l'éducation universitaire.
- La consommation « éthique », en évitant les entreprises qui font de la discrimination ou nuisent à l'environnement.

OÙ LE TROUVE-T-ON SURTOUT ?

- Dans les foyers dont le revenu annuel est de 20 000 $ et moins
- Chez les célibataires
- Chez les 18-24 ans
- Chez les universitaires
- Chez les étudiants
- Dans la population active

Puis-je me permettre de rappeler que le jeune de type social-démocrate se recrute en bonne partie parmi les jeunes qui ne paient pratiquement pas d'impôt. Donc, chez les jeunes qu'une hausse d'impôt ne toucherait en aucune façon, mais qui bénéficieraient d'une qualité accrue dans les services. Sans parler du financement des études sur le bras de l'État...

L'arriviste

Représentant 22 % de l'échantillon, l'arriviste est mû principalement par le désir de réussir socialement et professionnellement.

L'ARRIVISTE

QUI EST-IL ?

- La réussite sociale et la réussite professionnelle constituent des priorités dans sa vie.
- Travailler sans compter est indiscutable ; ses obligations d'abord, le plaisir ensuite.
- Il accorde une très grande confiance aux chefs d'entreprise.
- Il veut faire de l'argent et il a bon espoir d'y arriver.
- Il entretient une vision darwiniste de la vie, croyant qu'il y aura toujours de la pauvreté.
- Il a confiance en l'avenir, persuadé qu'on trouvera des solutions aux problèmes actuels.
- Il est très favorable à l'établissement d'un système de santé privé, appuyant même un système à l'américaine dans ce domaine.
- Pour tous les autres domaines d'action, il favorise le modèle canadien.

OÙ LE TROUVE-T-ON SURTOUT ?

- Dans les foyers dont le revenu annuel est de plus de 40 000 $
- Chez les hommes
- Chez les célibataires
- Chez les étudiants

QUE PENSE-T-IL...
→ **DU MONDE DES AFFAIRES ?**

- Il imposerait le moins possible les entreprises afin qu'elles créent davantage d'emplois et de richesse.
- Il préfère l'entreprise qui fonctionne avec un cadre bien structuré, où les tâches sont fixes et claires.
- Il croit qu'on doit s'investir dans son travail et faire tous les efforts pour obtenir des résultats.
- Il accorde une grande importance à la réussite sociale et professionnelle.
- Il anticipe un salaire de plus de 80 000 $ par année.

→ **DE LA SOCIÉTÉ ?**

- Il préfère les gens qui font leur devoir quoi qu'il arrive.
- Il favorise le modèle américain en matière de santé et le modèle intermédiaire pour l'éducation.
- Il serait prêt à payer plus pour un produit écologique.
- Il ne voit pas de solution à la pauvreté.

Pour l'arriviste, les plus grands écarts par rapport à la moyenne concernent les domaines suivants :
- la confiance envers les chefs d'entreprise (69 % contre 46 % pour l'ensemble de l'échantillon) ;
- la croyance selon laquelle on ne peut rien faire contre la pauvreté (58 % contre 40 %) ;
- le temps libre, on le passe à travailler (49 % contre 31 %) ;
- l'importance de réussir professionnellement (42 % contre 27 %) ;
- l'importance de travailler d'arrache-pied pour obtenir des résultats (76 % contre 62 %) ;
- la croyance voulant qu'avec de la détermination l'argent suivra (42 % contre 29 %).

Le plaisir est dans le travail. Une erreur de parcours, croyez-vous ? Attention, l'arriviste compose quand même 22 % des jeunes adultes québécois. Je vous avais promis des surprises. En voilà une !

L'enthousiaste

Optimiste, l'enthousiaste, qui représente 18 % des jeunes adultes québécois consultés, est déterminé à réussir sur tous les plans.

L'enthousiaste ne manifeste pas de craintes particulières concernant :
- le vieillissement de la population et l'augmentation prévisible des coûts ;
- une potentielle incapacité du gouvernement à fournir des services d'éducation de qualité aux générations futures.

Dans ses réponses, c'est l'enthousiaste qui s'éloigne le plus de la moyenne de l'échantillon. Il se distingue par :
- son refus de la pauvreté dans notre société (64 % contre 47 % pour l'ensemble de l'échantillon) ;
- son investissement au travail (61 % contre 31 %) ;

- l'importance qu'il accorde à la réussite professionnelle (53 % contre 27 %) ;
- sa consommation éthique (66 % contre 41 %) ;
- son engagement environnemental (53 % contre 29 %) ;
- son engagement envers ses amis (77 % contre 54 %).

L'ENTHOUSIASTE

QUI EST-IL ?

- Il est fondamentalement optimiste, il exsude la vie par tous les pores de la peau.
- Il a confiance en l'avenir, et il est bien adapté à la vie actuelle. Il a l'impression que tout est possible, qu'il y a des solutions à tous les problèmes et que la vie lui réserve plein d'opportunités qui n'attendent qu'à être saisies.
- Il exprime un vif désir de réussite sur les plans personnel, professionnel et social.
- Il est très engagé dans son travail, se donnant sans compter.
- Il est très sensible aux enjeux sociaux et écologiques, et très critique à l'égard des entreprises qui ne semblent pas l'être.
- Il est passablement attaché au modèle québécois de répartition de la richesse, mais favorable aussi à une certaine « américanisation » de l'éducation et des enjeux reliés au vieillissement.

QUE PRÉFÈRE-T-IL ?

- Le travail dans lequel il s'investit beaucoup. Il travaille d'arrache-pied et est prêt à faire tous les efforts pour obtenir des résultats
- La réussite tant dans sa vie professionnelle que dans sa vie sociale.
- La défense des principes moraux dans ses choix de consommation.
- La protection de l'environnement.
- Les amitiés qu'il entretient.

OÙ LE TROUVE-T-ON SURTOUT ?

- Dans les foyers dont le revenu annuel est de 20 000 $ et moins
- Chez les 18-24 ans
- Chez les étudiants
- Dans les foyers avec enfant(s)
- Dans la population active

L'enthousiaste est un type drôlement intéressant pour édifier une société performante, mais aussi une société éthique, qui a des valeurs familiales et professionnelles très fortes. La mauvaise nouvelle, c'est que le groupe des enthousiastes ne compte que pour 18 % de l'ensemble de l'échantillon.

Tout ça pourquoi ?

Pourquoi s'est-on livré à ce vaste travail de segmentation ? Tout simplement pour savoir avec plus de précision à quelle enseigne logent les jeunes adultes québécois. Qu'est-ce qui les fait se lever le matin ? Dans quoi sont-ils prêts à s'investir et pour quelles raisons ? À quoi rêvent les étudiants ? Comment les plus âgés d'entre eux comptent-ils se tirer d'affaire ? Qui sont les optimistes et les pessimistes ? Bref, j'avais besoin d'un portrait raffiné de la jeunesse québécoise pour développer un plan de match qui colle à leur réalité.

Voici les grandes lignes de cette segmentation qui, je le répète, constitue une première au Québec :

Les jeunes Québécois en bref

LEUR PERSONNALITÉ
Au-delà de sa diversité, la jeunesse québécoise exprime un magnifique dynamisme :
- L'enthousiaste (18 %) remporte la palme à cet égard, exultant devant la vie, porté par une quête de réussite, des idéaux sociaux et un engagement tant professionnel que relationnel.
- L'arriviste (22 %), même s'il est un peu égocentrique, est quand même résolument engagé à créer beaucoup de « valeur économique ».
- Le social-démocrate (10 %), épris de grands idéaux, s'apprête à jouer le rôle de conscience sociale pour ce qui est des engagements humanistes et écologiques de notre société.
- Le casanier (25 %), davantage en repli face aux incertitudes de la vie, contribuera quand même, comme le social-démocrate, à enrichir notre conscience collective.
- L'aventurier (25 %), le plus centré sur lui-même, contribuera malgré tout à rendre nos quartiers plus *hip*, plus branchés, étant à l'affût de toutes les nouvelles tendances.

LEUR IDÉALISME ET LEUR ENGAGEMENT
- Une nette majorité est très sensible à la protection de l'environnement et au respect d'un certain humanisme.
- Les jeunes sont très attachés au modèle québécois actuel de répartition de la richesse et de prestation de services par les gouvernements.
- Ils expriment quand même une certaine flexibilité à l'égard du système de santé.
- Ils sont majoritairement inquiets au sujet de l'avenir démographique et de ses conséquences sur les finances publiques.
- Avec un cumul de 40 % de jeunes très motivés par le travail et la réussite professionnelle (l'enthousiaste et l'arriviste), ils sauront amplement créer la richesse dont le Québec aura besoin dans l'avenir, si on réussit bien les motiver et à leur fournir des contextes de travail stimulants et correspondant à leurs attentes.

8
Le Québec, une jeune société distincte ?

Une autre chose m'intriguait. Les jeunes Québécois s'inscrivent-ils dans les mêmes tendances que leurs confrères du reste du Canada ou forment-ils à leur façon une jeune société distincte ? Ont-ils les mêmes attentes à l'égard du travail, de la famille, des loisirs, du genre de société dans laquelle ils aimeraient vivre demain ?

Une enquête à la grandeur du Canada

Après avoir fouillé un peu auprès des grandes maisons de sondages, force était de constater qu'il fallait faire un nouveau travail de recherche pour obtenir des réponses à l'ensemble de ces questions. Au départ, la firme Angus Reid disposait de panels déjà constitués pour faire une telle enquête. Il s'agissait donc d'interviewer des jeunes de tout le Canada, incluant le Québec, afin d'établir les comparaisons recherchées.

Cette enquête comporte **8 grandes parties** :

1. Les attitudes à l'égard de l'emploi, du temps libre et du lieu de travail
2. L'importance de certaines valeurs dans la vie
3. Les attentes en matière de revenu et les moyens pour l'obtenir
4. Le degré de confiance envers certaines professions
5. Le vieillissement de la population et le fardeau fiscal

6. Les attitudes à l'égard de l'organisation des services de santé, de l'éducation et des services aux personnes âgées ainsi que des grands modèles d'organisation de la société
7. Les taxes et les impôts des entreprises
8. La taille de la famille, l'éducation et l'utilisation d'Internet

Pour nous assurer que les comparaisons du sondage Angus Reid tiennent la route, nous avons inclus les jeunes Québécois dans cette recherche. Cela explique certains écarts, toutefois minimes, entre les réponses des Québécois au sondage CROP et leurs réponses dans le sondage Angus Reid. Donc, nous avons deux échantillons de jeunes Québécois complètement différents. Le peu d'écart entre ces deux échantillons, dans deux démarches différentes, ajoute encore de la crédibilité aux résultats.

Des résultats révélateurs

Je vous livre rapidement les grandes conclusions de cette enquête qui seront utiles dans la dernière partie de ce livre pour ajuster le plan de match en conséquence. Dans cette section, j'insisterai particulièrement sur les différences entre les jeunes Québécois et l'ensemble des jeunes Canadiens.

Travailler puisqu'il le faut, mais s'amuser aussi…

Les jeunes Québécois ne sont pas plus paresseux que les autres Canadiens. En tout cas, pas de façon statistiquement significative. Qu'est-ce à dire ? En fait, 20 % des Québécois sont prêts à s'investir beaucoup dans leur travail, contre 25 % dans l'ensemble du Canada. La différence est mince. Il n'y a pas de quoi crier au meurtre.

Là où la différence est un peu plus élevée, c'est quand on leur demande s'ils préfèrent un emploi qui les amène à voyager ou un emploi qui les amène à travailler ailleurs que dans leur province d'attache. Croyez-le ou non, ce sont les jeunes Québécois qui sont les plus attirés par l'étranger : 51 % contre 43 % dans l'ensemble du Canada. Ce n'est pas une grosse marge, mais quand même. Il n'y a pas si longtemps, il y a fort à parier que ce sont les jeunes Québécois qui auraient été les plus frileux à l'égard d'un éventuel travail à l'étranger. Les temps changent, les jeunes aussi. Contrairement à ce que pensent certains, leur bilinguisme leur donne plus de mobilité.

Tant pour ce qui est du temps de loisirs, privilégié par rapport au temps consacré au travail, que dans l'attrait des pantoufles à la maison versus le travail sous d'autres cieux, «l'encroûtement», comme disent les jeunes, croît avec l'usage. Plus on est «vieux», moins on veut s'en aller et plus on veut du temps pour les loisirs. Par ailleurs, les femmes optent de façon significative en faveur d'un travail au même endroit (63 % pour les femmes contre 47 % pour les hommes).

Des valeurs semblables, avec de légères nuances

C'est au Québec que l'importance des amis atteint son sommet (47 % contre 40 % pour l'ensemble du Canada). C'est aussi au Québec que le temps de loisirs et de détente est le plus recherché (77 % contre 69 %). C'est au Québec que l'argent semble le moins important pour les jeunes, même si la différence avec le reste du Canada n'est pas significative du point de vue statistique. C'est également au Québec que l'importance accordée au travail est la plus basse parmi toutes les provinces. Encore une fois, par de faibles marges.

Mais c'est au Québec que la valeur «succès social» atteint les plus hauts échelons. Cette fois, les différences sont plus importantes entre le Québec et l'ensemble du Canada (58 % au Québec contre 47 % dans l'ensemble du Canada).

Côté portefeuille, le fossé se creuse

Là où les différences sont statistiquement significatives (et de loin), c'est quand on parle du seuil de revenu jugé nécessaire et celui escompté. Les jeunes Québécois sont beaucoup moins exigeants que leurs semblables au Canada. Seulement 12 % des jeunes Québécois croient avoir besoin d'un revenu de 100 000 $ et plus, contre 28 % chez les jeunes de l'ensemble du

Canada. À l'inverse, 41 % des jeunes Québécois évaluent leurs besoins de revenus à moins de 60 000 $, contre seulement 20 % ailleurs au Canada. Est-ce le retour du « né pour un p'tit pain » ?

Le même phénomène se répète quand on parle du seuil de revenu que les jeunes croient pouvoir atteindre. Seulement 12 % des jeunes Québécois croient pouvoir réaliser des revenus de 100 000 $ et plus, contre 30 % dans l'ensemble du Canada.

Les jeunes Québécois sont-ils moins ambitieux que leurs congénères du reste du Canada ? Ont-ils moins confiance en eux ? Ou encore, favorisent-ils vraiment d'autres valeurs et choisissent-ils de moins investir dans le travail ? Ces questions méritent qu'on y réfléchisse... Chose certaine, on ne peut élaborer un plan de match sans tenir compte de ces réalités sous peine de passer à côté de la cible.

Quand on aborde la question des moyens qu'ils sont disposés à prendre pour atteindre le seuil de revenu souhaité, là encore, les jeunes Québécois se distinguent de l'ensemble des jeunes Canadiens. C'est au Québec que les jeunes envisagent le moins de faire des études poussées : c'est le cas de seulement 34 % d'entre eux, contre 50 % dans l'ensemble du Canada. C'est au Québec également que le plus grand nombre de jeunes n'envisagent aucun moyen particulier pour réaliser leur plein potentiel : 30 % au Québec, contre 23 % dans l'ensemble du Canada.

Les jeunes Québécois sont-ils plus nombreux que les jeunes Canadiens à tomber sous le charme de la pensée magique ? Peut-être... tout en étant moins ambitieux. Bizarre de mélange.

La confiance : nulle envers les politiciens

C'est au Québec que les jeunes ont le moins confiance dans les juges (13 % contre 20 % pour l'ensemble du Canada). La confiance dans les forces de l'ordre subit, à peu de chose près, le même sort. Par contre, ce sont les jeunes Québécois qui font le plus confiance aux groupes environnementaux (16 % contre 8 % pour l'ensemble du Canada).

C'est au Québec que les leaders religieux inspirent le moins confiance aux jeunes. Seulement 1 % des jeunes Québécois leur font beaucoup confiance contre 8 % dans l'ensemble du Canada. En regroupant « beaucoup » et « raisonnablement confiance », on obtient 16 % pour le Québec contre 37 % pour l'ensemble du Canada.

Quant au degré de confiance accordé aux politiciens et aux leaders syndicaux, il se vaut : à peu près nul. Et cela, tant au Québec que pour l'ensemble du Canada, soit 1 % et 3 % respectivement.

« T'es vieux, mon vieux ! »

C'est au Québec que les jeunes sont le plus préoccupés par le vieillissement de la population (75 % au Québec contre 62 % dans l'ensemble du Canada). C'est au Québec aussi que les jeunes sont les plus réfractaires à l'idée de payer plus d'impôt pour faire face au vieillissement de la population (76 % sont contre des hausses d'impôt au Québec, 66 % dans l'ensemble du Canada). Est-il nécessaire de rappeler que c'est au Québec que le taux d'imposition est le plus élevé ?

Publics ou privés, les soins de santé ont la cote

Les jeunes Québécois sont les plus ouverts à la présence du secteur privé pour offrir des soins de santé (72 % au Québec contre 50 % dans l'ensemble du Canada). C'est au Québec également que le modèle social américain compte le plus grand nombre de partisans (17 % au Québec contre 10 % dans l'ensemble du Canada).

Faire payer les entreprises : un réflexe québécois

L'idée de taxer les entreprises au maximum lorsqu'elles produisent de la richesse remporte un vif succès au Québec (70 % des répondants contre 56 % dans l'ensemble du Canada).

Des minifamilles

Une tendance pancanadienne se dessine en ce qui concerne le nombre d'enfants par famille. Les familles dont sont issus les répondants canadiens comptent en moyenne 2,6 enfants, alors que ces derniers souhaitent avoir en moyenne 1,9 enfant. Les familles dont sont issus les répondants québécois comptent en moyenne 2,5 enfants, alors que ces derniers souhaitent avoir 2,0 enfants.

Internet : la Belle Province tire de l'arrière

Dans l'utilisation de **tous** les services reliés à Internet (utilisation d'un service de courriel, lecture des nouvelles, achat en ligne, jeux en ligne, vente de biens), les jeunes Québécois arrivent au dernier rang de toutes les provinces canadiennes. En tenant compte du fait qu'Internet est un des vecteurs de développement les plus prometteurs pour la société de demain, ici comme n'importe où dans le monde, il y a peut-être lieu de s'inquiéter.

L'éducation, bon tremplin pour la vraie vie ?

Il reste une dernière question importante : les jeunes considèrent-ils que le système d'éducation les a bien préparés à la vie ? Il n'y a pas de différence significative entre le Québec et le Canada à cet égard. Toutefois, il me paraît inquiétant de constater que près d'un jeune interrogé sur trois – c'est près du tiers – pense que le système d'éducation ne l'a pas bien préparé. L'éducation est pourtant au cœur de la capacité d'une société de préparer efficacement ses jeunes à affronter la vie.

9

Les jeunes du monde entier

Une fois les résultats des deux exercices précédents (CROP et Angus Reid) analysés, je suis allé voir comment les jeunes d'autres pays se comportent en regard des valeurs que nous avons examinées auprès des jeunes Québécois et des jeunes Canadiens.

Cette fois, j'ai obtenu la collaboration enthousiaste de Anthony D. Williams, coauteur de *Wikinomics* et vice-président et directeur de la firme New Paradigm. M. Williams a fait ce genre d'étude auprès des jeunes d'une douzaine de pays en Europe, en Asie, au Moyen-Orient, en Amérique du Nord et en Amérique du Sud. Je tiens à le remercier pour la qualité de sa collaboration et la pertinence des résultats auxquels il m'a donné accès.

Qu'ont à dire les jeunes d'ailleurs ?

Les jeunes du monde entier ont à cœur :
- la liberté ;
- la personnalisation (des relations interpersonnelles, professionnelles et sociales tout comme des produits et des services) ;
- la minutie ;
- l'intégrité ;
- les relations interpersonnelles et la collaboration ;

– le plaisir, le divertissement et les nouvelles expériences ;
– la rapidité ;
– l'innovation.

Ça vous rappelle quelque chose ? On retrouve les mêmes grandes tendances chez nos jeunes. Notre jeunesse est branchée sur les grands courants mondiaux. Rien à voir avec une jeunesse frileuse, bien à l'abri dans son cocon. Rassurant, non ?

Comment ces tendances se traduisent-elles dans la **recherche d'un emploi** pour ces jeunes ?

– Ce qui compte le plus, c'est le style de vie qu'un emploi peut offrir.
– Ils ne voient aucun problème à changer d'emploi souvent jusqu'à ce qu'ils aient trouvé l'emploi idéal pour eux.
– Ils souhaitent avoir une grande liberté dans leur apprentissage, pouvoir être eux-mêmes et croître.
– Ils veulent pouvoir choisir le lieu de leur travail (sans bureau fixe, à la maison, etc.).
– Ils souhaitent travailler selon des horaires flexibles.
– Ils estiment que, si leur emploi leur donne des occasions de voyager, ce sera un avantage.
– Ils veulent établir un bon équilibre entre le travail et leur vie personnelle et familiale.
– Ils aimeraient que les avantages offerts dans leur emploi soient personnalisés, en fonction de leurs préférences.

Pour ces jeunes, la confiance qu'ils accordent à leur entreprise est plus fragile qu'elle ne l'était pour notre génération. Ainsi, quand on leur demande quels sont les éléments que l'**entreprise de rêve** pourrait leur offrir, ils répondent :

– un salaire élevé et une voiture d'entreprise ;
– le plus de déductions possible, par l'entremise d'une organisation du travail appropriée (ils n'aiment pas payer d'impôt) ;

- des modalités de régime de retraite intéressantes (ils sont jeunes, mais pas déconnectés !) ;
- des horaires flexibles ;
- un milieu de travail qui permet d'avoir une vie familiale et des enfants ;
- des plans de vacances bien structurés ;
- un programme de suivi (*monitoring*) ;
- de la formation continue.

Ces jeunes recherchent un **milieu de travail** qui correspond bien à leurs valeurs et à leurs préférences. Ils souhaitent :
- que l'encadrement ne soit pas trop lié à l'entreprise (ils n'ont pas le logo de la compagnie tatoué sur le cœur…) ;
- que le personnel d'encadrement soit jeune ;
- que de nouveaux modèles de collaboration (*high tech* de préférence) soient offerts ;
- que soit mis en place le type *wiki workplace* (infrastructure ouverte, intégration à des réseaux au sein de l'entreprise, mais aussi à l'extérieur, possibilité d'aller chercher les idées là où elles se trouvent pour leur donner une valeur ajoutée) ;
- que l'entreprise leur fournisse un feed-back continu sur leur performance leur donne l'heure juste sur leur participation ;
- que l'entreprise leur permette d'évoluer pour qu'un travail encore plus intéressant leur soit facilement accessible.

Ces jeunes recherchent constamment l'**innovation.** Voici comment ils formulent ce besoin à l'égard de l'entreprise qu'ils recherchent :
- Ils ont des attentes très élevées à l'égard de leur milieu de travail ; celui-ci doit favoriser la créativité et l'innovation.
- Pour eux, un environnement de travail innovateur se traduit par les caractéristiques suivantes :
  - le dynamisme ;
  - l'efficience ;
  - la créativité ;

- la présence d'un chef de file ;
- la sophistication et la modernité ;
- la fine pointe de la technologie (donnant le choix de travailler chez soi).

Des préoccupations communes

Voilà un ensemble de valeurs et de caractéristiques qui conviennent parfaitement aux jeunes Québécois. Notre jeunesse s'inscrit tout à fait dans les grandes tendances mondiales. Nos jeunes recherchent au travail exactement les mêmes motivations que leurs semblables du monde entier. Le milieu de travail idéal est sensiblement le même pour tous, qu'ils habitent l'Amérique, l'Europe, le Moyen-Orient ou l'Asie. Les valeurs liées à la liberté, à la créativité, au travail en réseau, à l'éthique, au respect de la famille, à la découverte et au perfectionnement sont recherchées par tous les jeunes, qui souhaitent, en plus, avoir l'occasion de voyager.

Les entreprises québécoises arriveront-elles à attirer et à conserver les meilleurs d'entre eux ? Nous savons maintenant ce qu'ils recherchent, alors il nous appartient de nous organiser en conséquence. Les entreprises du monde entier leur font la cour...

10

Un grand brassage intergénérationnel

Examinons une autre étude avant de passer au plan d'action. L'analyse de Frank L. Graves, président d'EKOS Research – celle-ci a fait l'objet d'un article intéressant dans l'édition du 6 août 2007 du *Globe and Mail* –, est révélatrice parce qu'elle met en perspective l'écart entre les valeurs et les attitudes des moins de quarante ans et celles des « croûtés » qui s'apprêtent à « lever les feutres », comme disent les jeunes.

Cette étude met aussi en lumière certains écarts entre les croyances et les comportements des jeunes Canadiens et des jeunes étrangers. Ces différences pourraient contribuer à façonner une société canadienne et québécoise étonnante à un rythme époustouflant. Cette analyse constitue une source d'information précieuse pour consolider les fondations de mon plan d'action.

Une ouverture remarquable

D'abord, comment les jeunes Canadiens se distinguent-ils de leurs camarades étrangers, notamment américains et européens ?

D'après Frank L. Graves, les jeunes Canadiens sont davantage « pluralistes » et beaucoup plus tolérants envers les immigrants que les jeunes générations dans d'autres sociétés. Depuis les événements tragiques du 11 septembre 2001, les jeunes Américains et les jeunes Européens ont eu tendance à se réfugier derrière des barrières et des attitudes isolationnistes.

Au contraire, les jeunes Canadiens ont adopté des valeurs beaucoup plus internationalistes, ce qui influe sur leurs comportements, leurs attitudes et leurs schèmes de pensée.

D'ailleurs, lorsqu'il compare cette nouvelle cohorte à la génération précédente, Frank L. Graves affirme que les jeunes sont beaucoup plus attirés par la diversité, le mélange interculturel et l'internationalisme. Il souligne l'écart entre cette nouvelle génération et la génération montante. « Leur tranquillité apparente » ne doit pas nous induire en erreur, fait-il remarquer. Les différences de valeurs avec leurs parents sont plus importantes que ne l'ont été celles qui ont alimenté tous les conflits de générations antérieurs. Ces jeunes sont absolument insensibles à la couleur de la peau, ils sont anti-guerre, craignent beaucoup moins le terrorisme. De plus, ils sont peu attirés par les comportements idéologiques.

Par ailleurs, la diversité qui les caractérise en fait une génération beaucoup moins orientée vers les tensions anglais-français. Selon l'auteur de l'étude, cela marquera une différence considérable dans les relations entre les différents groupes de Canadiens et permettra de concentrer les énergies vers d'autres types de préoccupations.

Lever ou baisser le pont-levis ?

Bientôt, le changement de garde deviendra inévitable. Le chercheur voit poindre à l'horizon une génération qui offre beaucoup de points en commun avec la civilisation des Phéniciens, qui a été remarquable par son ouverture, son sens de l'innovation et sa culture axée sur le commerce avec les autres nations. Cette civilisation était organisée, elle aussi, autour de grandes villes. Nos jeunes sont beaucoup moins préoccupés par les limites des frontières géographiques. Ils sont plutôt axés vers le commerce avec le monde. Ils se distinguent à cet égard des jeunes Américains et des jeunes Européens, qui ont de plus en plus tendance à actionner le pont-levis devant ce qu'ils perçoivent comme la menace de l'étranger, notamment dans le domaine du commerce.

Le chercheur déplore le fait que cette génération ait été tenue passablement à l'écart des grandes décisions, ce qui a eu pour effet de nous priver collectivement d'un avantage compétitif indiscutable. Ces jeunes constituent un actif unique que nous aurions tout avantage à exploiter le plus rapidement possible. Entre-temps, les conditions seront réunies pour faire en sorte que ces jeunes, tenus trop longtemps à l'écart, se lancent dans un grand brassage économique, social et politique, dont nous n'avons encore jamais connu l'ampleur.

Wow ! Une véritable révolution à l'horizon ! Tranquille ou pas, l'avenir nous le dira. À l'échelle canadienne cette fois. Aussi bien préparer le Québec à toute vapeur à ce grand moment dont l'imminence ne fait pas de doute. Organisons-nous pour en tirer le maximum, nous aussi. D'où le plan d'action qui suit.

Des réactions ?
Venez poursuivre la discussion sur le blogue de l'auteur : **www.sionsymettait.com**

PARTIE III

Ça prend un plan de match

Le terrain est balisé. Maintenant, nous avons tous une bonne idée des défis auxquels nous sommes confrontés. Nous avons chiffré la situation du Québec par rapport à ses principaux concurrents : finances publiques, fiscalité, démographie, productivité, éducation, etc.

Nous savons aussi ce que pensent les jeunes. Nous connaissons leurs valeurs. Nous avons une bonne idée des conditions qui peuvent susciter leur enthousiasme. Nous sommes au courant de leurs attentes dans les domaines importants de leur vie. Nous savons à qui ils font confiance. Ils nous ont dit dans quel genre de société ils veulent fonder une famille, travailler, se divertir.

Une grande leçon se dégage de tout cet exercice : il faudra créer davantage de richesse pour ne pas décevoir leurs attentes et pour réussir à retenir les plus doués et les plus prometteurs chez nous. Le type de société dans laquelle ces jeunes veulent vivre coûtera cher, **leur** coûtera cher, ne serait-ce que pour mettre en parallèle leurs attentes et la capacité de notre société vieillissante de payer et de refiler ses factures à un nombre de plus en plus restreint de joueurs actifs.

Forts de toute l'information dont nous disposons et en nous appuyant aussi sur la volonté des jeunes de contribuer à la société de demain aux conditions qui sont les leurs, il nous reste à établir un plan de match, un ordre de priorités dans l'action, une stratégie. En somme, une espèce de carte routière qui nous mènera le plus près possible des buts fixés. C'est l'objet de la troisième partie de ce livre.

En d'autres termes, comment redonner à la société québécoise les moyens de se hisser aux premiers rangs dans les secteurs ciblés et, surtout, dans les domaines auxquels les jeunes attachent le plus d'importance ? Comment provoquer l'enthousiasme et même la passion chez nos jeunes ? Car rien de grand n'a jamais émergé en ce bas monde sans passion. L'histoire est là pour nous le rappeler. Il faut établir qui fera quoi dans ce plan de match. Secteur public, secteur privé, jeunes, vieux, il y a de l'ouvrage pour tout le monde !

Une chose m'apparaît certaine : les réponses à tous ces défis auxquels nous sommes confrontés ne se trouveront pas dans les bureaux des ministères, ni dans les Complexe Guy-Favreau et autres édifices fédéraux de ce monde. Les vraies réponses que nous devons trouver sont d'abord dans notre cœur, dans notre esprit, dans notre volonté à tous de bâtir une société à la hauteur de nos espérances et de celles de nos enfants.

Le partage, la solidarité, la justice, la chance au coureur, voilà autant de facettes de notre type de société. Notre *branding*, si vous préférez. Ces valeurs nous définissent, que nous portions une cravate ou une chemise de travail bleue ou verte, que nous figurions parmi les « lucides » ou les « solidaires » d'une actualité encore toute chaude. C'est un des messages les plus clairs que les jeunes m'ont lancé. Dans nos rencontres et dans leurs réponses aux sondages, comme nous venons tout juste de le voir.

Et ne me dites surtout pas qu'il faut aller en politique pour changer les choses. J'ai déjà vu ce film-là. J'ai de très bons amis qui sont allés à Québec et à Ottawa tenter l'expérience dans tous les partis que vous connaissez. Je peux dire qu'ils sont très humbles lorsqu'ils parlent de leur capacité de faire bouger l'aiguille sur le tableau de bord de notre société. Et les jeunes sont tous aussi talentueux et bien intentionnés les uns que les autres. Je les admire pour les efforts qu'ils ont déployés. Pour ce qu'ils ont fait et pour ce que certains d'entre eux continuent d'essayer de faire.

Mes échanges avec ces hommes et ces femmes m'ont convaincu que nos meilleurs espoirs de nous en sortir en tant que société reposent au sein de notre société civile. Notre sort est entre nos mains. Tous autant que nous sommes. Nous sommes tous enchaînés à la mitraillette, comme j'aime souvent le dire à mes collègues, et quelqu'un a jeté la clé du cadenas à l'eau. Nous sommes condamnés à nous en sortir ensemble. De là, l'importance de nous entraider parce qu'il y a d'autres équipes, d'autres pays dans la course, qui entretiennent les mêmes rêves que nous. Qui rêvent d'avoir ce que nous avons déjà et que nous tenons trop souvent pour acquis.

N'attendons surtout pas un sauveur ou un programme de péréquation nouvelle version. Ce genre de béquille, si utile soit-elle pour un bout de temps, n'a jamais appris à qui que ce soit à lire ou à gagner sa vie. Que je sache. Du moins, pas encore.

Il y a **2 volets** dans cette troisième partie :

1. Les grands travaux (ou « chantiers ») auxquels tout un chacun est appelé à contribuer à titre de membre d'une société lucide et solidaire
2. L'entreprise en changement, publique ou privée, et les ajustements qu'elle devra mettre en branle pour canaliser l'engagement des jeunes en fonction de leurs attentes et de leurs priorités

Cette troisième partie constitue donc une invitation à participer à un grand voyage, tous ensemble. Voyage dont le but est de redonner à notre société tout le ressort qui lui a permis, à certains moments, de compter parmi les sociétés les plus dynamiques du monde. Le but ultime du voyage est d'enfin réaliser pleinement notre potentiel comme société et de fournir à nos jeunes les moyens de leurs ambitions. Une dernière contribution des baby-boomers avant de tirer leur révérence. Un plan de match qui nécessite la participation de tous les joueurs de l'équipe. Coach, joueurs avant, joueurs de défense, gardiens de but, unités spéciales, préposés à l'équipement, à l'entretien de la glace, et tout le reste. Pas de *loafers,* pas de « mangeux » de *puck*.

Les besoins sont nombreux. Les talents aussi. Nous sommes loin d'être démunis. Encore faut-il que nous apprenions à compter ailleurs que dans notre propre filet.

11

Le modèle québécois : une Cadillac avec un moteur de Lada

Si nous avions les moyens de nous le payer, le modèle québécois serait probablement le genre de société où le bonheur national brut fracasserait tous les records. C'est aussi le modèle d'organisation sociale qui reçoit, et de loin, la plus forte adhésion des jeunes. Mais il y a un mais. Nous n'avons pas (ou nous n'avons *plus*) les moyens de nous le payer. Pourquoi ? Parce que la différence entre le coût d'un système et les revenus disponibles pour se l'offrir, on appelle ça la dette nationale. Et, en matière de dette, le Québec est un sérieux aspirant à la médaille d'or. On l'a déjà vu. Qu'est-ce qu'on fait avec ça ?

C'est le cœur de notre défi. Malheureusement, un défi sans solution rapide, magique et garantie. Il faudra beaucoup plus que des capsules médiatiques pour le relever. Tout discours politique qui promet une solution rapide et sans effort n'est rien d'autre que de la démagogie ! Même si c'est ce qu'un certain nombre de Québécois veulent entendre. Un défi dont la solution n'est certainement pas non plus dans le maintien coûte que coûte de supposés droits acquis hérités d'une période révolue. C'est clair, le statu quo n'est pas une option. Du changement, de la souplesse, une vision moderne d'une société qui aspire à se tailler une place de choix parmi les meilleurs, voilà ce qu'il nous faut.

Quand notre modèle nous vaut la 54e position sur 60 (les 50 États américains, plus les 10 provinces canadiennes), il ne suffit plus de rebrasser les mêmes cartes autrement. Il faut plus que cela. Il faut retrousser nos manches et faire preuve d'imagination et de créativité. Heureusement, les jeunes en ont à revendre.

La force de la société québécoise, c'est de s'occuper de ses pauvres. Sa faiblesse, c'est de manquer de riches pour le faire. Ou comme d'autres l'ont déjà dit : le Québec est riche en pauvres, mais pauvre en riches ! En d'autres termes, il faut accroître notre capacité de créer de la richesse. Bien sûr, il faudra partager équitablement cette richesse, mais commençons par la créer, au lieu de gaspiller toutes nos énergies à nous chicaner sur la distribution de ce qui n'existe pas encore. C'est à ce genre de discussions stériles que nous avons perdu une bonne partie des dernières années.

Comment fait-on ça, créer plus de richesse ? C'est tout un programme. La bonne nouvelle, c'est que d'autres, bien plus mal pris que nous, ont réussi à le faire. L'Irlande est un bon exemple. Nous y reviendrons. Mais par où commencer ? D'abord informer, puis informer et encore informer. Le bon vieil adage *l'information c'est le pouvoir* n'a jamais été aussi vrai. Particulièrement quand informer rime avec éduquer. Rien à voir avec *brainwasher*.

Pourquoi les gens retrousseraient-ils leurs manches et consentiraient-ils à des efforts additionnels s'ils sont convaincus que tout va pour le mieux dans le meilleur des mondes ?

L'apathie actuelle devant nos grands défis illustre parfaitement à quel point « l'illusion tranquille » qui anesthésie le Québec condamne actuellement à l'échec tout appel à la mobilisation.

Comme le disait le sondeur Jean-Marc Léger dans une de ses conférences : « Si vous voulez obtenir des résultats comme vous n'en avez jamais obtenu, il va falloir que vous fassiez ce que vous n'avez jamais fait. »

Donc, cela devient urgent de changer des choses. Des attitudes et des comportements dont certains sont trop souvent confondus avec la texture de notre fameux modèle québécois. Je n'ai pas dit avec les principes, mais bien avec la texture. Toute une différence.

12
Assez, c'est assez !

Comment se fait-il qu'on trouve encore des gens pour soutenir dur comme fer que c'est bon pour tout le monde d'avoir une des pires dettes du monde, un des fardeaux fiscaux les plus lourds en Amérique du Nord, un cadre réglementaire paralysant pour les entreprises qui veulent innover, et quoi encore ? Comment nos handicaps pourraient-ils profiter à l'ensemble des citoyens ?

Peut-être y a-t-il quelque chose que je ne comprends pas. D'accord, tout le monde a droit à son opinion. Mais pourquoi ce genre de message occupe-t-il une place démesurée dans notre société, pour ne pas dire presque toute la place ? Peut-être parce que chez nous, trop souvent, les grands parleurs occupent *de facto* le terrain par défaut. Les grandes gueules ne sévissent pas qu'à la radio ! Et ce ne sont pas tous des humoristes.

Se taire, pas question !

Particulièrement à l'égard de nos jeunes qui piaffent d'impatience pour prendre leur place dans une société saine et porteuse d'espoir, nous avons tous un devoir de parole. Nous portons la responsabilité de dire les choses comme elles doivent être dites. L'exercice de la parole n'est pas un privilège, c'est un devoir. Même si cela dérange. Même si cela peut vouloir dire s'offrir en cible aux chantres du statu quo. Même si c'est discordant avec les coups de gueule dans le porte-voix qui, trop souvent, tiennent lieu de pensée.

Évidemment, c'est plus confortable de laisser faire et surtout de laisser dire. Je refuse une telle démission. Il faut appeler un chat un chat et assumer les conséquences de ses engagements. Je refuse de plier sous les conseils de ceux qui m'incitent à me taire parce que cela évitera de me faire du tort.

Il faut refuser l'inacceptable et le dire haut et fort. Qu'attendons-nous pour dire ce que nous pensons vraiment ? D'élection en élection, nous contentons-nous de déposer notre bulletin dans l'urne en nous donnant l'impression d'avoir fait notre devoir de citoyen ? Visiblement, ce n'est pas assez. Ce n'est plus assez. Entre deux élections, il faut faire quelque chose. Dans notre vie de tous les jours. Dans notre école, notre quartier, notre village, notre communauté, notre province, notre pays, il faut changer le cours des choses. L'expression de la parole, c'est le premier exercice de la liberté. C'est le premier pas vers l'action.

Je refuse de lancer la serviette. Non, il n'est pas trop tard. Je refuse également d'attendre calmement que la situation se dégrade davantage. Je refuse d'attendre qu'on en arrive à imposer des solutions *in extremis* à cette majorité dite silencieuse et bassement courtisée le temps d'une campagne électorale. « La veille des élections, il t'appelait son fiston, le lendemain comme de raison, y avait oublié ton nom », chantait Félix Leclerc, fin observateur de l'âme québécoise.

D'autres avant nous ont essayé la technique de la dose massive de somnifères. Allez demander aux Néo-Zélandais ce qu'ils ont pensé de leurs leaders le jour où les organismes internationaux comme le Fonds monétaire international ont tenu le crayon de leur ministre des Finances pour couper dramatiquement dans leurs programmes sociaux. Demandez-leur ce qu'ils ont pensé alors de leurs gentils organisateurs à lunettes roses et des réalisateurs de clips miracle qui font la richesse des faiseurs d'images.

N'attendons pas d'être pris au piège nous aussi. Profitons de l'expérience des autres. Ce n'est pas vrai que nous devrions nous «mêler de nos affaires» et laisser faire les élus, comme plusieurs essaient de nous en convaincre. Il n'y a pas si longtemps, on disait aux gens d'affaires : «Attention, ne vous mêlez pas de politique, sinon…» Nous avons tous entendu ces messages démobilisateurs. Eh bien moi, je dis qu'on n'a pas le droit de se taire et de laisser passer n'importe quelle décision (ou des non-décisions), sous prétexte qu'on n'est pas élus ou, pire encore, qu'on serait en «conflit d'intérêts». À ce compte, nous sommes tous en conflit d'intérêts puisque nous travaillons tous, nous avons tous des enfants, nous vieillissons tous. On voit aujourd'hui où ce mutisme nous a menés. À des décisions à court terme qui, malheureusement, n'ont pas toujours un impact positif sur nous et sur l'avenir de nos enfants. Si nous continuons sur cette lancée, ce sont eux qui nous reprocheront de ne pas être intervenus avec suffisamment de vigueur quand c'était encore le temps de le faire.

La notion même de citoyenneté doit évoluer. C'est par notre engagement de citoyens que nous pouvons encore changer le cours des événements. Les grands défis auxquels le Québec fait face présentement, la stagnation de notre niveau de vie, notre système d'éducation anémique, l'impuissance de notre système de santé, la tiers-mondialisation de nos infrastructures civiles, le déclin de nos régions ressources… tous ces défis ne sont pas des défis péquistes, libéraux ou adéquistes. Ce sont des défis qui nous appartiennent collectivement.

La seule façon de nous en sortir en bon état consiste à nous demander ce que peuvent faire mon entreprise, ma famille, mon réseau d'influence, mon expertise, mes amis, les gens que je peux mobiliser. Sinon, les jeunes nous demanderont ce que nous faisions pendant que l'autobus dévalait la pente. Je refuse d'avoir à répondre que je n'ai rien fait. Je veux être capable de dire à mes enfants que j'ai contribué à l'évolution de notre société autrement qu'en faisant ma déclaration de revenus.

Je refuse de me laisser intimider par des donneurs de leçons flyés et hystériques, qui trompent la population, sans jamais avoir rien fait d'autre pour aider les Québécois que de ridiculiser ceux et celles qui essaient de faire bouger les choses. Je refuse de me laisser intimider par certains hurluberlus qui n'ont d'autres qualifications que d'être des amuseurs publics. Je refuse de laisser toute la place à des messages creux, sans substance, qui ne font que dénoncer sans ne jamais rien proposer d'intelligent, en mentant effrontément au besoin pour maintenir leur emprise sur des auditeurs et des lecteurs qui n'ont pas toujours les moyens de vérifier le bien-fondé de leurs sermons. Je refuse de faire le jeu de ces grandes gueules qui condamnent par association plutôt que d'avoir le courage de discuter des idées. Bien sûr, c'est moins forçant pour le cerveau.

Bye-bye Disneyland !

Il faut que chaque Québécois qui a des idées pour faire avancer le Québec prenne la parole et occupe cet espace médiatique qu'ont trop souvent monopolisé jusqu'à maintenant les ayatollahs du statu quo dont ils seraient les premiers à bénéficier s'ils réussissaient à nous bâillonner.

Le redressement du Québec commence par chacun de nous. Aucun messie ne nous sortira du trou en multipliant les emplois comme des petits pains ou en changeant l'eau polluée de nos lacs en vin à saveur d'algues bleues. La SAQ peut prospérer tranquille ! Pas très porteur non plus d'attendre le Grand Soir de l'indépendance, lorsque les eaux du Saint-Laurent s'ouvriront pour nous faire accéder sans effort à la terre promise. Nous n'avons pas besoin de cela pour passer à l'action.

Dénonçons ce qui doit être dénoncé. Retroussons nos manches et agissons, chacun d'entre nous, dans les domaines qui nous appartiennent. Ce livre suggère des **pistes d'actions à notre portée**. Rien d'utopique. Nous pouvons tous, d'une façon ou d'une autre, contribuer à sortir de notre médiocrité. Notre génération arrivera bientôt au terminus. Organisons-nous pour que ce soit en même temps le début d'un temps nouveau qui va nous sortir collectivement d'un Disneyland dans lequel nous vivons à crédit depuis trop longtemps.

Bien sûr, nous ne pouvons pas réécrire l'histoire ou perdre notre temps à blâmer l'un et l'autre pour tous les maux de la terre. Nous ne disposons plus de suffisamment de temps. D'ailleurs, il faudra bien comprendre que nous sommes tous un peu responsables d'avoir accepté l'inacceptable si longtemps avant de réagir. D'avoir, peu à peu, tranquillement, sans que personne ne meure au coin de la rue, laissé se détériorer notre société. En santé, en éducation, dans nos infrastructures que nous n'avons même plus les moyens d'entretenir convenablement parce que nous avons atteint la limite de notre carte de crédit collective. Nous avons toléré des seuils de pauvreté inacceptables, des taux d'abandon scolaire et d'analphabétisme scandaleux et d'autres formes de sous-développement honteux dans un pays pourtant doté de beaucoup de moyens.

Nous nous sommes laissé intimider par certains politiciens, leaders syndicaux ou dirigeants de groupes de pression qui sont passés maître, dans l'art de détourner les efforts collectifs au profits des seuls intérêts de leurs membres. Or, je refuse de croire que la chose publique n'appartient qu'aux élus et à ceux qui les manipulent trop souvent au détriment de l'intérêt collectif.

Il faut nous lever et crier tous ensemble «Assez, c'est assez!». Agissons, chacun de notre côté, par l'exercice de nos choix chaque jour de notre vie en faisant entendre haut et fort notre voix. Comment? En nous levant et en disant à qui veut l'entendre ce que nous pensons lorsqu'un projet intéressant est menacé par toutes sortes d'intérêts particuliers qui se travestissent sous des apparences de bien public et de vertu.

Au royaume du statu quo

Le Québec est en train d'accaparer une autre médaille d'or, au palmarès cette fois des projets de développement mis en pièces. Trop souvent sans que personne ne se lève pour pourfendre les arguments fallacieux qui occupent toute la place faute d'intervenants pour faire entendre un autre son de cloche. Si on prenait la place qui est la nôtre pour défendre et promouvoir les vrais intérêts collectifs, au-delà des corporatismes qui bloquent toute initiative. Eh oui, si on s'y mettait…

C'est souvent une abdication de leadership que de ne donner suite à des projets de développement valables que s'ils font l'objet « d'un large consensus ». Ce qui peut sembler vertueux de prime abord n'est souvent au fond qu'une solution de facilité. Une bataille de moins à livrer. Les votes sont rares et précieux ! Surtout en période de gouvernement minoritaire.

À regarder nos projets dérailler depuis une bonne dizaine d'années, le soi-disant modèle québécois a acquis encore une autre fonction : le « droit de veto » pour tout le monde. Ça ne prend plus grand-chose pour arrêter un projet et s'assurer que l'immobilisme prévaut. Les projets avortés, comme celui que le Cirque du Soleil voulait réaliser à Montréal, sont légion, et ils font la fortune des régions et des pays qui, trop souvent, ont plus de vision que nous. Notre réputation commence à faire fuir tout entrepreneur commercial, récréotouristique ou social qui pourrait avoir la velléité de faire sortir quelque chose de terre chez nous. Partis de cette façon, nous risquons plus de périr par asphyxie que de crouler sous les projets de développement.

Sans tomber dans le *free for all*, il serait peut-être temps de tenter de procéder autrement. Nous pourrions commencer par le commencement : que nos gouvernements gouvernent ! Y a-t-il quelque chose de plus simple que cela ? C'est pourtant le minimum auquel nous pouvons aspirer. Pourquoi ne pas mettre fin à l'ère de la création de comités chaque fois qu'une décision s'impose ? Pourquoi ne pas mettre fin à un processus décisionnel qui repose sur le nombre de poignards que le président du comité s'est fait planter dans le dos ? Il existe encore des normes, des points de repère, des éléments de comparaison pour guider nos décisions de façon rationnelle.

En fin de compte, au-delà des débats idéologiques, je pense que nous voulons tous des gouvernements efficaces. C'est-à-dire des gouvernements qui mettent courageusement les priorités à la bonne place. Des gouvernements dont les gestes ont un effet réel sur les destinées de notre société. Des gestes qui peuvent s'embouveter pour améliorer notre société. Créer davantage de richesse qu'on pourra ensuite partager le mieux possible.

Je suis profondément convaincu que nos gouvernements doivent constamment envisager leurs actions dans une perspective humaniste. Je veux dire par là qu'ils doivent mesurer les effets de leurs décisions sur les personnes, tant les individus que les collectivités. Les gouvernements doivent aussi être capables de faire confiance au potentiel créateur de leurs citoyens, donc de libérer leur sens de l'entrepreneuriat et de la communauté, que ceux-ci soient des gens d'affaires, des artistes, des scientifiques, des travailleurs autonomes, ou quoi encore.

Les gouvernements doivent agir également comme si les générations futures faisaient déjà partie de l'électorat. Ils doivent toujours se montrer redevables. Pas seulement en ne dilapidant pas les biens publics. Ça, c'est le strict minium. Mais aussi redevables à titre de maître d'œuvre de nos projets collectifs, dans le plus grand respect du rôle qu'on leur confie. De cette façon, les générations actuelles et futures pourront dire : « On n'a pas toujours été d'accord avec vous. Mais sur le fond, on vous respecte parce que vous avez fait preuve de courage et de vision dans votre action. » Si c'était plus souvent le cas, il y aurait peut-être moins de gouvernements minoritaires au Canada...

Les gouvernements ont besoin de se faire rappeler à l'ordre régulièrement. C'est normal. Je peux comprendre ça. Si nous voulons que nos actions collectives soient efficaces, il faut aller au-delà de quelques sorties isolées qui sont trop rapidement submergées par les sorties hystériques de ce que j'appelais tantôt des intégristes du statu quo. Comme cela a été le cas la veille de la publication du Rapport du Comité de travail sur la pérennité du système de santé et des services sociaux au Québec. Un bon coup de gueule et le débat est clos. C'est le genre de dialectique qui a mené le Québec sur la voie de la pauvreté. C'était hier. Mais « c'est le temps que ça change », comme disait Jean Lesage à la veille de la révolution tranquille. Et qui nous remettra collectivement sur les rails ? Eh bien, oui, nous tous. C'est un immense contrat collectif auquel nous sommes tous conviés.

Si on s'y mettait...

13

On est moins nono quand on sait

Cela dit, il faut produire une information crédible, de grande qualité et la diffuser le plus largement possible. Une information intelligente, argumentée, logique. Cela n'a rien à voir avec une pensée unique. Rien à voir avec une quelconque propagande. Rien à voir non plus avec les argumentaires fallacieux, les demi-vérités qui sont plus près de la désinformation que de l'information. Ce n'est pas en opposant des slogans creux à d'autres slogans creux que nous avancerons. C'est en faisant appel à l'intelligence des Québécois que nous retrouverons nos réflexes de société dynamique au sein de laquelle les citoyens constituent la principale force de développement. Oui, So-so-so-solidarité, non pas pour freiner notre société, mais plutôt pour la développer !

Je le sais, ce n'est pas *cool* de tirer la sonnette d'alarme. Les non-dits sont si nombreux chez nous qu'ils entretiennent l'illusion collective. Ces non-dits sont souvent le fonds de commerce de ceux qui tirent profit de la situation. Mais je crois en la grande capacité des Québécois de comprendre parfaitement les enjeux importants qui les concernent. Je crois en la volonté de nos concitoyens d'exiger de leurs dirigeants un leadership éclairé. De les rappeler à l'ordre au besoin, autrement qu'en attendant quatre ans pour aller voter sur mille et un sujets en même temps. Je crois que les Québécois sont capables d'appuyer les décisions pertinentes pour assurer leur avenir et celui de leurs enfants. Je crois en notre capacité collective de nous sortir des ornières dans lesquelles nous sommes en train de nous enliser. Mais encore faut-il qu'une information de qualité circule librement et largement. Et surtout, que cette information soit d'une grande crédibilité.

Mais encore... Il faut que les forces vives, qui ne manquent pas au Québec, mettent en œuvre une stratégie d'information et de sensibilisation. Sujet : la nécessité d'assainir nos finances publiques. L'importance de libérer la capacité d'investir et d'innover chez nous, seule façon de créer la richesse dont nous avons tellement besoin. Un exercice qui doit être mené au-delà de toute partisanerie politique et de toute croisade idéologique. Que le Québec soit au sein du Canada, qu'il forme un pays souverain, qu'il déménage sur un autre continent ou sur une autre planète, un Québec pauvre ne permettra jamais à ses jeunes de concrétiser leur plein potentiel. Quel que soit son statut politique.

Il faut sensibiliser les gens à cette réalité et leur présenter clairement l'itinéraire proposé. Que le gouvernement soit rouge, bleu ou vert ne change rien à la nécessité d'une telle démarche. Un tel exercice exige des compétences, des moyens et une volonté indéfectible de mener la démarche jusqu'au bout.

Une antenne indépendante et crédible

Je crois qu'il faudrait créer au Québec un groupe de travail de nature comparable aux Réseaux canadiens de recherche en politiques publiques, un organisme mis sur pied au lendemain du démantèlement du Conseil économique du Canada. J'ai eu l'occasion d'œuvrer au sein de ce groupe de travail. On pourrait mandater une cellule de travail formée d'universitaires dont la réputation est au-dessus de tout soupçon et de grands leaders reconnus pour leur indépendance d'esprit et leurs compétences en matière d'économie et de finances publiques. L'idée, c'est tout simplement de confier à un groupe éminemment crédible le mandat d'informer tout le monde de l'état réel de notre situation, de contrer la désinformation qui justifie trop souvent la remise aux calendes grecques de toute velléité d'action.

Mais surtout pas un autre comité qui cherchera à faire plaisir à tout le monde et qui accouchera dans la semaine des quatre jeudis d'un semblant de concept soumis au ballotage de l'ineffable consensus obtenu de peine et de misère, de menaces de retrait en fuites orchestrées, jusqu'à ce que le produit finisse dans la couleur la plus «drabe» qui soit, au pays du plus bas commun dénominateur, la veille d'un débrayage général stratégique, pour le plus grand bien de la population. Leaders, à vos culottes, s'il vous plaît!

Il s'agit de nous assurer que les grands enjeux auxquels le Québec est confronté soient abordés à partir d'une lecture et d'une analyse correctes de la situation. Une lecture qui s'appuie davantage sur une analyse rigoureuse que sur la propagation de légendes urbaines qui nous paralysent avant même d'avoir envisagé l'ombre du début d'une action.

Et puisque au premier chef ce sont les jeunes qui sont concernés, ceux-ci devraient avoir un poids important dans la conception, l'organisation et le fonctionnement de cette structure d'information. Pourrait-on faire appel au talent, à l'expérience et à la crédibilité d'individus qui mettraient leurs ressources en commun plutôt que de réunir des dizaines de représentants d'organismes de tout acabit qui ont nécessairement pour mandat de défendre des intérêts particuliers?

Le bien commun ne se limite pas à la somme des intérêts particuliers. Il faudra bien finir par nous en rendre compte. Cette manie des grandes messes réunissant les ténors des grandes organisations, dans lesquelles le Québec a perdu un temps fou au cours des dernières décennies, nous mène généralement à des constats d'impuissance qui ne servent que les tenants du statu quo dont le seul souci est de bloquer systématiquement tout effort de changement. Le Québec a précisément besoin d'une vision nouvelle qui peut difficilement être élaborée par les vieux bonzes à l'origine des blocages qui nous paralysent actuellement.

Un grand effort d'information intelligente.

CHANTIER N° 1

Faire preuve de respect envers la population québécoise en l'informant correctement des grands défis auxquels elle est confrontée.

■ **OBJECTIF**

Faire contrepoids à la désinformation qui, trop souvent, tue dans l'œuf tout effort collectif pour sortir de la médiocrité.

■ **COMMENT S'Y PRENDRE**

Confier à un groupe de personnes éminemment crédibles en la matière la mission d'informer la population sur l'état de notre économie et de nos finances publiques et d'éduquer les Québécois sur les conséquences des écarts que ces travaux permettront de relever.

■ **ÉTAPES**

1. Rédiger le mandat.
2. Former le groupe de travail. Cet organisme, doté d'une permanence légère, pourrait relever du Conseil exécutif, qui en assurerait le financement.
3. Rassembler les données officielles concernant notre économie et nos finances publiques à partir des documents du gouvernement du Québec, du Canada, des pays avec lesquels nous sommes en concurrence, puis faire faire les analyses pertinentes.
4. Établir les comparaisons qui s'imposent à l'aide des documents officiels émis par des organismes reconnus tels que l'OCDE, le Conference Board, les ministères des Finances du Canada et des provinces, l'Institut de la statistique du Québec, Statistique Canada, etc.
5. Mener les études pertinentes afin que les Québécois soient bien informés des grands enjeux auxquels ils sont confrontés.
6. Mettre au point une démarche efficace, régulière et accessible de communication auprès de la population.
7. Expliquer en termes clairs les conséquences des écarts qui existent entre les données québécoises et celles des autres provinces et pays au sujet du niveau de vie des Québécois, de leur fardeau fiscal et de leur capacité de créer de la richesse.

■ 3 EXEMPLES D'ENSEIGNEMENTS

La création d'une structure semblable permettrait, par exemple, d'expliquer aux Québécois que :

- les jeunes qui seront sur le marché du travail dans dix, quinze ou vingt ans devront soutenir un fardeau fiscal ahurissant si rien ne change, en exposant, chiffres à l'appui, les conséquences d'une telle situation ;
- nous n'arriverions plus à financer adéquatement les programmes sociaux auxquels nous tenons tant ;
- si nous n'agissons pas rapidement, notre niveau de vie se détériorera de plus en plus.

Des réactions ?
Venez poursuivre la discussion sur le blogue de l'auteur : **www.sionsymettait.com**

14

Qui paie ses dettes s'enrichit

Une fois diffusée une information financière et économique de grande qualité, commençons par le plus urgent. Les vieux (les « super-croûtés ») disaient souvent : « Qui paie ses dettes s'enrichit. » Il y a beaucoup de sagesse là-dedans. Pourquoi ? Parce que les dettes, c'est comme du carbone dans le moteur. Ça prend de plus en plus d'essence pour avancer de moins en moins rapidement. On ne va pas loin avec ça... Pas vite en tout cas !

La dette publique, c'est pareil. De plus en plus d'intérêts à payer, de moins en moins de souplesse pour agir. Aucune idéologie là-dedans. De la mécanique pure. Des faits. Des chiffres.

Une des conséquences de la dette publique est que les Québécois peinent sous un fardeau fiscal parmi les plus lourds en Amérique du Nord (pour ne pas dire *le* plus lourd). C'est une source importante de carbone dans notre moteur, qui décourage l'initiative. Travailleriez-vous plus fort pour qu'il vous en reste toujours moins ? Les statistiques répondent à votre place.

Nous l'avons vu, par rapport aux autres provinces le Québec compte moins de personnes qui travaillent fort. Je rappelle que 65 % de la différence observée entre le Québec et l'Ontario en matière d'intensité au travail provient du fait que moins de Québécois travaillent de « longues heures » (disons plus de 50 heures par semaine) que les Ontariens. La facture d'impôt québécoise n'est peut-être pas la seule raison qui explique cette différence[17], mais elle entre sûrement en ligne de compte. Combien de fois avez-vous refusé de faire des heures supplémentaires parce qu'il ne resterait pas grand-chose dans vos poches au bout du compte ? Quand vient le temps de payer les impôts, même les faibles en maths apprennent vite à compter.

Du côté de l'État, qu'est-ce que ça peut bien faire qu'on doive notre chemise, pensez-vous ? Ça fait tout simplement que la marge de manœuvre pour payer des services aussi importants que l'éducation et la santé, par exemple, se réduit comme peau de chagrin.

Une dette astronomique et des routes en *patchwork*

Quand le toit de l'école coule sur la tête des enfants qui bûchent pour acquérir des compétences transversales sous leurs imperméables, ce serait bien d'avoir plus d'argent pour colmater les trous dans le toit. Ce ne serait pas mal non plus de pouvoir faire évacuer la vermine des conduits dans nos hôpitaux, de boucher les ornières sur nos routes qui ont de plus en plus l'air de *patchworks* et de soutenir les viaducs qui s'effritent pendant que les camions sont frappés d'interdits qui menacent nos relations commerciales avec notre principal client, les États-Unis. Sans oublier le producteur agricole qui se trouve forcé de conduire son énorme machine à travers tous les rangs du comté parce que son champ situé de l'autre bord du viaduc est devenu trop fragile pour raison de mauvais entretien. Et quoi encore ?

Tout ça prend de l'argent. Et notre argent, eh bien, il passe ailleurs. Comme payer une dette dont les intérêts ne peuvent pas attendre, comme un toit percé ou des conduits d'aération malpropres ? Mais de quoi parlons-nous au juste ? Ou plutôt, de combien parlons-nous ?

Nous parlons d'**environ 122 milliards de dollars.** Sans compter la centaine de milliards attribuable au Québec dans la dette fédérale. Il est faux d'affirmer que la dette du Québec s'élève à environ 43 % de son PIB. Quand on tient compte de la part du Québec dans la dette fédérale, il faut parler d'une dette globale qui frôle les 80 % du PIB[18]. En appliquant la même logique aux autres pays, notre dette est la cinquième importance parmi les pays de l'OCDE. Quant à notre dette provinciale, elle est la plus élevée au Canada. Encore un petit effort et un autre podium de la médiocrité est à notre portée.

D'autres partisans de la «version rose» de la dette québécoise arguent que la dette publique par habitant est plus faible au Québec qu'aux États-Unis. C'est vrai. Mais l'argument frôle la malhonnêteté. Il faut juger une dette en fonction de la capacité de payer du débiteur. Si vous gagnez 50 000 $ et que vous avez une dette de 25 000 $, vous êtes en plus mauvaise posture que celui qui gagne 200 000 $ et qui a une dette de 50 000 $. De toute évidence, les Américains sont globalement plus riches que les Québécois. Et de toute façon, entendons-nous au moins pour dire qu'en matière de finances les États-Unis ne sont pas un exemple à suivre par les temps qui courent.

Quelle est la conséquence pour les contribuables? Ou, encore une fois, combien coûte à chacun cette dette publique? Les intérêts sur la dette coûtent en moyenne, à chaque contribuable québécois, **1 000 $ par année**. À ceux qui prétendent que la situation s'améliore, je rappellerai que les intérêts sur la dette représentaient environ 5% des dépenses annuelles du gouvernement au début des années 1970. Aujourd'hui, le paiement des intérêts représente 13% du total des dépenses du gouvernement du Québec. Toute une amélioration!

Déjà, les intérêts sur la dette publique nous coûtent plus cher que l'aide sociale ou la politique familiale. Cela équivaut aux budgets réunis d'au moins une dizaine de ministères! Et le montant de la dette continue de s'accroître d'environ trois milliards par année, pendant que l'économie ronronne dans une période de prospérité, il ne faut pas l'oublier. En effet, nous venons de connaître un des plus longs cycles de croissance économique depuis des décennies. Avec, en prime, des taux d'intérêt incroyablement bas.

C'est stupéfiant de constater à quel point la pauvreté au Québec nous saute aux yeux quand nous revenons d'un séjour à l'étranger. L'été dernier, après un week-end dans le Maine, je suis revenu par la route. J'avais l'impression de rentrer dans un pays en voie de développement, dont le réseau routier avait littéralement été abandonné depuis des générations. J'avais l'impression de rouler sur une courtepointe faite de morceaux d'asphalte achetés au marché aux puces! En plus, il paraît que nos routes coûtent plus cher qu'ailleurs! C'est à se demander où passe tout cet argent.

Pour les visiteurs qui arrivent chez nous, c'est très éloquent. Beaucoup plus que tous les beaux discours que nous pouvons leur servir. Ils voient tout de suite (j'allais dire, ils sentent vivement!) quelles sont nos priorités. Elles ne sont certainement pas dans nos infrastructures. Il faudra bien allumer un jour!

Après la publication du rapport *Pour sortir de l'impasse : la solidarité entre nos générations*, le gouvernement du Québec a posé un premier geste. Il a créé le Fonds des générations, qui sert à mieux contrôler l'évolution de la dette. C'est mieux que rien, mais c'est un peu comme se mouiller le gros orteil pour tester la température de l'eau. Je veux bien croire le vieux sage chinois qui dit que le plus long des voyages commence par un tout petit pas, mais ce n'est pas en hésitant à se jeter à l'eau qu'on va réussir la traversée du lac Saint-Jean! Il faudra démontrer plus de détermination dans nos efforts. Vider la piscine au compte-gouttes risque de prendre du temps. Surtout qu'entre-temps, il pleut toujours dans la piscine.

Oui, la dette continue de grimper à coups de milliards pendant qu'on rembourse quelques timides millions. Et qui plus est, ces quelques millions proviennent en grande partie de la vente d'actifs. Vendre notre patrimoine pour payer nos dettes? Pas fort. Une partie de cette dette a précisément servi à ériger ce patrimoine. Revient-on à la case départ?

Le pétrole du Québec

Un peu de tonus! Pourquoi ne pas créer une réserve annuelle pour éventualités clairement définies à l'avance? À moins de circonstances exceptionnelles, ces fonds devraient être affectés au remboursement de la dette. C'est ce qu'ont fait le gouvernement fédéral et certaines provinces avec des résultats probants. De plus, nous pourrions affecter au remboursement de la dette une partie des recettes provenant d'une hausse des tarifs d'électricité planifiée sur plusieurs années.

L'Alberta a utilisé sa principale richesse naturelle, le pétrole, pour se débarrasser du fardeau encombrant de sa dette publique. Si les Albertains avaient vendu leur pétrole à rabais, comme nous le faisons pour l'électricité au Québec, l'Alberta serait aujourd'hui une province ordinaire. Or, l'Alberta n'a plus de dette. Les Albertains bénéficient de bas taux d'impôt et de taxes à faire rêver les Québécois. Le gouvernement peut même faire des heureux en leur postant des chèques pour Noël. Ce n'est pas un conte de fées, c'est la réalité. Le soleil aurait-il commencé à se lever à l'ouest pendant que nous défendions bec et ongles notre modèle québécois ?

Dans le Rapport du Comité de travail sur la pérennité du système de santé et des services sociaux du Québec, nous avions évalué qu'une augmentation annuelle des tarifs d'électricité de l'ordre de 2 % par année pourrait permettre des remboursements de la dette de 11,2 milliards d'ici 2015, de 26,4 milliards d'ici 2020 et de 49,5 milliards d'ici 2025. Les économies d'intérêts seraient de 1,9 milliard après dix ans, de 6,5 milliards après quinze ans et de 15,8 milliards après vingt ans[19].

Je trouve que cela ferait un beau cadeau à offrir à nos jeunes qui s'inquiètent, avec raison, du poids de la dette et de leur capacité de faire leurs propres choix le moment venu. Évidemment, un horizon de dix, quinze et même vingt ans n'est pas très sexy pour les politiciens.

En achetant leur électricité à des coûts très inférieurs au prix du marché, les Québécois se privent d'une source de revenus importante. Je veux bien répéter que c'est un choix de société, mais encore faudrait-il expliquer honnêtement aux contribuables le prix qu'entraîne un tel choix. Et surtout, les conséquences, particulièrement pour les jeunes, de traîner une dette aussi lourde que la nôtre.

Si on s'y mettait…

CHANTIER N° 2

Libérer notre créativité collective en remboursant notre dette publique.

■ OBJECTIF

Redonner aux Québécois les moyens de soutenir le développement des programmes auxquels ils tiennent (accès à un système d'éducation de qualité, à un système de santé efficace, à une politique familiale qui encourage, justement, la famille, etc.) et, ultimement, donner aux jeunes Québécois les moyens de faire leurs propres choix.

■ COMMENT S'Y PRENDRE

- Prévoir dans chaque budget une provision à consacrer aux imprévus et verser, le cas échéant, les sommes non dépensées à la fin de l'année financière au service de la dette.
- Affecter au remboursement de la dette le produit de hausses planifiées des tarifs d'électricité. Plus précisément : hausser les tarifs d'électricité de 2 % par année et affecter cette hausse au remboursement de la dette entraînerait des économies d'intérêts de l'ordre de 1,9 milliard de dollars par année après dix ans ; de 6,5 milliards après quinze ans et de 15,8 milliards après vingt ans.

■ EFFETS À TRÈS COURT TERME D'UNE TELLE DÉCISION

- Nous pourrions rouler sur des routes enfin carrossables et des infrastructures plus sécuritaires.
- Les contribuables québécois pourraient enfin bénéficier de baisses réelles de leurs impôts et taxes, ce qu'on leur promet depuis si longtemps.
- Les problèmes de listes d'attente dans les établissements de santé pourraient être réglés plus rapidement.

Des réactions ?

Venez poursuivre la discussion sur le blogue de l'auteur : **www.sionsymettait.com**

15

La pauvreté n'est pas un projet de société

Pourquoi y a-t-il des pays pauvres et des pays riches ? Évidemment, rien n'est tout blanc ou noir. Toutefois, la richesse n'est pas, en bonne partie, sans rapport avec l'existence ou non de conditions efficaces pour accélérer la création de valeur. Élémentaire, mon cher Watson ! Pourquoi ne pas nous inspirer alors de ces pays qui sont arrivés à rehausser de façon parfois spectaculaire le niveau de vie de leurs concitoyens, plutôt que de pays qui vivent de leurs splendeurs passées, en tirant le diable par la queue ?

Inutile d'essayer de réinventer la roue. Inspirons-nous entre autres du succès remarquable de l'Irlande. Ce pays de petite taille dont l'histoire a été jalonnée d'énormes défis (famines, guerres, émigration massive, etc.) a longtemps figuré parmi les pays les plus pauvres d'Europe. Pourtant, ce pays dont la population est à peine supérieure à celle de la grande région de Montréal se situe maintenant aux premiers rangs des pays européens qui réussissent le mieux sur le plan économique. L'Irlande est passée de cancre à modèle. Pas si mal !

Comment les Irlandais ont-ils réussi cet exploit ? Ont-ils concocté une poudre de perlimpinpin qui les a tous propulsés au pays des merveilles ? Plusieurs analystes se sont penchés sur ce cas impressionnant dont le succès découle de mesures mises en place de manière systématique au cours des dernières décennies par des leaders visionnaires. Donc, cela n'a rien à voir avec un coup de baguette magique qui aurait fait passer les Irlandais de cancres de l'Europe à premiers de classe. C'est plutôt le résultat d'une stratégie bien orchestrée et d'une action patiente et résolue.

Je l'ai dit et je le répète, je ne crois pas aux miracles même si je suis un catholique pratiquant. Les Québécois seraient bien inspirés de suivre cet exemple qui exige rigueur et constance plutôt que de chercher la recette miracle que certains politiciens ne manquent pas de leur faire miroiter à chaque campagne électorale. Un clip, si génial soit-il, ne peut créer que des illusions, pas de la richesse.

Il faudrait nous y mettre, nous aussi, tous ensemble. Ce serait extraordinaire si nous pouvions nous administrer une dose d'amnésie collective pour oublier nos différences, nos soi-disant modèles idéologiques, nos idées préconçues. Les fédéralistes, les souverainistes, les autonomistes, les trotskistes, les verts, les lucides, les solidaires... j'en passe et des meilleurs ! Le Dollarama du coin finira par manquer d'étiquettes à accoler à tout ce beau monde.

Un slogan populaire à une époque disait : « On est 6 millions, faut se parler. » Aujourd'hui, alors qu'on est 7,7 millions, pourrait-on commencer à le faire en oubliant nos étiquettes stériles ? On a perdu déjà beaucoup trop de temps. Il me semble que ce qui nous rassemble est beaucoup plus riche que ce qui nous sépare. Il faudrait s'en rendre compte et agir en conséquence. Une société de petite taille comme la nôtre devrait être extrêmement mobile, souple, capable de bouger rapidement. Si on s'y mettait...

L'Irlande, un exemple inspirant

Un document préparé pour Industrie Canada[20] offre une analyse intéressante de la démarche poursuivie par l'Irlande. En m'inspirant de cette analyse, je reprends ici trois grands éléments qui sont à la base de ce succès.

1. Une politique commerciale axée sur le libre-échange

Les Irlandais, qui étaient considérés à l'origine comme les pauvres de l'Europe, ont fait de l'Europe et du monde entier leurs partenaires commerciaux. Qui dit mieux ? Au cours des quatre dernières décennies, leur ratio exportations/PIB a augmenté d'environ 230 %. Ce ratio a atteint un record en 2001, soit 98,1 %. Les Irlandais ont misé sur l'effort pour développer l'Union européenne. Ils ont eu du flair !

Ça vous rappelle quelque chose ? Le Québec a déjà compris que, avec quelques millions d'habitants, il a tout intérêt à ouvrir ses horizons commerciaux. Les Québécois ont été parmi les premiers au Canada à soutenir la signature de l'Accord de libre-échange Canada–États-Unis, qui a reçu la sanction royale le 30 décembre 1988. Cet accord et l'ALENA qui a suivi ont contribué à accroître de façon très importante nos exportations.

Mais cela n'a encore rien de comparable à l'Irlande. En 2001, nous en étions encore à un ratio exportations/PIB de 43,8 % (contre, je le rappelle, 98,1 % pour l'Irlande). Nous avons encore de la place pour progresser.

Mais pourquoi, direz-vous, est-il si important d'accroître à ce point nos exportations ? Une partie de la réponse tient dans la taille de notre économie. Pour soutenir un niveau de vie élevé, nous devons nous concentrer sur les produits et services à valeur ajoutée et trouver des marchés beaucoup plus considérables que le nôtre pour les écouler. Qu'est-ce que cela signifie, de façon concrète ? En procédant de cette façon, l'Irlande a réussi à presque doubler son PIB par habitant au cours des années 1990. Rappelons-nous à quel point notre faible PIB par habitant maintient le Québec parmi les provinces et États les plus pauvres d'Amérique du Nord. Durant la même période, l'Irlande a abaissé son taux de chômage de 16 % à moins de 5 %.

Au Québec, nous nous spécialisons dans la survie – à même les fonds publics – d'industries aux soins intensifs, tout en bloquant la voie aux secteurs porteurs d'avenir, et ce, en taxant l'innovation. Cherchez l'erreur.

2. Une politique industrielle qui favorise la libre circulation de l'investissement étranger

L'Irlande est maintenant reconnue pour sa grande ouverture aux investissements étrangers, pour son efficacité administrative, pour son système de subvention de capital et ses stimulants fiscaux. Rien de tel pour inciter les entreprises étrangères à aller s'établir en Irlande et y créer de la richesse et des emplois. On n'attire pas les mouches avec du vinaigre!

En procédant ainsi, l'Irlande a connu un succès incontestable. Le Québec aurait aussi besoin d'entreprises qui viennent s'y établir. Encore faudrait-il nous organiser pour ne pas être perçus comme de sérieux aspirants au championnat du monde dans la catégorie «taxation de l'effort», qui étouffe les velléités de création de la richesse, tant chez les entreprises que chez les individus. Que de travail à abattre chez nous de ce côté. Planificateurs, à vos crayons!

3. Une politique dirigée vers le développement d'une main-d'œuvre qualifiée

L'Irlande a réalisé qu'en plus de conditions d'accueil favorables à l'implantation d'entreprises ouvertes à l'exportation, les gens d'affaires sont toujours à la recherche d'une main-d'œuvre qualifiée, formée, instruite. Autre point commun avec le Québec, qui a connu un essor fantastique en donnant accès aux études à ses jeunes. Malheureusement, sur ce plan, nous avons échappé le ballon en cours de route. Et le ballon rebondit depuis trop longtemps d'une «réformette» à une autre, sans que personne ne soit capable de marquer un toucher. Ou de compter un but, si vous préférez. Je reviendrai plus loin sur ce sujet capital qu'est l'éducation. Pour l'instant, je me contenterai d'énumérer un certain nombre de choix qu'ont faits les Irlandais en matière d'éducation.

Les Irlandais ont encouragé la gratuité au secondaire et l'accès à des coûts limités aux études postsecondaires. Cela vous rappelle-t-il quelque chose? On dirait le Québec. Ils ont réussi ainsi à produire une main-d'œuvre abondante constituée de jeunes travailleurs instruits. Toutefois, une différence importante avec nous: en regard des standards internationaux, le taux d'alphabétisation des jeunes Irlandais se situe nettement au-dessus de la moyenne. Et ils partaient de tellement loin. Le système irlandais favorise des programmes plus courts et plus pratiques que la plupart des autres pays. Ils n'ont sans doute pas encore entendu parler des compétences transversales, ni des vertus de l'absence de compétition...

Les observateurs y voient un facteur important de la productivité supérieure des entreprises irlandaises. Cela expliquerait aussi en partie l'attrait qu'exerce l'Irlande auprès des multinationales. Cela pourrait peut-être expliquer également leur plus faible taux d'abandon scolaire. C'est bien de vouloir que tous les jeunes aient accès à une vaste formation générale. Toutefois, si cet effort louable mène à des taux d'abandon inacceptables avant d'avoir atteint le but... Je ne dis pas que c'est le cas et que cela expliquerait notre piètre performance dans ce domaine. Mais cela vaudrait sûrement la peine d'aller y voir.

Rappelez-vous la jeune fille à la crête collée sur la tête dont je vous ai parlé précédemment et qui avait abandonné l'école parce que c'était tellement plate, disait-elle. Peut-être n'est-elle pas la seule de sa gang ?

Mais revenons à l'Irlande et à ses réalisations. Ce pays se classe au premier rang pour la croissance du PIB par habitant et pour la croissance du PIB réel, de 1996 à 2005. Il se classe au deuxième rang pour la croissance de la productivité du travail et l'écart de production, de 2005 à 2006.

L'OCDE mentionne ceci : « L'Irlande a obtenu encore des résultats exemplaires, en réalisant l'un des taux de croissance les plus élevés de la zone de l'OCDE. Après une décennie remarquable, le revenu par habitant a atteint, puis dépassé, la moyenne de l'Union européenne (UE)[21]. » L'OCDE rappelle de plus que la forte croissance qui s'est poursuivie de 2000 à 2005 a été réalisée malgré le fait que l'Irlande ait aussi été frappée par le recul mondial du secteur des technologies de l'information et des communications. L'OCDE attribue cette résilience à de très solides fondement économiques, notamment un environnement réglementaire favorable aux entreprises, un marché du travail flexible, des taux d'imposition modérés et une solide politique budgétaire.

Wow! Politiciens et planificateurs, il y a peut-être quelque chose là-dedans. Cela vaudrait la peine de faire un détour de ce côté. Un succès aussi évident et continu dans le temps ne peut sérieusement être le fruit du hasard. Il arrive parfois, du moins c'est ce que croient les scientifiques, que les mêmes causes entraînent les mêmes effets… Les Irlandais ont mis en application des moyens dont plusieurs sont très éloignés de nos façons de faire. À la lumière des résultats récurrents obtenus, difficile de lever le nez sur leur stratégie, non ? Faut-il insister sur le fait que croissance élevée rime avec richesse à partager, et non avec pauvreté à distribuer ?

C'est certain qu'il ne s'agit pas d'importer la pilule (ou la petite granule) *made in Ireland* qui nous sortira du trou. Elle n'existe pas. C'est l'ensemble des politiques mises en place par ce pays depuis plusieurs décennies qui ont porté leurs fruits. Des politiques qui touchent le commerce, l'industrie, la fiscalité, l'éducation, notamment. Ensuite, il faut faire confiance au marché. Ce qu'ont fait les Irlandais, plutôt que de remettre aux stratèges gouvernementaux la responsabilité de détecter des gagnants potentiels dans leur boule de cristal.

Au fond, les Irlandais ont misé sur des conditions gagnantes (tiens, tiens…) pour rendre attrayante l'implantation d'entreprises chez eux. Des entreprises à productivité élevée. Des entreprises à haute valeur ajoutée. Ils n'ont pas essayé de mettre sous respirateur des entreprises qui avaient fait leur temps pour une foule de raisons. Tous ces efforts ont eu pour effet de soutenir la croissance rapide de la productivité moyenne de leur économie, et ce, de façon durable.

S'il y a une grande leçon à tirer de cet exemple, elle réside probablement dans la constance de l'effort. Je l'ai déjà dit, la stratégie irlandaise se déploie depuis plusieurs décennies, sans changer de cap, sans sombrer dans la panique à la première difficulté venue (ou à la première élection dans l'air). Si nous arrivions à agir ainsi, nous aurions déjà fait un grand pas.

Pourquoi ne pas traquer systématiquement, partout dans le monde, les pratiques qui donnent les meilleurs résultats et qui se traduisent par une création de richesse indiscutable ? Bien sûr, il faudrait d'abord se concentrer sur les pays avec lesquels nous avons des points communs. Peut-être pourrions-nous découvrir des façons de faire qui nous ont échappé à ce jour et qui pourraient être applicables chez nous ? Quand je regarde ce que les Irlandais ont fait, je note déjà une foule de pratiques très différentes des nôtres, avec des résultats sans contredit passablement meilleurs.

Et ne me dites surtout pas que cela se fait déjà au gouvernement, parce que, comme on le dit dans une pub bien connue, « si ça se faisait, on l'aurait ! » Et si ça se fait et qu'on ne l'a pas, il y a des coups de pied quelque part qui se perdent...

CHANTIER N° 3

Donner à nos entreprises les moyens de créer des emplois de qualité pour nos jeunes et récompenser le succès de nos entreprises.

■ OBJECTIF

Rejoindre progressivement le degré de création de richesse du reste du Canada. La référence par excellence : ne plus avoir besoin de versements de péréquation des provinces plus riches que le Québec.

■ COMMENT S'Y PRENDRE

- Former un groupe de travail de haut niveau dont la compétence est éminemment reconnue et dont les membres devront répondre de la qualité de leurs travaux au Conseil des ministres pour faire le relevé des meilleures pratiques du monde en matière de création de la richesse. (Ça se fait par Internet. Pas la peine de dépenser des sommes colossales en voyages pour cela !)

- Faire connaître, dans un langage simple et efficace, les résultats de ces travaux à la population québécoise en expliquant les causes des succès recensés et les retombées qui en découlent pour la population.

- Les résultats des travaux de ce groupe de travail devraient être communiqués annuellement au Conseil des ministres et à la population québécoise.

■ EXEMPLES D'ENSEIGNEMENTS

Si un tel groupe de travail existait, les Québécois apprendraient entre autres :

- comment les Irlandais s'y sont pris pour attirer chez eux des entreprises en provenance de partout dans le monde et créer des emplois de qualité en nombre suffisant pour pratiquement enrayer le chômage chez eux ;
- comment les Français ont réussi à remonter de façon spectaculaire le nombre de naissances ;
- comment les Finlandais ont réussi à se donner l'un des systèmes d'éducation les plus performants du monde ;
- comment les Allemands ont bâti un des meilleurs systèmes de formation professionnelle du monde.

Des réactions ?
Venez poursuivre la discussion sur le blogue de l'auteur : **www.sionsymettait.com**

16

La fiscalité peut servir

« L'administration en France, c'est très fertile! On plante des fonctionnaires, il y pousse des impôts. » Cette boutade de Coluche me rappelle le Québec, pépinière fertile de fonctionnaires et champion toutes catégories de la taxation en Amérique du Nord.

Notre système fiscal taxe plus lourdement les individus et les entreprises que ne le font les autres provinces et États nord-américains. Quels que soient les artifices de calcul, cela reste indiscutable. Je parle de la taxation globale dans les deux cas. Cela n'est pas la meilleure façon d'encourager l'initiative, l'effort et l'innovation. Ce n'est pas la meilleure façon non plus d'attirer de nouvelles entreprises chez nous. Ni de convaincre les jeunes de multiplier leurs efforts et, à terme, de faire partie du grand voyage québécois.

Les jeunes en ont assez

Les jeunes nous l'ont pourtant répété : « Assez, c'est assez ! » Ils ne veulent plus céder la moitié de leur chèque de paye tout en n'ayant presque rien à dire sur l'utilisation de leur argent. Ou si peu. Ils refusent de financer allègrement des services qui ne leur sont pas destinés. Ils s'insurgent contre le fait d'avoir un jour à payer une dette qui ne leur aura laissé que trop d'actifs en piètre état.

Quand les offres d'emploi à l'étranger se multiplient pour les plus doués et que nos entreprises sont courtisées de plus en plus pour aller s'établir ailleurs à des conditions avantageuses, c'est faire preuve de réalisme que de prédire des zones de turbulence à venir.

Les jeunes ne comprennent pas pourquoi ils doivent payer très cher pour des services dont ils ne profiteront pas avant un bon moment. Ils ne comprennent pas non plus que le système de taxation leur arrache une bonne partie des retombées des efforts supplémentaires qu'ils sont prêts à déployer pour améliorer leur sort. Ils nous l'ont dit sur tous les tons. Qui pourrait leur donner tort ?

Un de mes amis nommé récemment à la tête d'une grande entreprise américaine a eu toute une surprise en recevant son premier chèque de paye. Il s'est empressé d'aller voir les responsables de la gestion des ressources humaines pour leur souligner une erreur probable. Le montant net de son chèque dépassait ses prévisions même les plus optimistes. Non, monsieur, il n'y a pas d'erreur sur votre chèque, lui a-t-on répondu. Toutes les déductions ont été faites correctement.

Plusieurs «sautent une coche» quand on leur dit que près de la moitié des contribuables québécois ne paient pas d'impôt sur le revenu. «C'est de la crosse», crient ceux qui ont déjà goûté au régime fiscal et qui n'ont rien de la victime consentante et silencieuse. Inquiétude aussi chez ceux et celles qui sont sur le point de se joindre à la grande confrérie des contribuables.

Les temps changent. Attention, ces jeunes ne se laisseront pas manger leur salaire sur le dos en bêlant d'impuissance. Ces jeunes ne traînent aucun relent de morale judéo-chrétienne qui les inciterait à patienter en silence dans l'espoir d'une plus grande justice dans un monde meilleur. Ils exigent justice maintenant. Ici ou ailleurs. Ces jeunes auront bientôt les moyens d'ébranler les colonnes du temple puisque c'est à eux qu'on demandera de soutenir le système à bout de bras. Aux abris ! Séisme de grande magnitude en vue sur nos sismographes politiques.

Pourtant, nos jeunes veulent participer au grand voyage vers le Québec de demain. Ils ne sont pas amorphes. **Mais ils refusent de se faire avoir.** Il faut trouver un autre sujet pour les intéresser que celui de la santé et du vieillissement. Ils en ont marre. D'autant plus si leurs efforts ne servent qu'à financer des services dont ils n'ont que faire et dont on leur rebat les oreilles depuis des années. Ils n'attendront pas longtemps si on ne les écoute pas. Les plus «allumés» font déjà des plans. Ils veulent attaquer, mais ils ne savent pas trop comment. Peut-être qu'un début de solution consisterait à les faire participer à un effort qui les concerne, pour qu'ils sentent dans leur quotidien qu'ils ont une prise sur le monde dans lequel ils vivent. Ce serait déjà un petit rôle dans le grand plan d'ensemble.

Pourquoi pensez-vous qu'on vogue allègrement de gouvernement minoritaire en gouvernement minoritaire, tant à Québec qu'à Ottawa? Peut-être parce qu'on n'a pas grand-chose à proposer aux jeunes. Comment leur reprocher de s'en foutre? S'ils avaient, parmi les choix qu'on leur propose, un beau projet dont ils feraient partie, peut-être iraient-ils voter en plus grand nombre. Imaginez un vote massif des jeunes. Le paysage politique du Québec et du Canada changerait brusquement. Mais il ne faut pas leur demander de se déplacer au bureau de vote pour aller endosser une gestion pépère qui fait fi de leurs priorités. Le début d'une adhésion ne se produit-il pas souvent quand on sent qu'on peut contribuer à faire avancer une idée qu'on endosse? Voilà où ils en sont. De gré ou de force. Ne laissons pas filer pareille occasion.

Comment faire pour que les jeunes cessent de se considérer comme des laissés-pour-compte au bas d'une liste de priorités dont ils n'ont que faire? Commençons par ce qui les intéresse, comme tout le monde: leur facture d'impôt. Personne n'est indifférent à cela, même les plus jeunes, et ce, dès le moment où ils entrent sur le marché du travail. Il faut voir leurs yeux ronds comme des pièces de un dollar quand ils regardent avec incrédulité leur premier chèque de paye. Toute une douche d'eau froide!

Là encore, inspirons-nous des trouvailles des autres. Allons voir dans d'autres pays comment ils répartissent le fardeau fiscal de leurs citoyens. En taxant davantage la consommation et en allégeant en conséquence l'impôt sur le revenu. Il s'agit de tirer plus de revenus de la consommation des citoyens et moins de leur effort déployé au travail. **Taxer la consommation plutôt que l'effort.** Une autre évidence ? Pas chez nous, malheureusement. On s'en va même dans le sens contraire, à Ottawa comme à Québec, et c'est regrettable.

Plus on dépense, plus on paie de taxes. Il s'agissait d'y penser. C'est l'orientation que choisit un nombre croissant de pays, dont plusieurs sont cités à tort et à travers par les ténors de notre « gaugauche » frémissante. Ce faisant, on fout la paix au citoyen qui fait des efforts pour améliorer son sort en travaillant plus fort, en acceptant une promotion ou en étudiant davantage pour mieux préparer son avenir. Autant d'actions qui profitent à l'ensemble de la société et qu'on n'a vraiment pas intérêt à décourager.

Par la même occasion, ceux qui gagnent plus d'argent ont de bonnes chances d'en dépenser plus. Ils paieront donc plus de taxes que les gens à faible revenu, préservant ainsi notre principe d'équité tout en maintenant la progressivité du fardeau fiscal. Tout cela en répartissant beaucoup mieux ce même fardeau sur l'ensemble des citoyens, et pas seulement sur la moitié d'entre eux. Cela aurait aussi pour effet de rendre beaucoup moins intéressant le travail au noir pour ceux qui préfèrent profiter sans contribuer. Cela existe, même si c'est difficile de chiffrer ce phénomène. Ce qu'on en sait, c'est que cela représente annuellement des dizaines, sinon des centaines de millions de dollars.

Il ne faut pas oublier non plus que les baby-boomers devraient, en principe du moins, avoir des revenus plus élevés que les jeunes. Ils contribueraient donc davantage au financement des fameux services de santé dont ils feront un usage de plus en plus important à mesure que leur longévité s'accroîtra. Il serait intéressant d'y penser. Plusieurs pays adoptent cette approche. Évitons de répéter les erreurs des autres, tout en profitant de leurs bons coups.

Pourquoi taxer la création d'emploi et l'innovation ?

Puisque je vous parle du régime fiscal, aussi bien regarder tout de suite le système de taxation des entreprises.

Le système québécois impose modérément les profits des entreprises, mais frappe lourdement leur masse salariale, tout en maintenant **un vestige d'une autre époque, la taxe sur le capital** – même si un timide effort vient d'être fait à cet égard. Quand je parle de taxes sur la masse salariale, je pense à la contribution des entreprises au fonds de santé (qui peut atteindre plus de 4 % des salaires versés par les grandes entreprises), à leur contribution aux congés parentaux, à la Commission de la santé et de la sécurité du travail (CSST), et à biens d'autres taxes qui augmentent chaque fois que l'entreprise crée un nouvel emploi, même si elle ne fait pas de profits. Je reviens encore une fois sur le même principe de base : taxer l'effort plutôt que le résultat. Décidément, j'y tiens mordicus.

Pourquoi a-t-on choisi de procéder ainsi ? Parce qu'on a voulu, vers le début des années 1980, contrer les efforts des entreprises qui étaient tentées de déclarer leurs profits dans d'autres provinces ou dans d'autres pays moins gourmands que le Québec sur le plan fiscal. Le raisonnement était simple : facile d'exporter les profits, très difficile d'exporter les emplois. On frappait donc durement la masse salariale en supposant que l'entreprise n'avait d'autre choix que de payer la facture puisqu'elle pouvait difficilement déménager sa force de travail. Taxer le capital investi relevait de la même logique. Déménager l'usine, ce serait plus compliqué que de déclarer les profits ailleurs.

Autres temps, autres mœurs. À l'époque de la délocalisation des emplois, quoi de plus facile que de transférer la production et les emplois qui l'accompagnent dans un pays qui se satisfait de maigres revenus fiscaux. Sonnez le clairon, réveillez-vous ! Danger de pertes d'emplois et d'entreprises ! Et cela est déjà commencé. On peut lire régulièrement dans les journaux des histoires d'entreprises qui ferment leurs portes ici pour transférer leur production à l'étranger. Ou le cas d'autres entreprises qui embauchent à l'étranger pendant qu'elles font des mises à pied au Québec.

On devine facilement l'effet néfaste d'une telle politique fiscale sur la création d'emplois de qualité au Québec. La taxe sur le capital, qui a la vie plus dure au Québec qu'ailleurs, entraîne les mêmes effets sur notre économie. Les autres ont l'air d'avoir compris plus vite que nous.

Il faudra bouger rapidement et fonder l'effort fiscal de l'entreprise sur les résultats que lui valent ses efforts. Et non taxer l'effort indépendamment des résultats obtenus. C'est le même raisonnement que pour les individus, ce que je vous ai exposé dans la section précédente. Résultat : on assomme de taxes les entreprises en démarrage (malgré les quelques congés fiscaux accordés), et même l'entreprise qui traverse une période de grandes difficultés. Pas de profits, mais des taxes à gogo! Sans parler des contraintes énormes que fait peser la taxe sur le capital. Et que dire de l'imposition des successions quand une PME doit être passée d'une génération à l'autre et que le gain de capital est facturé au dernier survivant? Il arrive trop souvent que la génération suivante, parce qu'elle n'a pas les moyens d'acquitter la facture fiscale, soit forcée de vendre l'entreprise familiale à rabais. Une telle situation ne devrait jamais se produire. On fait tout pour freiner l'innovation et on se demande pourquoi la croissance de notre productivité traîne la patte.

Pourtant, il faudrait se rendre compte qu'en matière d'économie c'est un peu comme au baseball. Arrangez-vous comme vous voulez, il n'y a pas de partie nulle. La partie se termine quand il y a un gagnant. Le match n'a pas de limite de temps et le pointage est affiché au grand jour, aux yeux de tous les agents économiques locaux et étrangers. Leur décision d'investir dans notre équipe dépend de nos performances, telles qu'elles apparaissent publiquement. Ils observent nos talents, nos forces et nos faiblesses (capacité d'innover, éducation, encadrement réglementaire, habitudes de travail) et, surtout, notre volonté de gagner la partie.

J'aime beaucoup le slogan du Parti libéral, lancé en 2004 : « Briller parmi les meilleurs. » C'est tout à fait dans l'esprit de ce que j'essaie de démontrer. Ce que j'aime moins, c'est notre manque de détermination et notre refus de faire les efforts nécessaires pour briller, justement. Dans un monde qui rétrécit constamment, ces choses-là se savent vite. Jusqu'à l'autre bout de la planète.

Pour reprendre mon allégorie sportive, quel que soit le sport, les meilleurs travaillent plus fort que les autres. Les Tiger Woods au golf, les Roger Federer au tennis, les Zinedine Zidane au soccer ont tous une chose en commun : le titre de meilleur joueur du monde n'est pas le fruit de la chance ni d'un talent inné. Il est le fruit d'un travail acharné. Ces joueurs s'entraînent plus que les autres. Rappelez-vous la publicité avec Sydney Crosby : encore deux minutes... Le dernier à quitter la patinoire, le premier chez les compteurs : ça va ensemble. En matière de développement économique, c'est pareil.

Chez nous, on a trop souvent tendance à se dire qu'on n'est « pas si pires ». Il n'y a pas de médaille pour les « pas si pires », pas de championnat non plus. Attention, la conjoncture économique facile ne doit pas nous endormir. Cela pourrait bien avoir une fin, et plus vite qu'on le croit. Je pense même qu'on y est déjà. Pour en finir avec ma partie de baseball, on en viendra bien à gagner ou à perdre. Chose certaine, on ne s'en tirera pas avec une nulle qui ferait bien l'affaire pour l'instant... Moi, je préfère tout faire pour gagner. Et c'est maintenant que ça se passe.

Qu'en pensent nos jeunes ? On se rappellera qu'ils sont divisés presque moitié-moitié au sujet de la taxation de l'entreprise. Une moitié croit qu'il faut taxer l'entreprise minimalement afin qu'elle crée le plus d'emplois possible chez nous. L'autre moitié opte pour une taxation importante, mais seulement une fois la richesse créée par l'entreprise. Ce qui va tout à fait dans le sens de ce que je propose : laisser l'entreprise déployer tous ses efforts pour créer de la richesse chez nous et la soumettre alors à une participation raisonnable, basée sur les résultats obtenus. Et non pas taxer l'investissement nécessaire à l'innovation ni la main-d'œuvre essentielle aux activités de l'entreprise, et ce, avant même que les premiers résultats ne soient enregistrés, comme c'est le cas depuis plusieurs années chez nous.

Pourquoi ne pas imaginer un système fiscal axé sur la célébration et la récompense du succès comme nulle part ailleurs ? Une innovation qui séduirait le monde entier. Le Québec, terre d'accueil par excellence des entrepreneurs, des créateurs culturels, scientifiques et économiques.

Comment fait-on ça ? Encore une fois, l'Irlande peut nous en apprendre un bout là-dessus. Il y en a d'autres aussi. Qu'est-ce qu'on attend pour aller voir ce qui s'y passe ?

Oui, nous avons le droit de nous réjouir de nos succès. Nous avons le droit de fêter la réussite. Et même de l'encourager. Réussir, ça n'enlève rien à personne. Ce n'est pas un péché. Une autre découverte qu'il nous reste à faire chez nous.

Tiens, je me permets de lancer quelques idées là-dessus. On pourrait certainement creuser un peu plus. Pourquoi ne pas relever nos **incitatifs fiscaux** et **en étendre la portée sur une quinzaine d'années,** par exemple ? Pourquoi ne pas mettre au point un programme de réduction de la ponction fiscale applicable sur les succès réalisés chez nous par nos entreprises, pourvu qu'elles s'engagent à réinvestir 50 % des retombées dans les vingt-quatre mois suivant leur succès ? Réduire de combien ? Disons, de 50 % de leur niveau d'imposition actuel.

Quant aux entreprises familiales, qui peinent à passer le flambeau à la génération suivante, on pourrait favoriser leur pérennité en réduisant à leur endroit de 50 % la taxe sur les gains en capital, pourvu que cette épargne fiscale soit canalisée en nouveaux investissements dans l'entreprise dans les 36 mois suivant le transfert de propriété aux enfants.

Ce genre de programme pourrait s'appliquer à tous les nouveaux revenus des entreprises admissibles. Pourquoi ? Parce que c'est important de mettre l'accent sur l'innovation. Le Québec, en marche vers le titre de capitale mondiale de l'innovation… Pourquoi pas ? Pourquoi faudrait-il rêver petit quand on a de grands moyens ? Il s'agit d'en tirer le maximum en mettant à contribution toute la créativité dont nos jeunes débordent. Toute la créativité qu'ils tiennent mordicus à mettre en valeur. Ils nous l'ont dit et répété sur tous les tons. Donnons-leur une chance.

CHANTIER Nº 4

Inciter les Québécois à travailler et à innover grâce à un système fiscal axé sur le fruit de l'effort, c'est-à-dire arrêter de taxer de plus en plus les individus et les entreprises qui font des efforts pour gagner de l'argent et pour innover.

■ OBJECTIF

Obtenir le maximum de créativité et d'efforts de la part de la population et des entreprises québécoises.

■ COMMENT S'Y PRENDRE

Pour les individus :

- Réduire les taux d'imposition sur le revenu au niveau de la moyenne canadienne et compenser le manque à gagner en haussant en conséquence la taxe de vente provinciale.

Pour les entreprises :

- Abolir la taxe sur le capital. Le Québec est l'un des derniers États ou provinces à taxer l'entreprise qui investit dans de meilleurs équipements. Cela nuit lourdement à la capacité des entreprises d'ici de concurrencer et de créer des emplois.

- Réduire les taxes sur la masse salariale. Les entreprises québécoises paient plus de taxes sur les salaires de leurs employés que les autres entreprises canadiennes et américaines. Une autre façon de décourager la création d'emplois.

- Accroître en conséquence les taux de taxation sur les profits. Si on baisse les taxes sur les salaires, on pourrait hausser en conséquence les taxes sur les profits que les entreprises paient lorsqu'elles sont profitables. Sinon, c'est creuser la tombe des entreprises qui connaissent des difficultés et les inviter à sabrer dans les emplois.

■ ATTENTION !

Il ne s'agit pas de profiter de cette opération pour accroître les revenus de l'État, mais bien d'obtenir le même niveau de revenu en encourageant l'effort et l'innovation.

Des réactions ?

Venez poursuivre la discussion sur le blogue de l'auteur : **www.sionsymettait.com**

17

Miser sur l'or bleu

Modifier le système fiscal coûterait beaucoup d'argent. Comment trouver les fonds nécessaires, à une époque où les marges de manœuvre sont presque inexistantes, en attendant que notre future réputation fasse boule de neige sur la scène mondiale ?

D'abord, il faut être bien conscient qu'un système fiscal stimulant pour les entreprises innovatrices et créatrices de richesses, tout comme pour les individus les plus performants, ne coûtera pas cher longtemps. L'expérience l'a déjà démontré : un système gagnant s'autofinance rapidement. Les bonnes nouvelles se propagent rapidement, et toutes les entreprises dans le monde sont à la recherche de formules gagnantes. Pourquoi pas notre propre formule ?

En attendant, une voie parmi d'autres pour trouver de l'argent sans renier nos principes fondamentaux : **nationaliser l'usage économique de notre eau et en gérer efficacement l'exploitation.** Grâce notamment au fleuve Saint-Laurent, à ses majestueuses rivières et à ses lacs innombrables, le Québec possède une grande partie des réserves d'eau douce du monde. Vous ne le saviez pas ? C'est un des secrets les mieux gardés.

Plus de 3 % de la réserve mondiale d'eau douce se trouve ici. C'est énorme ! Ces réserves sont concentrées dans les rivières, la neige et les glaciers (70 %), dans le sous-sol (plus de 30 %) et dans les lacs et réservoirs (0,5 % approximativement)[22]. Cette ressource appartient aux générations futures, et elle se fera de plus en plus rare, c'est écrit dans le ciel. Nous n'en sommes que les dépositaires, ne l'oublions pas. C'est le pétrole de demain. Rien de moins ! L'or bleu est en voie de remplacer l'or noir. Mais cette fois, il s'agit d'un pétrole propre et, dans une très grande mesure, renouvelable, si nous le gérons intelligemment.

Bien sûr, l'idée de vendre notre eau suscite encore une certaine opposition. Mais déjà, presque une personne sur deux (47 %) juge cette idée acceptable, selon un sondage récent publié par le magazine *Commerce*[23]. Rappelons-nous à quel point les premiers débats sur l'exportation de nos surplus électriques, il n'y a pas si longtemps, ont été acrimonieux. D'ailleurs, ce sont encore les mêmes protagonistes qui tiennent les pancartes. Les slogans ont à peine changé. On fait dans le recyclage. Pourquoi pas ? Encore plus intéressant, 94 % des Québécois sont conscients de leur richesse en eau potable. Quant à savoir qui devrait avoir la responsabilité de commercialiser cette eau potable, près des deux tiers des répondants optent pour le gouvernement. Ce avec quoi je suis d'accord. Il s'agit d'une richesse nationale, non ?

Encore faudrait-il gérer notre eau de façon responsable. Or, depuis l'adoption de la politique nationale de l'eau au Québec, à l'automne 2002, plus de la moitié des orientations et recommandations sont restées lettre morte. Évidemment, ce sont les plus controversées, celles dont la mise en pratique demanderait le plus de courage. Mon inquiétude à cet égard vient du fait que nous ne savons pas si nous exploitons notre eau de façon durable. Contrairement aux mesures qui sont mises de l'avant pour vérifier régulièrement le niveau de nos réservoirs hydroélectriques, rien n'est fait pour nous assurer que nous n'abusons pas de nos nappes phréatiques, par exemple. C'est un vrai bar ouvert : tout le monde se sert sans que personne ne se préoccupe de vérifier si nous prélevons davantage de volume que ce que la nature nous donne.

Quand on possède une telle richesse, il faut la protéger. Je crois qu'il faudrait tout de suite s'assurer qu'on cesse de gaspiller l'eau, **en la tarifant de façon raisonnable.** On pourrait investir une partie du produit de cette opération dans les infrastructures d'épuration des eaux usées, qui en ont grandement besoin. L'avenir de notre « capital eau » passe par là. Il faudrait par exemple exiger de tout exploitant de notre eau qu'il détienne un permis comportant l'obligation de mesurer l'eau prélevée et de se conformer, si nécessaire, à des limites d'exploitation. Les municipalités dépassant un certain seuil de population devraient être tenues de munir leurs concitoyens de compteurs d'eau afin de tarifer l'utilisation de cette ressource collective.

L'eau, ça se renouvelle, mais ça se détériore aussi. Prédateurs sans scrupules, allez jouez ailleurs. N'hésitons pas. Affirmons-nous comme nous avons toujours su le faire dans les grands moments de notre jeune histoire. Une partie des recettes de la tarification de l'eau pourrait aussi servir à financer le manque à gagner temporaire (s'il y en a un) qui pourrait découler des changements que nous apporterions à notre régime fiscal. Attention, il ne s'agit pas de drainer encore plus d'argent dans les coffres de l'État. Il s'agit d'assurer le nécessaire équilibre entre revenus et dépenses, tout en remboursant une partie de la dette, comme je l'ai déjà expliqué.

L'eau est une ressource identitaire au Québec. Elle est, par excellence, la ressource qui nous distingue et dont la gestion transcende les générations. D'où l'importance d'une stratégie d'exploitation intelligente conçue dans l'intérêt de la collectivité. C'est le genre de piste que les jeunes favoriseraient certainement. **Lier leur avenir et l'environnement.** Une stratégie gagnante.

Hydro-Québec représente une première application convaincante d'une telle stratégie. Assurons-nous que cette réussite ne dérape pas. Rien n'est garanti en ce bas monde. Il faut demeurer vigilant. Mais il y a beaucoup plus à tirer de notre eau que de lui faire actionner des turbines. La beauté de la chose, c'est qu'une fois dépassée la turbine, cette richesse liquide poursuit son chemin, chez nous, dans tout le Québec. Alors que le pétrole, une fois brûlé dans le moteur, n'est plus qu'émanations plus ou moins toxiques. Quelle chance nous avons !

On ne s'en est pas encore rendu compte vraiment parce que l'eau, ça semble gratuit et inépuisable. Ce n'est plus le cas. Tant mieux pour nous, à condition de faire un usage pertinent de notre principale richesse naturelle. Les impératifs environnementaux nord-américains et même mondiaux nous convient à prendre conscience de notre chance. Un magnifique cadeau de la nature. Une piste en or pour nos jeunes et leurs enfants. Visionnaires demandés !

Le Québec, leader du développement durable, pourquoi pas ?

De façon plus globale sur le plan environnemental, comparez le Québec avec les autres provinces canadiennes. Aucune autre province n'a plus d'atouts que le Québec pour décrocher la médaille d'or dans le domaine de la protection de l'environnement, du développement durable et de la promotion des énergies nouvelles. Ce n'est quand même pas rien. Surtout que le développement durable risque de peser lourd dans le développement économique dans un avenir rapproché. De plus en plus de pays accordent une grande importance à cet enjeu qui touche toute la planète. En ce sens, je me réjouis de la mise en place prochaine d'une bourse canadienne du carbone à la Bourse de Montréal.

Notre emplacement géographique, notre expertise ainsi que notre potentiel hydroélectrique, nos infrastructures de transmission d'énergie dans les domaines de l'électricité et du gaz naturel, tout cela nous confère un avantage stratégique énorme dans le nord-est de l'Amérique du Nord. Les projets d'éoliennes se multiplient au Québec. Ajoutez à cela la réalisation potentielle des projets de ports méthaniers autorisés par le Bureau d'audiences publiques sur l'environnement (BAPE) et, plus récemment, par le Conseil des ministres, et il me semble que nous avons là un Québec champion dans la catégorie « bolés en énergie ». Et, encore mieux, en énergie propre.

Je vous fais une confidence. Je n'ai jamais compris pourquoi, alors que j'étais président du conseil d'administration d'Hydro-Québec, de 1996 à 2001, le gouvernement du Québec a refusé trois fois en cinq ans toute proposition d'augmentation des tarifs d'électricité. Les mêmes personnes, toutes plus vertes à l'écran qu'un pied de céleri, s'époumonaient en même temps à prêcher les vertus de l'efficacité énergétique. J'en ai certainement perdu un bout...

Jusqu'à ce qu'on me prouve le contraire, je vois dans ce genre d'opportunisme politique l'illustration parfaite d'un manque de cohérence qui coûte très cher aux Québécois. «Donner» à toutes fins utiles l'électricité, tout en prêchant l'efficacité énergétique équivaut, à mon avis, à distribuer les 40 onces de gin de porte à porte tout en prêchant la tempérance, le verre à la main! Le cauchemar du mouvement Lacordaire, qui pourfendait jadis les buveurs invétérés! L'électricité à rabais, c'est aussi le cauchemar de tout environnementaliste qui connaît le comportement humain. Faut-il encore le répéter, les gens réagissent avec cohérence aux signaux de prix, quels que soient les produits ou les services en cause. À part, bien sûr, le prix du sel et du poivre... et encore.

Donc, en matière d'énergie, soyons cohérents et visionnaires. Une grande partie de notre capacité future de créer une richesse durable passe par là.

CHANTIER N° 5

Faire d'une gestion responsable de l'eau un levier important de notre économie.

■ OBJECTIF

Utiliser notre principale richesse naturelle à bon escient pour créer une partie de la richesse qui manque au Québec et gérer notre trésor national intelligemment en pensant à l'avenir des jeunes. Attention, rien à voir avec l'exportation massive, à pleins bateaux ou par pipeline, de notre eau douce. Il s'agit plutôt de gérer intelligemment l'utilisation que nous faisons de notre eau, en retirant collectivement les retombées de son exploitation chez nous.

■ COMMENT S'Y PRENDRE

- Nationaliser l'eau douce au Québec et confier l'exploitation de cette richesse collective au gouvernement du Québec.
- Tarifer l'exploitation commerciale de l'eau et la soumettre à des obligations strictes (quantités prélevées, méthodes utilisées, etc.).
- Baliser les utilisations commerciales compatibles avec le concept de développement durable.
- Tarifer l'utilisation individuelle et familiale de l'eau dans les municipalités dépassant un certain seuil de population (par exemple 5 000 habitants).
- Affecter les capitaux ainsi réalisés à la mise à jour de nos infrastructures.

- Appuyer la mise en place de la nouvelle bourse canadienne du carbone à la Bourse de Montréal.
- Imposer une taxe provinciale sur le carbone d'ici deux ans, comme l'a fait la Colombie-Britannique dans son budget 2008-2009 (10 $ par tonne d'émissions). Une première au Canada.
- Donner suite aux recommandations de la politique nationale de l'eau, qui sont restées lettre morte depuis l'automne 2002.

Des réactions ?
Venez poursuivre la discussion sur le blogue de l'auteur : **www.sionsymettait.com**

18
Payer maintenant, vieillir plus tard

Un immense défi nous attend, je l'ai déjà dit. Nous allons manquer de jeunes.

Les sondages et les rencontres confirment que les jeunes sont parfaitement conscients du défi. Ils craignent d'être les dindons de la farce. Des dindons qui se feront plumer! On les comprend de chercher par tous les moyens à échapper aux conséquences de cette tendance lourde que ne renversera pas à lui seul le taux de naissance élevé de 2007. Et que n'aideront pas davantage notre performance lamentable dans le dossier de l'immigration et le résultat net de nos échanges avec les autres provinces canadiennes, surtout celles de l'Ouest.

Je doute beaucoup que les coûts de santé inhérents à la vieillesse se mettront à diminuer pour nous tirer d'affaire. Qui croit encore aux miracles? Comment croire qu'un grand nombre de baby-boomers, dont les seuls exploits sportifs se résument trop souvent à aller chercher une bière dans le frigo entre deux périodes de hockey, commenceront à faire du conditionnement physique et à remplacer les Pizza Pochettes et les poutines par le tofu et la luzerne?

On peut toujours rêver. Il n'en reste pas moins que les maladies chroniques liées à l'alimentation et aux habitudes de vie sont en croissance très rapide. Il n'y a qu'à examiner les statistiques sur le financement des médicaments liés à ces éléments pour se convaincre que les entreprises pharmaceutiques ne sont pas menacées de manquer de clients. Les «croûtés» baigneront dans le cholestérol et boufferont des médicaments contre le diabète avant de franchir de peine et de misère les lignes de piquetage pour aller se faire enterrer.

Henri-Paul Rousseau, président de la Caisse de dépôt et placement du Québec, rappelait aux membres du comité Shedleur, qui travaillait à l'été 2004 à la préparation des dossiers pour le Forum des générations, que le rapport entre la durée de vie active des Québécois et la durée de leur retraite sera bientôt négatif. Cela signifie que **nous passerons moins de temps sur le marché du travail que de temps à l'extérieur du marché du travail**. Nous serons donc plus longtemps inactifs qu'actifs !

Pourquoi ? Parce qu'on étudie plus longtemps, on commence à travailler plus tard, on prend sa retraite plus jeune et on vit plus longtemps. Au temps de mon grand-père Moïse, qui était fermier à Embrun, près d'Ottawa, les jeunes étaient dans le champ ou à la « facterie » avant seize ans, et pépère mourait sur son tracteur. On ne moisissait pas longtemps à l'hospice.

La cohorte de personnes de plus en plus âgées verra grossir ses rangs à vue d'œil. Et tant mieux si on tient à vivre longtemps ! Or, ces personnes âgées et très âgées auront besoin de soins aussi nombreux que coûteux. C'est un des phénomènes à la base du déséquilibre du financement d'un système de santé. Nous ne sommes pas les seuls dans cette situation, mais nous figurons parmi les populations du monde qui vieilliront le plus rapidement.

Minuit moins cinq

Un tsunami ? Non, mais il faut y voir. Ce **phénomène – prévu, annoncé, chiffré –** est une situation contre laquelle il est encore temps de nous prémunir sans laisser nos jeunes (qui ne veulent pas en entendre parler, d'ailleurs) se taper la facture de nos prothèses, de nos marchettes et de nos chirurgies de toutes sortes.

Comment faire pour y arriver ? Grosso modo, en payant maintenant une partie des dépenses que nous allons entraîner plus tard. Cela s'appelle s'assurer contre les risques qui accompagnent la perte d'autonomie. Mais encore ? Il faudrait créer un régime d'assurance contre la perte d'autonomie pendant que les baby-boomers peuvent encore trouver le chemin de la *shop* ou du bureau. À cet égard, il est minuit moins cinq. Nos politiciens n'ont malheureusement pas eu le courage de donner suite aux recommandations en ce sens, et certaines datent de presque dix ans. Il faut un certain culot pour dire que ce serait une bonne idée, mais qu'il est trop tard. Surtout de la part de ceux-là mêmes qui ont dormi au gaz quand il était encore temps de passer à l'action sans trop de douleur. On a perdu au moins une décennie à supputer, à nous cacher la tête dans le sable, parce qu'annoncer aux gens qu'on leur fera payer leurs factures à venir, ce n'est pas particulièrement vendeur pour aller chercher des votes. Après, on se surprend du fait que les jeunes n'accordent aucune confiance aux politiciens. Il sont jeunes, mais pas cons !

Il s'agit de mettre fin à notre traditionnel système *Pay as you go* pour les vieux et *Tax as you go* pour les jeunes. Au contraire, il faut éviter l'injustice intergénérationnelle qui frappera les jeunes si on continue de rêver à une solution miracle. De toute façon, il n'y a rien de rassurant pour nos vieux rhumatismes quand les jeunes nous disent qu'ils vont nous débrancher quand le pouvoir politique basculera en leur faveur. Aussi bien agir avant, pour le plus grand bien de tout le monde.

D'autres pays ont compris ça avant nous. La France, le Japon et l'Allemagne, par exemple. Les modalités sont différentes selon les pays, mais le principe est le même : s'assurer qu'on a les ressources suffisantes pour offrir à tous les citoyens qui en auront besoin les services que requerra leur état de santé le moment venu. Et aussi, ne pas refiler la facture uniquement aux jeunes qui seront sur le marché du travail à ce moment-là.

Techniquement, c'est très simple. On crée un régime d'assurance complètement distinct du régime d'assurance maladie ou du régime d'assurance hospitalisation. Un régime parfaitement indépendant, autonome, à l'abri des tentatives d'arrondir les fins de budgets à même ces fonds. Un régime placé sous la responsabilité de la Régie des rentes du Québec, qui en assurerait l'indépendance de gestion, comme elle le fait très bien pour les régimes publics de retraite des Québécois.

Tous les Québécois seraient appelés à verser une prime qui varierait en fonction de leur âge. Plus cher pour les plus âgés parce qu'ils contribueraient moins longtemps avant de toucher des prestations. Moins cher pour les jeunes dont les prestations ne seraient pas haussées de toute leur vie.

En contrepartie des primes versées, les personnes âgées de soixante-cinq ans et plus auraient droit aux services qu'exigerait leur état. Exactement comme elles reçoivent leurs prestations de retraite, sans égard aux budgets de l'État qui sont toujours défoncés. Sans devoir patienter sur une liste d'attente parce que le système ne fournit pas à répondre aux besoins. Une cotisation, une prestation garantie. On est loin des maigres services hypothétiques offerts par les CLSC, pour autant que votre perte d'autonomie se manifeste de 9 h à 17 h, du lundi au vendredi.

Les responsables du système établiraient le degré de perte d'autonomie de l'assuré, ce qui se traduirait par un seuil de prestation préétabli. C'est l'assuré qui recevrait la prestation et qui l'utiliserait selon ses besoins et ses préférences. L'assuré pourrait alors s'adresser à son CLSC, à une entreprise d'économie sociale, à une entreprise privée, ou même à un aidant naturel qui serait dûment accrédité pour obtenir des soins rémunérés.

Rien de plus simple. Rien de plus efficace. Combien de gouvernements faudra-t-il voir défiler pour régler ce grave problème qui se manifestera bientôt ? **C'est un des sujets qui fait le plus bondir les jeunes.** Voilà une solution qui a déjà fait ses preuves ailleurs et qui pourrait régler globalement ce que d'aucuns préféreraient traiter comme un tsunami en attendant que la vague submerge les jeunes... Après moi, le déluge ?

On vieillit tous au même rythme, une année à la fois. Nous sommes tous sur le même tapis roulant, sauf que, comme le rouleau de papier hygiénique, il se déroule plus vite quand il arrive à la fin. Une des réalités du vieillissement, c'est qu'avec le temps on devient de plus en plus prudent. Et même, plus conservateurs dans nos décisions. Nous savons que plus nous vieillirons, moins nous aurons de temps pour corriger nos erreurs, qu'elles soient politiques, financières ou stratégiques. Bref, moins on aura de temps pour se refaire, comme on dit.

En politique, le vieillissement se mesure en nombre d'années entre deux élections. Les échéances électorales raccourcissent les horizons de décision. Là aussi, on veut surtout éviter de gaffer, de faire des erreurs qui feront tache d'encre aux prochaines élections. Bien que dans la vie la prudence soit une qualité, le recours à l'imagination et aux nouvelles façons de faire les choses peut s'avérer tout aussi sage et même nécessaire dans un monde en changement perpétuel. Arrêtons d'avoir peur et agissons.

CHANTIER N° 6

Accélérer le développement des services pour les personnes âgées et assurer l'équité entre les générations en créant un régime universel et indépendant d'assurance contre la perte d'autonomie.

■ OBJECTIF

Faire payer aux baby-boomers les coûts importants qu'entraînera leur perte d'autonomie au cours des prochaines décennies et, du même coup, libérer les jeunes d'un fardeau fiscal qui serait une grande injustice en l'absence d'un tel régime d'assurance.

■ COMMENT S'Y PRENDRE

- Instaurer un régime d'assurance universel qui aurait pour mandat de supporter les coûts reliés à la perte d'autonomie chez les personnes âgées.
- Établir une échelle de cotisations en fonction de l'âge des personnes assurées, les cotisations augmentant avec l'âge de l'assuré.
- Mettre sur pied un système structuré d'évaluation du degré de perte d'autonomie chez les personnes assurées.
- Établir un montant de prestation en fonction du degré de perte d'autonomie.
- Offrir le choix aux assurés d'obtenir leurs services auprès des organismes compétents du secteur public, d'entreprises privées, d'entreprises d'économie sociale ou d'aidants naturels accrédités par les autorités responsables.

Des réactions ?
Venez poursuivre la discussion sur le blogue de l'auteur : www.sionsymettait.com

19

La productivité, pas seulement pour les lapins

La productivité, pour faire simple, comme disait mon oncle Lionel, c'est l'évaluation de ce qu'un travailleur est capable de produire dans une heure de travail. Donc, la productivité influe beaucoup sur le prix des produits et services. Dans notre propre marché, mais aussi quand nous vendons à des clients étrangers, à commencer par les Américains, qui ont acheté 81,2 % des exportations canadiennes en 2006. (Le sommet historique de 87,1 % date de 2002. Depuis, nos exportations diminuent année après année.)

Grosso modo, la part des exportations internationales québécoises vendue aux États-Unis par rapport à notre PIB suit la même trajectoire : 85,5 % en 2000 et 77,6 % en 2006. Bien qu'elle reste énorme, la proportion de nos exportations États-Unis/reste du monde suit une courbe décroissante. Plusieurs raisons expliquent ce phénomène, dont la concurrence accrue de pays comme la Chine, le Japon, la Corée et certains pays d'Amérique latine sur le marché américain, la montée de la valeur du dollar canadien et, dans une certaine mesure, nos succès sur d'autres marchés dans le monde (Europe de l'Ouest et Asie-Pacifique)[24].

Malgré l'importance de nos échanges avec les États-Unis, renforcés par l'application du traité de libre-échange, nous n'avons pas de droits acquis. Et les tentatives sérieuses que multiplient des pays comme la Chine, et bien d'autres, pour envahir nos marchés n'en sont qu'à leurs débuts.

D'ailleurs, le croirez-vous ?, le Québec est devenu un importateur net, lui qui était reconnu comme un grand exportateur. Depuis 2003, la balance importations-exportations est passée rouge. Nous importons plus que nous n'exportons. La seule façon de maintenir et de renforcer nos positions, et donc notre niveau de vie, est d'**accroître notre productivité**. Cela nous placerait en meilleure position pour améliorer nos coûts et, par conséquent, nos prix. Cela dit, où en sommes-nous ?

Depuis le début des années 1980, et plus particulièrement depuis le début de la dernière décennie, la croissance de la productivité est moins rapide au Canada qu'aux États-Unis[25]. Une augmentation annuelle moyenne de l'ordre de 1,5 % au Canada, contre 2,2 % aux États-Unis. C'est énorme parce que la différence a un effet composé. De la même manière que les intérêts composés sur vos placement s'additionnent et se multiplient d'année en année… mais à l'envers.

Toutefois, il y a plus. La croissance de la productivité dans les deux pays est attribuable à des causes complètement différentes. Au Canada, c'est **l'investissement en capital** qui a été le facteur le plus important de la croissance de la productivité du travail : plus de machines et d'équipements pour réaliser plus de production. C'est le cas de la production de pétrole dans l'Ouest, des forêts, des mines. Aux États-Unis, le principal facteur de croissance a été **l'amélioration de l'efficacité de la production**, due entre autres aux progrès technologiques. L'utilisation extrêmement répandue de l'informatique dans toutes les sphères d'activité, allant du commerce de détail à l'industrie aérospatiale en passant par le camionnage, en est un bon exemple.

Comment renverser la vapeur ?

Statistique Canada résume la situation de la façon suivante. Quand on considère toute la croissance de la productivité attribuable au travail (degré d'instruction, expérience, intensité au travail, etc.), et celle attribuable au capital, on obtient la productivité multifactorielle (PMF).

Or, la PMF représente 20 % de la croissance de la productivité au Canada et 53 % aux États-Unis, et ce, depuis les 45 dernières années. C'est ce qu'on appelle une tendance lourde et à long terme.

Sur une plus courte période, la croissance de la production horaire au Canada, de 2000 à 2006, n'a augmenté que du tiers de la croissance américaine. J'ai déjà dit que le Québec évite par la peau des dents le dernier rang des provinces canadiennes en matière de croissance de la productivité du travail ; il se classe en avant-dernière position. Plutôt que de nous lamenter sur notre sort, demandons-nous ce qu'il faut faire.

La dernière étude de l'OCDE sur la performance économique du Canada[26] met de l'avant **4 grandes constatations** :

1. *La capacité concurrentielle des marchés a un impact direct sur la productivité.* On observe que, partout dans le monde, plus un marché est concurrentiel, plus il est productif. Il y a quand même une certaine logique là-dessous. Les barrières au commerce, les restrictions à la concurrence, les protections artificielles n'ont rien pour améliorer l'innovation et la productivité. Cela est tout aussi vrai du marché des capitaux, du marché du travail que de celui des produits.

2. *L'investissement dans le capital humain, particulièrement dans l'éducation supérieure, constitue un facteur très important de la croissance de la productivité des pays qui mènent dans ce domaine.* Deux exemples : les États-Unis avec leur système universitaire de recherche de calibre mondial ; l'Irlande, dont le système d'enseignement supérieur a largement contribué à la croissance phénoménale de la productivité. C'est tellement important que les chercheurs dans le domaine concluent que l'appui au secteur universitaire, incluant la recherche et l'enseignement, constitue le moyen le plus efficace d'utiliser les ressources publiques pour promouvoir la croissance de la productivité. Ce n'est pas en sous-investissant dans nos universités que nous allons remonter la pente.

Beau message aussi pour des gouvernements qui croient avoir la sagesse nécessaire pour choisir des industries ou des entreprises « gagnantes » et concocter des programmes sur mesure pour les soutenir. D'autres ont essayé avec les mêmes résultats que nous avons obtenus lorsque nos gouvernements ont voulu jouer à Dieu le Père en personne.

3. *L'intensité de la recherche-développement par rapport ou PIB est importante, mais seulement si elle est combinée avec une infrastructure efficace de diffusion, à partir des grands leaders en innovation.* Le Canada et le Québec comptent un très faible pourcentage des innovations mondiales. Selon le World Intellectual Property Organization, le Canada se classe parmi les derniers pays industrialisés pour le nombre de brevets déposés par millions de dollars investis en R-D. De plus, 90 % de ces dépôts de brevets sont faits par des non-résidents, un des plus hauts taux du monde. Il faut donc que nous soyons constamment à l'affût des progrès technologiques mondiaux et que nos entreprises se donnent les moyens de les assimiler rapidement.

4. *L'élimination des rigidités institutionnelles qui freinent la croissance de la productivité est primordiale.* En effet, même des premiers de classe comme la Finlande et la Suède, qui ont des systèmes de conventions collectives très centralisés et qui comptent de très petits écarts entre les salaires des travailleurs peu et hautement spécialisés, avouent ouvertement que ces systèmes peuvent entraîner des impacts négatifs sur la croissance de leur productivité.

Des solutions sur mesure

Au-delà de ces grandes constatations qui intéressent tous les pays, l'OCDE a suggéré **particulièrement au Canada**[27] un certain nombre de politiques pour améliorer sa productivité. On peut relever **4 points principaux** :

1. *Accroître le niveau concurrentiel du marché canadien.* Comment ? Par une déréglementation plus poussée. Il reste encore beaucoup à faire, notamment dans le domaine des télécommunications, où plus de concurrence favoriserait une adoption plus rapide des technologies de l'information et de la communication (TIC). J'ai déjà dit que le Canada est très en retard par rapport aux États-Unis à cet égard. Pourtant, les TIC sont clairement reconnues comme étant un facteur d'accélération de la croissance de la productivité. C'est même la principale cause de l'avance américaine en matière de productivité.

Bien sûr, cela provoquerait une levée de boucliers épouvantable, mais il n'en faudrait pas moins réduire progressivement les offices de commercialisation qui limitent l'offre de certains produits. Le secteur agricole est largement protégé par ces pratiques qui entraînent des coûts importants pour les consommateurs. En éliminant ces pratiques, on favoriserait l'entrée sur nos marchés de producteurs novateurs, ce qui contribuerait à la disparition d'entreprises peu productives. Oui, je sais, on risquerait de revoir des tracteurs stationnés le long de l'autoroute 20 et devant le Parlement.

2. *S'attaquer rapidement à la sous-utilisation de nos ressources humaines.* Pensons au sous-emploi des immigrants, souvent même très qualifiés. C'est au Québec que les immigrants éprouvent le plus de difficulté à se trouver du travail : un taux de 18 % de chômage pour les immigrants au Québec, moins de cinq ans après leur arrivée, contre 6 % dans l'ensemble du Canada[28].

Il faut favoriser une intégration plus rapide des immigrants dans la population. L'OCDE suggère plusieurs moyens : de la formation linguistique, un soutien financier aux employeurs afin de leur donner une expérience de travail chez nous, de l'information ciblée sur les exigences des professions réglementées, du conseil individuel en développement de carrière, des programmes ciblés de recyclage, etc. Il faut cesser de penser que nous faisons un cadeau aux immigrants en leur donnant un coup de main pour s'intégrer au marché du travail. En agissant ainsi, nous contribuons à maintenir notre niveau de vie. Il faudrait que quelqu'un explique ça clairement à tout le monde. C'est loin d'être compris et partagé par l'ensemble de la population. Il faudrait réaliser qu'il y a des choses plus importantes pour nous que le port du voile ou du kirpan et l'épicerie casher…

Toujours sur le plan du capital humain, l'OCDE insiste beaucoup sur la nécessité d'améliorer les compétences de base de la population active. Les succès économiques de pays qui se retrouvent souvent aux premiers rangs dans divers domaines reposent en grande partie sur les compétences de base de leur population. C'est vrai de la Suède, de la Finlande, de l'Irlande, de la Suisse, et de combien d'autres pays. Nos lacunes en éducation, dont j'ai parlé abondamment dans la première partie de ce livre, pèsent lourdement sur notre capacité d'améliorer plus rapidement notre productivité. L'OCDE suggère donc d'étendre certains programmes d'assurance emploi aux travailleurs peu spécialisés qui s'absentent pour améliorer leur formation.

3. *Mieux gérer nos organismes et nos entreprises.* Selon l'OCDE, nous aurions avantage à étendre et à renforcer les programmes qui favorisent l'adoption de pratiques de gestion et de techniques d'excellence dans nos PME. Il s'agit de leur fournir de l'information de qualité sur les plus récents progrès technologiques dans leur domaine, de leur donner des conseils sur les façons de les mettre en œuvre dans leur entreprise. Il faudrait aussi les inciter à investir dans les TIC. Si nous arrivions à nous rapprocher des Américains en ce qui a trait au taux d'investissement par travailleur, nous serions en mesure de faire face à la mondialisation. C'est tout un programme, je le sais, mais c'est un programme utile, qui donnerait de bons résultats. Pourquoi ne pas mettre nos œufs dans le bon panier pour une fois ?

4. *Réduire et même éliminer, si possible, certaines rigidités institutionnelles qui freinent la croissance de la productivité.* Par exemple, les règles de l'assurance emploi ne devraient pas encourager les chômeurs à refuser des emplois dans les régions à forte croissance économique. La levée des barrières interprovinciales liées à la mobilité du travail serait une autre façon d'améliorer la productivité. Un travailleur de la construction du Québec devrait pouvoir travailler dans n'importe quelle autre province, sans tracasseries administratives. Un chauffeur de taxi de l'Ontario devrait pouvoir ramener un autre client vers Ottawa en revenant d'une course à Hull, de l'autre côté de la rivière. Il faudrait éliminer ces barrières réglementaires qui empêchent encore les banques canadiennes de se donner les moyens de concurrencer à armes égales les plus grandes banques du monde, et lever l'interdiction qui les empêchent de vendre de l'assurance dans leurs succursales. Bien d'autres « rigidités » n'ont plus leur place dans le contexte actuel de la concurrence mondiale.

L'épineux problème de la péréquation est maintenant réglé pour plusieurs années. Le Conseil de la fédération devrait maintenant s'attaquer à la levée des barrières interprovinciales qui nuisent au commerce et aux affaires d'un bout à l'autre du pays. Des ententes sectorielles existent déjà entre certaines provinces, notamment entre l'Ontario et le Québec, dans le domaine de la construction.

Toutefois, il faut aller beaucoup plus loin. Les premiers ministres de l'Ontario et du Québec ont tenu une rencontre à l'automne 2007 afin de lancer un processus en ce sens. Je dis bravo! Mais j'ajoute qu'on devrait les enfermer dans la même pièce (petite de préférence) et garder la clé dans nos poches aussi longtemps qu'ils n'auront pas réussi à s'entendre. Le domaine des compétences professionnelles me semble particulièrement indiqué pour commencer l'exercice. Souhaitons que la période de 2008-2009 nous permette d'abolir des règles qui n'ont pour seul effet que de nous rendre tous moins concurrentiels.

Si on s'y mettait…

CHANTIER N° 7

Hausser la productivité au rang d'hymne à la réussite, c'est-à-dire convaincre la population du Québec qu'il faut donner aux entreprises qui créent la richesse les moyens de le faire. Et, bien sûr, soutenir la mise en place des conditions propices pour le faire.

■ OBJECTIF

Faire en sorte que les produits fabriqués et les services offerts au Québec retrouvent leur compétitivité sur les marchés mondiaux et ainsi contribuer à la création de la richesse dont le Québec a besoin pour maintenir son niveau de vie.

■ COMMENT S'Y PRENDRE

- Éliminer les barrières réglementaires à la concurrence entre les provinces et ainsi créer un véritable libre-échange à l'échelle canadienne. Par exemple, permettre à tout Canadien de travailler n'importe où au Canada, indépendamment de sa province d'origine, à condition, bien sûr, de satisfaire aux exigences de sa profession ou de son métier. Harmoniser les règles d'enregistrement des entreprises et des corporations dans toutes les provinces. Harmoniser les règlements régissant le transport entre toutes les provinces.

- Utiliser de façon plus efficace les compétences des immigrants sur le marché du travail. Il est évident que certaines professions font preuve d'un corporatisme dépassé en bloquant systématiquement l'accès au marché du travail à des personnes qualifiées dans d'autres pays dont les systèmes de formation sont au moins d'aussi bonne qualité que les nôtres.

- Étendre les dispositions pertinentes du programme d'assurance emploi aux travailleurs peu spécialisés qui désirent améliorer leur formation, sans qu'ils soient lourdement pénalisés financièrement. Par exemple, on pourrait offrir à des travailleurs peu formés la possibilité d'améliorer leurs qualifications tout en bénéficiant d'un soutien financier adéquat. Ce n'est pas toujours le cas actuellement. Pourtant, on manque sérieusement de main-d'œuvre, entre autres dans les métiers reliés à la rénovation domiciliaire, où la demande est très importante.

- Renforcer les programmes qui favorisent l'adoption de pratiques et de techniques d'excellence dans les PME. Souvent, les petites et les moyennes entreprises n'ont pas les ressources nécessaires pour implanter chez elles des processus de production à la fine pointe de la technologie. Résultat : plusieurs d'entre elles sont évincées progressivement du marché et doivent fermer leurs portes en mettant leur personnel en chômage. Pourquoi ne pas leur offrir une aide pour leur permettre de financer l'innovation qui leur permettrait de maintenir leurs positions ?

- Éliminer les rigidités institutionnelles qui freinent la croissance de la productivité. Je parle bien sûr du labyrinthe bureaucratique qui décourage plusieurs entrepreneurs de se lancer dans la réalisation de projets qui requièrent une panoplie de permis. Dans bien des cas, il s'agit d'une véritable course à obstacles…

Des réactions ?

Venez poursuivre la discussion sur le blogue de l'auteur : **www.sionsymettait.com**

20
Oui à un système d'éducation performant

L'UNICEF a parrainé un concours destiné aux jeunes enfants, le printemps dernier. On leur demandait : « L'éducation, pour toi, c'est quoi ? » Le petit Simon, de Montels, dans le Languedoc-Roussillon, en France, a répondu ceci :

> « L'éducation, c'est un soleil pour la vie !
> Un chemin pour grandir
> Des fenêtres vers le monde
> Une porte sur le monde. »

Extraordinaire, non ? D'autres jeunes, inscrits au même concours, ont dit que l'éducation est la clé de la liberté. D'autres, plus vieux, croient que l'éducation, c'est ce qui permet aux enfants dans le monde de trouver leur place et de se donner un projet de vie. Et je pourrais vous citer encore plusieurs belles phrases de jeunes qui ont très tôt compris l'importance de l'éducation.

Jusqu'ici, j'ai écrit le mot « éducation » des dizaines de fois dans ces pages, et je n'ai pas fini de le faire parce que j'accorde une importance primordiale à ce sujet. Au point d'en faire ma priorité, loin devant toute autre préoccupation, dans ce projet orienté vers un Québec plus soucieux de l'avenir de ses jeunes, un Québec plus performant, un Québec plus équitable envers tous ses citoyens.

Victor Hugo a écrit : « L'ignorance est la nuit qui commence l'abîme[29]. » Des centaines d'années plus tard, le grand poète français a toujours raison. Particulièrement à une époque où l'épanouissement personnel et social, ainsi que la création de la richesse, passe obligatoirement par la connaissance. La qualité de l'éducation reçue démarque les gagnants des perdants. Souvent, avant même que la bataille ne commence, le sort en est jeté.

Sacré Charlemagne !

Aucune autre facette de la vie d'un individu, et d'une société, n'a plus d'importance que l'éducation. Améliorer le système d'éducation et en faciliter l'accès à tous, c'est faire le plus beau des cadeaux à chacun de nos concitoyens. C'est nous donner le meilleur moyen d'améliorer notre sort à titre de collectivité. **L'éducation, c'est la pierre angulaire de toute société florissante.** Et puisque nous venons tout juste de parler de moyens pour améliorer notre productivité vacillante, eh bien, oui, l'éducation arrive en tête de liste des réalisations des pays leaders dans ce domaine. Fruit du hasard ? Tous les organismes internationaux qui se sont penchés là-dessus sont du même avis. Épanouissement personnel et richesse collective sont directement fonction de la qualité du système d'éducation. Pas tous des cons, quand même !

À lui seul, le thème de l'éducation donne lieu bon an mal an à des dizaines, sinon des centaines d'ouvrages, chez nous et à l'étranger. Je ne me considère certainement pas comme un spécialiste en sciences de l'éducation. Toutefois, je ne crois pas non plus qu'il faille s'abstenir d'intervenir dans un domaine aussi crucial pour nos jeunes et l'ensemble de notre société, sous prétexte qu'on ne détient pas de diplômes spécialisés en la matière. Cela dit, je ne tenterai pas de m'immiscer dans les méthodes pour mieux apprendre à écrire ou à compter. Je m'en tiendrai au gros bon sens qui n'a pas toujours été l'apanage du ministère de l'Éducation, trop fragile aux modes et aux idées flyées. Ce que j'ai observé à titre de parent, d'employeur et de citoyen engagé dans plusieurs organismes de jeunes m'autorise largement à dire ce que je pense.

D'abord, commençons par l'approche générale. Rappelons-nous que c'est l'éducation qui a permis au Québec des années 1960 et des décennies qui ont suivi de sortir de son état de sous-développement intellectuel. Nous avons accédé, à la vitesse grand V, aux premiers rangs mondiaux dans une foule de domaines parce que nous avons éduqué convenablement un nombre de plus en plus élevé de jeunes qui se sont révélés au moins aussi futés que leurs collègues du monde entier. En ingénierie, en aéronautique, en informatique, en télécommunications, en services financiers, dans les multiples domaines de la culture, en médecine, et dans une foule d'autres secteurs d'activités, les Québécois n'ont pas attendu la mondialisation pour concurrencer et, dans plusieurs cas, pour battre à plate couture les meilleurs du monde. Pourquoi? D'abord et avant tout à cause de l'éducation qu'ils ont reçue.

À ce moment de notre histoire récente, l'éducation était la véritable priorité. Pas seulement dans les discours, mais aussi là où ça compte le plus: dans les budgets. Jusqu'à quel point? Un chiffre vaut parfois plusieurs mots. De 1960 à 1970, les investissements en éducation au Québec ont été multipliés environ par 10. Malgré le fait que le Québec était à bâtir dans presque tous les domaines, les dépenses en éducation ont connu un taux de croissance supérieur à l'ensemble des dépenses du gouvernement: 23 % en 1959; 32 % en 1964; 34,7 % en 1969[30]. Là, on parlait de priorité!

Mais ce n'est pas tout. Cette intervention massive a été accompagnée de messages cohérents avec l'effort financier déployé. La campagne «Qui s'instruit s'enrichit», dont se rappelleront sans doute les «croûtés» de ma génération, a puissamment sensibilisé la population au fait que l'éducation était l'outil par excellence de la promotion individuelle collective au Québec. Cette campagne invitait toute la population à participer à un effort gigantesque pour rejoindre les sociétés industrielles avancées. On valorisait le développement et le perfectionnement continus des ressources humaines à titre de moyen privilégié de croissance, de progrès et d'épanouissement. C'est sur la base de ce gigantesque effort que s'est érigé le Québec moderne.

Aujourd'hui, **l'éducation représente tout juste le quart des dépenses de programmes du gouvernement,** alors que les secteurs de la santé et des services sociaux en accaparent 44 %. Au cours des dernières années, la majeure partie de l'argent neuf que les revenus de l'État ont généré est allée à la santé. En 2007-2008, près des deux tiers de l'augmentation des dépenses de programmes ont profité à la santé (je ne parle même pas des services sociaux, qui sont laissés à eux-mêmes, mis à part quelques miettes jetées par-ci par-là), tandis qu'un peu plus du quart est allé à l'éducation. Quand on me dit que l'éducation est une grande priorité au Québec, je ne comprends pas. Les chiffres contredisent les discours.

Le dilemme

Je vais m'éloigner encore une fois de la rectitude politique, mais il faudra bien poser crûment la question un de ces jours : **allons-nous mettre notre argent en éducation ou allons-nous continuer à dépenser de plus en plus d'argent public pour la santé ?** C'est la question fondamentale. Du moins jusqu'à ce que nous ayons réussi à créer suffisamment de richesse pour nous permettre de faire les deux à la fois. Et, au fond, avons-nous vraiment le choix de laisser vivoter notre système d'éducation au profit de la santé ? Je crois qu'à défaut de donner un coup de barre en éducation, nous ne pourrons même pas continuer de multiplier les milliards nécessaires pour soigner décemment la population vieillissante.

Donner le coup de barre en éducation, cela veut dire beaucoup de choses, notamment :

- revenir à des ratios maître-élèves plus réalistes au primaire et au secondaire ;
- regarnir les bibliothèques scolaires de façon décente ;
- acheter des livres scolaires pour tous les enfants ;
- embaucher des spécialistes en fonction des besoins ;
- financer les cégeps adéquatement ;
- financer les universités afin qu'elles puissent concurrencer les autres universités canadiennes sur des bases comparables.

Je sais, je sais, ça coûtera cher. Mais j'ai dit et je répète que l'éducation doit redevenir la toute première préoccupation au Québec. Je ne vois pas comment réaliser un pareil virage sans investir une partie adéquate de nos ressources dans la formation des jeunes. L'opinion de ces derniers est très claire à ce sujet : complètement en désaccord pour financer à grands frais un système de santé dont ils n'ont que faire, mais désireux de financer un système d'éducation performant.

Où trouver tout cet argent ? En partie dans certaines des pistes d'action qui précèdent. Je reviendrai là-dessus en conclusion de ce livre. Tout est une question de choix. Et gouverner, c'est choisir…

Par où commencer ?

Il faut bien commencer quelque part. Regardons cela niveau par niveau. Ou si vous préférez le jargon moderne, pour chacun des ordres d'enseignement.

Commençons par les tout-petits, les centres de la petite enfance (CPE). Le Québec se distingue des autres provinces canadiennes par son programme de « garderies ». Bravo ! C'est une des caractéristiques positives que présente le Québec et qui a souvent été citée en exemple ailleurs au Canada pour la mise en place de ce programme, d'abord à cinq dollars par jour, puis à sept dollars.

S'il est un domaine où il ne suffit pas de donner de l'argent aux parents pour se débarrasser collectivement d'une responsabilité individuelle, c'est bien celui-là. Je crois qu'au cours de cette période si importante de sa vie, le petit enfant a besoin d'un milieu de vie qui facilite ses premiers pas vers une socialisation adéquate et le début d'un processus d'apprentissage qu'il faut souhaiter le plus complet possible. C'est toute la différence entre mettre sur pied un réseau digne de ce nom, avec du personnel compétent, et distribuer des subventions pour faire garder les enfants n'importe où, n'importe comment. Encore une fois, je dis bravo au Québec ! Et surtout, continuons à investir les fonds nécessaires pour assurer l'accessibilité au réseau à toutes les petites Québécoises et à tous les petits Québécois.

Une petite réforme avec ça ?

Je ne m'engagerai pas dans les méandres de la « réforme » mise en place au primaire. Je laisse aux spécialistes, aux enseignants et aux parents le soin de débattre des mérites et des faiblesses des dernières trouvailles en la matière. J'émettrai simplement un souhait : que les enfants en sortent gagnants.

Par ailleurs, je ne peux passer sous silence un certain nombre de faits qui, me semble-t-il, constituent des évidences qu'on s'efforce trop souvent d'ignorer. Je m'en tiens à ce qui me semble être le gros bon sens. Je sais bien que certaines choses ont été dites et redites. Et deux fois plutôt qu'une. On confond trop souvent dire et agir. Ce n'est pas parce qu'on a tenu un sommet, une commission ou des États généraux sur un sujet qu'on a réglé tous les problèmes. Sinon, le paradis aurait un nom : le Québec. L'atteinte d'un consensus n'a jamais réglé quoi que ce soit. En éducation pas plus qu'ailleurs. Nos tâtonnements le démontrent, de toute évidence. Je me permets donc de ramener sur le tapis une idée qui a été avancée, débattue et même parfois pourfendue : **valoriser l'effort, la réussite, la poursuite de l'excellence.**

Au primaire, les jeunes sont à l'âge de l'acquisition d'habitudes qui façonneront toute leur vie. Les bonnes habitudes comme les mauvaises. C'est le moment ou jamais de leur inculquer le sens du travail, de l'organisation et même, mot blasphématoire s'il en est, de la compétition. La vie est une compétition. Un employeur, un club de baseball, une troupe de théâtre, une faculté universitaire, un chef d'orchestre, ou n'importe qui placé en situation de choisir une personne parmi d'autres opte pour le meilleur candidat disponible. Pas pour celui qui s'est classé cinquantième. Il n'y a pas de médaille pour la cinquantième place. Même si le retardataire a fait un bel effort en tenant compte de son « vécu », de son « ressenti » et de son bon vouloir. Tant qu'à participer, pourquoi ne pas essayer de gagner ? Il n'y a pas de honte à cela.

C'est sur les bancs de l'école qu'on commence à apprendre la vie. Travailler fort mérite de bons résultats. Mais encore faut-il qu'il y ait des résultats évaluables et pas seulement des soleils, des nuages et des bisous sur un pseudo-bulletin qui ne veut plus rien dire. Même si je risque l'anathème, je persiste à croire qu'il faut que le jeune puisse se comparer avec ses copains. Qu'il puisse mesurer l'évolution de sa performance, d'une étape à une autre, notamment en fonction du groupe auquel il appartient et non seulement par rapport à son potentiel hypothétique fixé en état d'apesanteur, en vue de le protéger contre toute friction qui pourrait amocher son estime de soi. La vie se déroule rarement en milieu aseptisé où tout le monde il est beau, tout le monde il est gentil. Il faudra bien que l'école prépare aussi les enfants à la vie, non?

Quand j'entends raconter que les parties de billes sont permises dans la cour de certaines écoles à la condition que chacun reparte avec le même nombre de billes qu'il avait au début de la partie, les bras m'en tombent. Comment ces enfants sont-ils préparés à se mesurer aux multiples situations que la vie leur réserve, à commencer par la jungle qu'est la polyvalente?

À mon humble avis, c'est déjà au primaire qu'on commence à fabriquer des décrocheurs qui ne seront pas capables, quelques années plus tard, de faire face à la réalité. Je sais bien que cela n'explique pas tout le phénomène du décrochage, mais mettons au moins toutes les chances de réussir du côté des enfants. La résilience, comme la ténacité, ça ne se développe pas pendant qu'on rêve au père Noël et à la fée des étoiles...

Voilà pour le «comment». Cela peut sembler bien peu. Détrompez-vous: former en poursuivant le but de l'excellence, c'est tout un programme. Et tant qu'à y être, pourquoi ne pas en profiter pour communiquer à nos écoliers, dès le plus jeune âge, le sens de la passion. La passion de la connaissance. La passion du travail bien fait. La passion de la réussite. Rien d'extraordinaire, quel que soit le domaine, ne s'est accompli sans passion. Nos enfants n'en sont pas suffisamment conscients. Ils croient ce qu'ils voient sur l'écran de leur lecteur de DVD. Comment sauraient-ils que la victoire découle très souvent d'un brin de talent combiné à des efforts soutenus, à une volonté de gagner à toute épreuve, à des sacrifices librement consentis pour se hisser parmi les meilleurs. Le contraire de ce qu'ils observent habituellement au cinéma ou à la télé, où tout semble toujours trop facile. Combien se font prendre au rêve dangereux du système *Star*

Académie? Ils sont nombreux à s'imaginer sur un podium sorti tout droit de leurs rêves. L'école primaire est le meilleur endroit pour les mettre en contact avec la réalité. Il ne faut pas rater l'occasion. Plus tard, l'atterrissage sera de plus en plus difficile. Trop de jeunes ne s'en remettront jamais.

Il ne s'agit pas de faire de nos jeunes des obsédés de la domination à tout prix. Mais je persiste à croire qu'il y a un juste milieu entre le « manger mou » qu'on leur sert trop souvent par facilité et un encadrement spartiate. Un peu de bon sens ne nuirait pas.

J'avancerai seulement une idée qui a été émise il y a quelques années, par un sous-ministre de l'Éducation en France, dans le cadre de l'émission *Bouillon de culture,* de Bernard Pivot. Une idée qui m'a fasciné par sa simplicité, facile d'application et pleine de bon sens. Le sous-ministre disait ceci : « Pourquoi ne pas nous efforcer d'inculquer aux écoliers du primaire, je dirais d'abord et avant tout, les codes de base dans tous les domaines ? Apprendre à **lire** convenablement. Apprendre à **compter** efficacement. Apprendre à **parler** clairement et avec précision. Apprendre à **penser** avec rigueur. Apprendre les **éléments de la musique et des arts.** Apprendre **les codes de l'informatique,** etc. »

Et puisqu'on y est, je ne peux pas passer sous silence le règne de l'enfant-roi, à l'école comme à la maison. Les jeunes qui sont présentement sur les bancs de nos écoles primaires feront sans doute partie d'une des générations les plus sollicitées de l'histoire du Québec en matière d'exigences, de productivité, d'innovation, de courage et d'effort, compte tenu du poids démographique qui pèsera sur eux. Je suis préoccupé du fait qu'une partie de leurs parents (dans la vingtaine ou la trentaine) ne les préparent pas à ce qui les attend.

Les enseignants me disent à quel point le phénomène de l'enfant-roi est devenu préoccupant dans les écoles. Les enfants dont les parents courent se plaindre aux professeurs ou à la direction de l'école à la moindre contrariété que subit leur enfant. Chaque échec ou déception déclenche un tollé de protestations de la part de parents d'enfants surprotégés. Les témoignages à ce sujet sont légion dans le système scolaire.

Cela ne me semble pas très porteur de ne pas apprendre à ces enfants le courage, la résilience devant l'adversité ou tout simplement la capacité de régler leurs problèmes. Mon point de vue là-dessus, c'est que les parents doivent devenir les complices des enseignants qui font tout en leur pouvoir pour éduquer leurs enfants. Quelle profession noble et combien difficile aujourd'hui ! Ces hommes et ces femmes ont la responsabilité de former la génération de demain et ils méritent tout notre soutien. L'école n'est pas un Club Med et les enfants doivent y vivre leurs premières contrariétés, même leurs premiers échecs à l'occasion. Je ne crois pas qu'appuyer son enfant soit synonyme de prendre fait et cause pour lui contre son enseignant. Cela ne me semble pas aller dans l'ordre naturel des choses… Encore là, un peu de bon sens ne nuirait pas.

Pas si secondaire que ça

Le secondaire. L'étape de tous les cauchemars, pour les parents, pour les enseignants, mais probablement encore davantage… pour les ados.

Il n'y a qu'à relire le rapport Parent[31], inspiration de notre système d'éducation moderne, pour nous rendre compte à quel point le système a dérapé en regard des intentions de ses concepteurs. Je ne suis pas en train de dire que l'application intégrale des recommandations du rapport Parent aurait permis d'accomplir des miracles. Quarante-cinq ans plus tard, on regrette autant d'avoir appliqué certaines recommandations que de ne pas en avoir appliqué d'autres… C'est dire l'état d'esprit.

Le rapport Parent recommandait qu'au secondaire tous les élèves (de douze à dix-sept ans) soient réunis dans une école unique qu'on appellerait « polyvalente », et cela, en rupture avec les écoles secondaires, les écoles spécialisées, les écoles de métier, les écoles d'enseignement technique, les collèges classiques, qui se partageaient les clientèles selon leurs missions respectives.

Pourquoi une polyvalente ? Parce que cette école unique offrirait pratiquement toutes les formations, où les élèves pourraient s'orienter progressivement vers un métier ou une profession, selon leurs aptitudes, leurs goûts, leurs désirs de gagner leur vie de telle ou telle façon. On allait y pratiquer une pédagogie active, par opposition à un enseignement magistral. L'élève apprendrait à son rythme en travaillant en collaboration avec ses camarades plutôt qu'en étant à l'écoute du maître qui, jusque-là, enseignait la matière à des élèves qu'on disait plutôt passifs. Les polyvalentes seraient de taille suffisamment grande pour y concentrer toutes les spécialités et les équipements voulus, mais pas trop grande pour éviter que les enfants s'y perdent.

On parlait de polyvalentes d'environ 1 500 élèves, où on transporterait les élèves plutôt que de multiplier les petites écoles incapables de réunir toutes les spécialités. On s'assurerait d'y maintenir un système de titulariat durant les premières années afin de permettre aux élèves de s'adapter progressivement à cette grande école où l'encadrement se trouverait forcément réduit. Pour les dernières années, un système de tutorat était prévu.

Chacun allait évoluer dans cette grande école polyvalente en fonction de ses aptitudes et de ses capacités. L'école allait aussi préparer ses élèves à la vie en faisant en sorte que personne ne la quitte sans avoir un minimum de formation professionnelle. Je pourrais continuer ainsi à vous citer le rapport Parent. Bien sûr, nous étions alors au début des années 1960.

C'est fou ce que tout cela semblait être une bonne idée. Je me souviens d'une série d'articles à l'époque dans *The Globe and Mail*, qui concluaient que, si le Québec adoptait les recommandations du rapport Parent, il se retrouverait ou bien avec le meilleur système d'éducation du monde, ou… avec le pire.

Pourquoi le système a-t-il dérapé ? Je ne sous-estime pas le moins du monde la réussite enregistrés, notamment les gains spectaculaires réalisés en matière d'accessibilité à l'éducation. Aucun doute là-dessus. Aucun doute sur la réussite de certains élèves dans le cadre de concours internationaux. Rappelons-nous les excellents résultats de nos élèves de quatrième secondaire aux examens du Programme international (PISA) mené par l'OCDE. Je redis bravo. Aucun doute non plus sur le crédit qu'il faut donner aux enseignants, généralement compétents et dévoués. Les enseignants du secondaire méritent notre plus grande admiration pour avoir réussi à sauver les meubles dans des conditions qui n'ont fait que se détériorer de décennie en décennie. Un peu comme les infirmières dans le système de santé.

Ce n'est pas dans ce registre que le système a échoué. Même si certains éléments de la formation des maîtres méritent d'être revus. Par exemple, je n'accepterai jamais le fait que certains enseignants n'arrivent pas à s'exprimer dans un français convenable.

Malgré quelques succès, le système a provoqué des désastres qui ont pour nom abandon scolaire, analphabétisme (même chez des détenteurs d'un diplôme d'études secondaires), pénurie sévère de main-d'œuvre dans certains métiers, faible taux d'accession aux études postsecondaires, et toute la liste de problèmes reliés à l'éducation que vous connaissez aussi bien que moi. C'est donc aux étages supérieurs du système qu'il y a eu dérive. Et quelle dérive !

Bien sûr, l'école s'inscrit dans un milieu social donné et il faut bien reconnaître que certains problèmes attribués au système d'éducation relèvent tout autant des carences de notre société. Évidemment, c'est plus facile de s'attaquer au système d'éducation que de soigner une société dans son ensemble. Mes propos ne doivent donc pas être considérés comme une attaque contre l'école, mais plutôt comme le fruit d'une réflexion personnelle et d'échanges avec les jeunes, leurs parents et des enseignants dans le seul but de tenter d'améliorer les choses. Rien de plus.

Mais, justement, qu'est-ce qui a bien pu foirer ? Les auteurs du rapport Parent avaient fait quelques mises en garde. Une des plus importantes concernait l'orientation des élèves dans un système qui, pour être ouvert et justement polyvalent, n'en risquait pas moins de les placer trop tôt en situation de devoir faire des choix irréversibles. Si cela devait arriver, les jeunes se fermeraient déjà des portes à l'âge où le monde avec ses innombrables possibilités devrait encore leur appartenir. Eh bien, cela est malheureusement arrivé. Et, bien sûr, aux dépens des jeunes.

Le rapport Parent soulignait la nécessité d'une orientation scolaire prudente. On rappelait qu'une démocratisation réelle de l'enseignement exige, en plus d'un enseignement accessible à tous, une orientation de chacun vers le genre d'études qui correspond à ses goûts et à ses aptitudes. On précisait qu'au-delà du rôle de l'élève lui-même dans sa propre orientation, de ses parents et de ses éducateurs, l'orienteur devait tenir compte dans son travail de tous les facteurs scolaires et extrascolaires. Mais quand un orienteur doit s'occuper de milliers d'élèves répartis dans plusieurs polyvalentes, comment s'attendre à ce qu'il réussisse à faire un travail efficace, malgré toute sa compétence et sa bonne volonté ?

Comme tout le reste, les services d'orientation, pourtant déjà faiblement pourvus au départ, se sont dégradés au rythme des compressions budgétaires qui ont frappé les écoles. Et que dire des pseudo-cours de choix de carrière trop souvent attribués à des enseignants mal préparés, pour la seule raison qu'il fallait leur ajouter des cours pour compléter la tâche prévue dans la convention collective.

Je vois dans cette lacune extrêmement importante une des causes du désarroi d'un grand nombre d'élèves du secondaire complètement laissés à eux-mêmes à un point tournant de leur vie où ils auraient particulièrement besoin de soutien et même de guides. Je vois aussi dans cette lacune une des causes du taux déplorable d'abandon scolaire au Québec. Comment convaincre un ado de persister dans ses études s'il ne sait même pas où tous ses efforts le mèneront ? Je vois dans cette carence une des causes du tâtonnement d'un grand nombre de cégépiens dont le taux d'abandon est beaucoup trop élevé, sans parler des autres qui parviennent à décrocher un diplôme dans le double du temps requis, après avoir hésité entre plusieurs voies qui n'ont souvent rien à voir l'une avec l'autre.

Certains diront probablement que nous n'avons pas d'argent pour mettre sur pied de véritables services d'orientation dans nos écoles secondaires. Je répondrai tout simplement que la société québécoise aurait tout avantage à investir dans de tels services plutôt que de payer la lourde facture de l'abandon scolaire au secondaire et au cégep, ainsi que celle qui découle des interminables changements d'orientation en cours d'études collégiales, comme cela se fait maintenant à une échelle déraisonnable.

Rappelons-nous simplement le faible taux de diplomation dont j'ai déjà parlé, et cela, même si on accorde un délai beaucoup plus long pour obtenir un diplôme.

Les nombreuses contraintes découlant du nouveau système (taille des écoles, diktats des horaires des autobus jaunes, relations sporadiques entre élèves et enseignants, etc.) ont eu tôt fait de rendre futile toute tentative de création de liens significatifs entre les élèves et les enseignants dans un très grand nombre d'écoles. Les résultats ne sont que trop évidents. Encore là, les élèves qui auraient eu le plus besoin de cet encadrement ont été laissés à eux-mêmes. Est-ce la cause de certains abandons scolaires? Il y a fort à parier que oui.

Au-delà de tous les sommets, de toutes les réformes, de toutes les modes, de toutes les trouvailles, un fait demeure: l'enseignant est au cœur du succès dans l'acte d'éduquer. Un système d'éducation vaut ce que valent ses enseignants. Évident, me direz-vous? Pas tant que ça.

Notre système d'éducation a été ballotté au gré des multiples réformes, changements, bouleversements qui ont littéralement pris en otage des générations d'élèves. Que dire des enseignants dont un grand nombre ont obtenu leur diplôme il y a de nombreuses années et qui n'ont eu que très peu accès à une formation structurée. Comme si le fait de passer d'une méthode à une autre sans le moindre rafraîchissement de leurs connaissances allait de soi.

Bien peu de professions ont eu à subir autant de changements. Bien peu de professions ont été privées à ce point des outils dont leurs membres ont besoin pour faire leur travail. Un peu comme si, quand on a modifié le Code civil au Québec, on se soit attendu à ce que les avocats aient instantanément la science infuse «modifiée».

Il est évident que la formation continue est aujourd'hui indispensable au maintien de toute pratique professionnelle. La profession d'enseignant n'échappe pas à cette réalité. Cela est particulièrement vrai au moment où cette profession traverse une véritable crise d'identité. Le contexte social fait en sorte que l'enseignant peut de moins en moins s'en remettre à l'imposition de normes rigides. Le monde a changé en profondeur. Et c'est tant mieux à bien des égards. En revanche, comment faire adéquatement son travail quand on a été formé il y a vingt ou trente ans, dans une société qui n'a plus rien à voir avec le monde actuel ?

Fernand Dumont a dit que l'enseignant de l'avenir sera un interprète critique et un transmetteur de culture[32]. J'ai rencontré des enseignants qui s'épanouissent parfaitement dans cette profession devenue beaucoup plus difficile à exercer que ce n'était le cas au moment d'écrire le rapport Parent. La profession d'enseignant a grand besoin d'un message positif à une époque où les fondements mêmes de l'école sont remis en question et où les balises sont particulièrement floues.

Pour ma part, je demeure tout à fait convaincu que l'école remplira d'autant mieux son rôle dans notre société en mutation constante que l'enseignant redeviendra le cœur même de la démarche d'enseigner. Comme c'était le cas il y a longtemps, alors que le « maître » et la « maîtresse » d'école avaient un statut social et professionnel qui en faisait des acteurs très importants dans notre société.

Bien sûr, les temps ont changé. Mais la nécessaire relation entre l'enseignant et l'élève est plus que jamais d'actualité, même si le système se dresse trop souvent entre les deux. Faisons confiance à ces personnes qui ont choisi d'éduquer nos enfants. Elles méritent toute notre admiration pour avoir choisi de pratiquer une des professions qui a le plus d'influence sur la société dans laquelle vivront nos enfants. Encore faut-il donner à ces hommes et à ces femmes les moyens d'assumer leurs responsabilités en les épaulant le mieux possible dans le changement. Peut-être faudrait-il ralentir les ardeurs des « ogues » qui se sont fabriqué une niche au ministère et laisser travailler en paix les éducateurs qui ont été formés pour enseigner. Eux ont le grand mérite de fréquenter quotidiennement les jeunes, ce que bon nombre de « grands spécialistes » n'ont pas trouvé utile de faire avant d'intervenir dans des milieux qui, trop souvent, leur sont parfaitement étrangers.

Les cégeps : une découverte *made in* Québec

Les collèges d'enseignement général et professionnel sont une autre créature du rapport Parent, cette fois une exclusivité québécoise. Après un départ plus politique que pédagogique, ils ont pris leur place dans le système d'éducation québécois à plusieurs titres.

Les cégeps sont devenus avec le temps des agents de développement et de culture incontournables dans les régions. Ils contribuent de façon très importante à faciliter l'accès aux études postsecondaires à des élèves qui n'ont plus nécessairement à quitter leur région pour poursuivre leurs études (à la condition, bien sûr, que le cégep local offre les cours désirés). Leur présence et leur fonctionnement permettent même à certaines régions de conserver leurs compétences et d'en attirer d'autres. Le cégep est souvent un pôle de rayonnement culturel dont les activités rejaillissent sur tout le territoire qu'il dessert.

Sur le strict plan éducatif, le taux de succès est très variable, d'un cégep à un autre, notamment selon qu'on s'adresse au secteur général ou technique. Particulièrement au secteur technique, les taux de diplomation sont nettement insuffisants. Au secteur général, les taux d'abandon sont très élevés et les durées de parcours souvent beaucoup trop longues. Plusieurs croient que le cégep écope des failles propres aux niveaux (ou aux ordres) antérieurs dont je viens de parler. Ils n'ont probablement pas tort.

Toutefois, les cégeps contrôlent le degré d'exigences et de rigueur auxquels ils s'attendent de leurs élèves. Plusieurs jeunes nous ont dit leur déception lorsqu'ils ont constaté à quel point certains collèges abaissent leurs exigences à des seuils inacceptables. Ce sont alors les élèves qui sont le plus lourdement pénalisés, particulièrement ceux qui abordent des études universitaires sans avoir la préparation nécessaire.

Selon ces jeunes, les cégeps sont trop souvent victimes d'une « gestion par popularité » (on gère pour faire plaisir à tout le monde, sans oser s'attaquer aux vrais problèmes) afin d'éviter des affrontements qui pourraient être dérangeants. Un problème bien québécois… Il y a certainement des efforts à faire à cet égard.

Il me semble toutefois plus intéressant de bâtir sur les réalisations plutôt que de rêver à un nouveau système qu'il faudrait concevoir et implanter d'un bout à l'autre. Pourquoi alors ne pas investir les sommes nécessaires pour permettre à nos collèges de fonctionner avec des moyens à la hauteur du rôle qu'on leur a confié ? Les responsables du secteur collégial ont déjà chiffré leurs besoins et ont fait de nombreuses représentations à ce propos auprès des autorités compétentes. Là encore, tenter de faire des économies déraisonnables en éducation équivaut souvent à ajouter aux coûts sociaux et économiques que la collectivité doit soutenir de toute façon. Il ne s'agit pas de gaspiller les fonds publics non plus. Mais il y a certainement moyen d'arriver à chiffrer les véritables besoins des collèges. Donnons-leur ces moyens et assortissons la démarche d'une responsabilité réelle.

L'université : une boîte à cours

Côté universitaire, le Québec est engagé sur une pente dangereuse. Nous sous-finançons gravement nos universités en regard des standards nord-américains dans ce domaine. Cette faiblesse comporte un coût social et économique énorme.

La recherche universitaire perd en quantité et en qualité. L'université en est réduite à transmettre des connaissances qui ne se renouvellent pas au rythme d'aujourd'hui. On fait appel à un nombre toujours croissant de chargés de cours qui ne font pas de recherche et qui n'offrent aux étudiants aucun encadrement. C'est tragique dans une société qui se doit de maintenir et même d'accroître sa capacité d'innover. L'université a un rôle très important à jouer à cet égard. Or, nos universités sont en train de devenir d'immenses boîtes à cours et perdent de vue, à un rythme affolant, leur mission première.

Les étudiants québécois sont les premiers et les plus grands perdants de ce recul navrant de nos institutions d'enseignement supérieur. Ce sont eux qui en paieront le prix en premier lieu et toute la société québécoise par la suite.

Sans m'étendre longuement là-dessus (j'en ai déjà parlé abondamment dans les chapitres précédents), je demeure convaincu que les étudiants québécois devraient contribuer davantage au financement de l'enseignement universitaire. Ils sont les plus grands perdants de la détérioration actuelle de la qualité de l'enseignement universitaire. Ils seraient les plus grands gagnants d'une amélioration de cette qualité. Voilà deux bonnes raisons pour les amener à comprendre où se situent leurs avantages. Le Québec aurait tout intérêt à s'élever au-delà des guéguerres idéologiques dans ce domaine comme dans tant d'autres et à revenir sur terre.

Je compléterai mes commentaires concernant l'éducation dans la partie de ce livre consacrée aux entreprises. Je crois en effet que le monde des entreprises a aussi un rôle important à jouer dans l'amélioration de notre système d'éducation.

CHANTIER N° 8

Éduquer pour éveiller, cultiver, faire performer et préparer les générations suivantes à la vie et aux immenses défis du Québec.

■ OBJECTIF

Redonner un système d'éducation qui livre la marchandise, c'est-à-dire qui enseigne les bonnes matières, qui contrôle efficacement ce que les élèves et les étudiants ont appris et qui prépare à la vie dans une société moderne, compétitive, et ouverte sur le monde.

■ COMMENT S'Y PRENDRE

- Investir en éducation les sommes requises pour que ce secteur soit la priorité du Québec. Parler de priorité sans que cela ne se reflète dans les budgets, c'est rire du monde !
- Assurer l'accès aux centres de la petite enfance à tous les enfants.
- Remettre la compétition à l'ordre du jour dans les écoles. Gagner et perdre parfois, ça fait partie de la vie.
- Rétablir, dès le début du primaire, des bulletins qui permettent aux enfants de comparer leurs résultats à ceux de l'ensemble de leur groupe et aux parents de suivre l'évolution scolaire de leurs enfants.

- Revoir les programmes d'enseignement au primaire afin de s'assurer que les enfants apprennent à penser, à compter, à s'exprimer et à fonctionner adéquatement dans une société moderne.

- Doter les écoles secondaires de services d'orientation à la mesure des besoins des élèves. Rien à voir avec les services rachitiques qui sont offerts actuellement. Ce qui n'est pas une critique à l'égard des orienteurs, mais plutôt à l'égard d'un service dramatiquement sous-financé.

- Rétablir un véritable système de titulariat pour les première, deuxième et troisième secondaires, et de tutorat pour les quatrième et cinquième secondaires. Cela sous-entend qu'il faudra prendre des responsabilités. Eh oui, enseigner implique de prendre des responsabilités. C'est comme ça.

- Établir un véritable système de formation continue pour les enseignants afin de maintenir leur seuil de compétence en fonction des besoins du système d'éducation. Et, bien sûr, assurer le contrôle, tout au long de la carrière des enseignants, du maintien d'un degré de compétence suffisant non seulement pour qu'ils soient à jour sur le plan des connaissances, mais aussi pour qu'ils puissent mettre en application efficacement les multiples réformes qu'on instaurera sans doute encore au fil des ans. C'est de l'avenir de nos enfants qu'il s'agit.

- Financer adéquatement les cégeps et associer ce financement à un système fonctionnel permettant d'appliquer les principes de responsabilité (cette obligation de rendre des comptes appelée souvent « imputabilité »). En clair, exiger que les enseignants enseignent, encadrent les élèves et fassent de la recherche (je parle particulièrement du niveau universitaire et, dans certains cas, des cégeps) et que les élèves fassent la preuve du degré d'acquisition de connaissances qu'atteste leur diplôme. Ça vous semble évident ? Pas sûr...

- Porter le financement des universités québécoises au même échelon que celui des universités canadiennes et mettre en place un système de responsabilité. Je suis d'accord avec la thèse du sous-financement. Je le suis moins avec l'assurance tranquille dont on fait preuve lorsqu'on parle de saine gestion des universités. Des exemples récents en témoignent, notamment à l'UQAM, dont l'incurie en gestion de projets nous coûte cher... Mais il serait sage de regarder ailleurs aussi. Et surtout, cela n'a rien à voir avec la liberté universitaire qui sert trop facilement de paravent en matière de gestion. Il n'est pas question de dicter ce qu'il faudrait enseigner. Il est question de gérer adéquatement des centaines de millions de dollars.

- Hausser les droits de scolarité du premier cycle universitaire à l'échelle de la moyenne canadienne, sur une période de cinq ans.

- Donner la liberté aux universités d'établir leurs propres tarifs pour les études de deuxième et de troisième cycle (maîtrise et doctorat), de façon à les inciter à offrir une formation de la plus grande qualité possible.
- Établir des tarifs différents en fonction du coût des études poursuivies et des revenus escomptés par la suite par les étudiants (plus cher pour étudier en médecine, par exemple, qu'en littérature ou en philosophie, parce que ça coûte plus cher pour former les étudiants et que ceux-ci auront des possibilités ensuite de gagner plus d'argent). Un juste retour des choses. Pour éviter les abus, on pourrait fixer un maximum d'augmentation à 15 % par année pendant cinq ans.
- Améliorer le système de prêts et bourses afin de s'assurer qu'au Québec, aucun étudiant répondant aux critères d'admission ne se voit interdire l'accès aux études supérieures en raison d'un manque d'argent. D'une part, cela suppose que les universités devront utiliser une portion plus importante de l'argent qu'elles reçoivent dans le cadre de campagnes de financement dans leur communauté pour venir en aide à ces étudiants qui en ont besoin et, d'autre part, que l'État se porte garant d'une somme plus importante de prêts aux étudiants pour financer leurs études.

Des réactions ?
Venez poursuivre la discussion sur le blogue de l'auteur : **www.sionsymettait.com**

21

Sortir le marché du travail des soins intensifs

J'ai déjà dit à quel point il est important pour le Québec de se donner un environnement d'affaires plus compétitif. Le grand problème, c'est qu'on ne crée pas suffisamment de richesse pour arriver à payer la facture du système que nous aimons bien, mais qui coûte très cher.

Ce système, les jeunes l'aiment bien eux aussi. Mais les jeunes sont comme nous : ils ne tiennent pas à être délestés de la moitié de leurs revenus, victimes d'un État prédateur, de plus en plus vorace. D'autant plus qu'ils ne tiennent pas particulièrement à s'échiner au travail. Du moins au sens où nous, les « croûtés », entendons la réalité du travail.

Devenir riche sans travailler trop fort

C'est évident qu'il y a un hic. Et un gros ! La création de la richesse, ça passe *nécessairement* par le travail. Si vous connaissez une recette secrète pour créer de la richesse sans travailler, passez-moi le tuyau. D'ailleurs, il y a un lien direct entre la création de la richesse dans un pays et l'ardeur au travail de ses citoyens ainsi que la performance des technologies qui sous-tendent leurs efforts au travail.

Nous avons déjà vu que le Québec est en bonne voie de se tailler une place de choix au palmarès des derniers États nord-américains en matière de création de la richesse. En nous forçant encore un peu, nous pourrions finir par être les derniers.

En bref, notre revenu moyen représente environ 80 % du revenu moyen des Ontariens ; 70 % du revenu moyen des Américains. Notre taux de croissance économique est inférieur à celui du reste du Canada, et le ministère des Finances du Québec prévoit un taux de croissance léthargique de l'ordre d'à peine plus de 1 % pour à peu près les deux prochaines décennies. Ce n'est pas avec ça qu'on va devenir riches !

Notre taux de chômage demeure supérieur à la moyenne canadienne, même en multipliant les jobs de *flippers* de hamburgers, comme je l'ai déjà dit. Notre taux de pauvreté est très élevé : de 10 % à 12 % de la population est pauvre, et ce, malgré tous nos efforts pour redistribuer la richesse. Je dirais même, à l'instar de Claude Montmarquette, éminent professeur de sciences économiques à l'Université de Montréal et chercheur au Centre interuniversitaire de recherche en analyse des organisations (CIRANO), que nous sommes encore pauvres, malgré le fait que notre gouvernement ait décrété par une loi que, désormais, la pauvreté est interdite au Québec. Eh oui, nous avons même une loi contre la pauvreté et l'exclusion sociale ! Comme s'il suffisait de légiférer pour éliminer la pauvreté. Évidemment, toutes ces incantations n'ont rien changé à la réalité. Il faut voir les choses autrement, ça presse !

Soyons réalistes. Comment nous étonner d'être parmi les plus pauvres alors que :
- notre taux de participation à la main-d'œuvre active est inférieur aux autres (66 % au Québec contre 68 % dans l'ensemble du Canada) ;
- nous travaillons moins d'heures par employé dans une année (1 720 heures par employé par année au Québec contre 1 820 dans l'ensemble du Canada) ;
- nous perdons un plus grand nombre de jours de travail par année par travailleur (11,5 au Québec contre 8,8 en Ontario) ;
- nous prenons davantage de vacances que les Ontariens (13,6 jours en 2003, contre 10,6) ;
- avec une richesse moindre, nos dépenses publiques sont supérieures à celles du reste du Canada, malgré une différence défavorable en matière de revenu par habitant de plus de 6 300 $ par rapport à l'Ontario ;

- la part de nos investissements privés en regard du PIB est inférieure à la moyenne canadienne depuis un quart de siècle ;
- une minorité de contribuables soutient le système public, avec 14 % des contribuables qui paient 60 % des impôts sur le revenu et plus de la moitié qui n'en paient pas ou tellement peu que ça ne vaut pas la peine d'en parler ;
- nous avons la dette par habitant la plus élevée au Canada ;
- nous déplorons un taux d'abandon scolaire au secondaire supérieur à la moyenne canadienne et un taux de fréquentation universitaire inférieur à l'Ontario.

Comment nous étonner alors d'être parmi les États les plus pauvres en Amérique du Nord ? Si nous étions riches en agissant comme nous le faisons, les autres auraient raison de crier à l'injustice. Comptons-nous chanceux que ceux qui travaillent plus fort que nous acceptent encore de nous envoyer des versements de péréquation pour que nous réussissions quand même à maintenir des programmes sociaux que nous n'aurions certainement plus les moyens de nous payer. Ça ne durera peut-être pas éternellement.

Comment se fait-il que nous en soyons là ? Il faut chercher ailleurs que dans la cour du voisin les raisons qui expliquent nos retards par rapport aux autres. Je ne crois pas que les problèmes du Québec soient la faute d'Ottawa. Tout comme je ne crois pas que les problèmes canadiens soient la faute des Américains. Nous ne pouvons pas régler nos problèmes en cherchant un coupable chez les voisins. Surtout quand nos voisins s'adonnent à être nos principaux clients.

On peut toujours s'enfoncer la tête encore plus creux dans le sable en claironnant que cette pauvreté collective est un choix de société. Ce qui est fascinant, c'est que ceux qui tiennent ce genre de discours appartiennent habituellement aux groupes les plus protégés, qui travaillent moins d'heures, qui bénéficient habituellement de généreux régimes de retraite et dont le plan de carrière est écrit en lettres indélébiles dans leur convention collective. Allez demander à tous ceux et celles qui ne travaillent qu'à temps partiel au Québec, dans des emplois difficiles et précaires, ce qu'ils en pensent. Je ne crois pas qu'être pauvre soit **leur** choix de société.

Laissez-nous faire des affaires

La majorité des pays prospères ont en commun une liberté raisonnable de faire des affaires. L'Institut Fraser a passé en revue certains critères qui, combinés, donnent une bonne idée du degré de liberté pour faire des affaires dans les 60 États nord-américains (10 provinces canadiennes et 50 États américains). Voici quelques résultats mis en lumière par les auteurs de cette étude[33] :

- Globalement, tous facteurs confondus, le Québec se classe au 59e rang sur 60 (d'autres diraient « presque les premiers par en bas »).
- Le Québec se classe au 56e rang sur 60 pour le taux de chômage moyen, pour la période de 2002 à 2006 (seules les provinces maritimes nous battent, si je peux dire).
- Le Québec figure au 60e rang sur 60 (voilà, nous y sommes arrivés!) pour l'ensemble des lois concernant spécifiquement le travail en Amérique du Nord (cet indice mesure la liberté d'agir des entreprises et de faire des affaires ; un autre choix de société, peut-être ?).
- Le Québec prend la 52e place sur 60 en ce qui a trait au ratio d'emplois dans le secteur public (provincial et local) par rapport à l'emploi total.
- Le Québec tient le 60e rang sur 60 (encore! bravo!) relativement au taux de syndicalisation de sa main-d'œuvre.
- Seules les provinces maritimes nous battent du côté du taux moyen de chômage.
- Seules l'Île-du-Prince-Édouard et la Colombie-Britannique nous battent, de justesse, pour ce qui est du ratio salaire minimum/PIB par habitant.
- Le Québec figure au troisième rang de la queue en ce qui a trait au nombre de jours perdus à cause de conflits de travail par 1 000 employés, de 2002 à 2006.

En ajoutant à tout cela les aberrations de notre régime fiscal et la réputation grandissante de nos groupuscules qui arrivent à bloquer pratiquement tout projet de développement, il ne faudrait pas se demander pourquoi un investisseur américain, européen, arabe ou asiatique préfère investir ailleurs qu'au Québec. Quand un changement plus que nécessaire au Code du travail, dans le but de permettre à nos entreprises de sous-traiter – comme le font leurs concurrentes partout dans le monde – se traduit par des manifs devant le parlement organisées par les tenants du statu quo à tout prix, imaginez-vous ce que peuvent penser les entrepreneurs du monde entier qui envisagent de s'installer chez nous... Nos retards sur le plan des investissements privés donnent une bonne idée de la réponse à cette question cruciale, du moins pour ceux qui pensent que le développement du Québec serait une bien bonne chose.

Baisser les bras ? Sûrement pas !

Qu'est-ce qu'on fait alors ? On retombe sur terre. On dépoussière les lois et règlements qui devaient, à une époque révolue, encadrer la parade vers le « Grand Soir » et qui nous ont plutôt conduits à une nouvelle « Grande Noirceur ». La noirceur qui découle des demi-vérités, des non-dits et même des mensonges, quand ça fait l'affaire.

On prend ça par quel bout ?

Je crois que la ligne directrice de notre action devrait être de libérer la créativité de ceux et celles qui veulent travailler, et ce, dans le but de générer de la richesse. C'est exactement ce que les jeunes nous ont dit. Donner une chance à ceux et celles qui ont des idées, qui veulent démarrer des projets, sans qu'ils aient constamment des bâtons dans les roues. Ce sont les lanceurs de sable dans l'engrenage qu'il faudrait encadrer de façon plus intelligente, et peut-être un peu moins les générateurs de projets qui finissent trop souvent par aller développer leurs idées ailleurs, au profit d'autres populations qui ne classent pas la croissance économique dans le top 7 des péchés capitaux.

À ce propos également, il faudra une volonté politique réelle et un sens des responsabilités peu commun pour s'attaquer de front à une des principales causes des retards du Québec en matière de croissance économique. Mais, surtout, pas un autre comité chercheur de consensus où siègeraient tous les serre-freins que compte le Québec. Qu'on y fasse une large place aux jeunes, aux esprits créatifs, à ceux et celles qui souhaitent vivre au rythme du monde. C'est d'abord pour eux que la société québécoise doit évoluer.

Le gouvernement a la responsabilité de gouverner? Eh bien, qu'il gouverne, en misant sur une information de qualité qui finira bien par influencer l'opinion publique. Je continue à croire que les Québécois peuvent très bien évaluer les enjeux quand on prend la peine de les leur expliquer correctement, sans laisser toute la place aux démolisseurs d'idées.

Pas de doute, il s'agit d'un défi de taille, mais c'est aussi une question de survie et de justice envers les jeunes qui piaffent d'impatience pour accéder aux postes de commande d'une société qui dispose des moyens de se développer, mais dont l'évolution est ralentie par des gens que le statu quo sert trop bien.

Chercheurs d'emplois recherchés

La pénurie de main-d'œuvre constitue un autre des grands défis auxquels notre société doit faire face. C'est déjà commencé dans certains secteurs. Il n'est pas rare de voir de grands panneaux annonçant «NOUS EMBAUCHONS» sur les façades des entreprises, le long des routes. Des régions comme la Capitale-Nationale, l'Estrie, le Centre-du-Québec, et même la région métropolitaine, organisent des salons de l'emploi afin d'amener vers les employeurs en manque de main-d'œuvre les chercheurs d'emplois. On cherche du monde, et ça ne fait que commencer. Les chercheurs d'emplois sont très recherchés. Les employeurs doivent montrer patte blanche. Le *business* de l'avenir: chercheur de talents.

Nous n'avons d'autre choix que de prendre tous les moyens pour amener chez nous la main-d'œuvre manquante. Comment? Je vois plusieurs façons: une politique de la famille audacieuse (en étant patient, bien sûr); des programmes d'éducation efficaces; une politique d'immigration marquée par une grande ouverture; une politique de retraite qui encourage le travail; une fiscalité favorable à l'effort.

Certains pays ont réussi à atteindre un taux de fécondité élevé grâce, entre autres, à une politique familiale adéquate. Je pense entre autres à la France, où le taux de fécondité approche 2. On sait qu'un taux de 2,1 assure le remplacement de la population. Au Québec, on en était à 1,6 en 2006. Il semble que 2007 aura été une bonne année. Mais il faudrait quand même faire un peu plus pour soutenir l'effort des familles en âge d'avoir des enfants. Il ne suffit pas de s'émouvoir à l'ouverture d'une nouvelle garderie. Il faudra faire preuve d'imagination.

Il ne s'agit pas nécessairement de payer les familles pour qu'elles fassent des enfants. Ça ne fonctionne pas de cette façon. On ne fait pas des enfants pour faire de l'argent, c'est bien connu. On peut cependant faciliter la vie de tous les jours aux familles qui ont des enfants. Notamment, en faisant en sorte que les parents (et surtout les femmes jusqu'à maintenant, mais ça change) n'aient plus à effectuer un choix déchirant entre poursuivre leur carrière ou élever des enfants. Je l'ai déjà dit, le Québec est déjà un chef de file dans le domaine des garderies, ou si vous préférez, les centres de la petite enfance (CPE). Il y aurait lieu d'aller jusqu'au bout de la démarche et de veiller à ce que toutes les familles qui cherchent une place dans un CPE de qualité, à bas prix, puissent y avoir accès. La voie est tracée, il faut continuer. Les entreprises aussi ont un rôle à jouer dans ce domaine. J'y reviendrai dans la section consacrée à l'entreprise.

Pour les mêmes raisons, il serait intéressant d'harmoniser nos lois et règlements qui touchent le travail afin de faciliter le travail des parents. Tout comme ce serait intéressant de revoir le soutien financier accordé aux parents qui ont de jeunes enfants. Il ne s'agit pas «d'acheter» des enfants, il s'agit de rendre la vie plus facile à ceux et celles qui décident d'en avoir.

Bien sûr, les résultats de ces politiques seront perceptibles à long terme. Il n'en demeure pas moins qu'il faut commencer à agir dès maintenant si nous voulons éviter le grave déséquilibre de notre pyramide d'âges qui nous menace si nous ne faisons rien.

Oui, ça coûtera de l'argent. Mais les gens qui travaillent rapportent plus d'argent à l'État que ceux qui ne travaillent pas. Ça tombe sous le sens. Faudrait refaire nos calculs dans une perspective de long terme.

Raccrocher nos décrocheurs

Je crois qu'il faudrait aussi vérifier si une partie de l'abandon scolaire, surtout au secondaire, ne serait pas due à la faiblesse des cours de formation professionnelle, d'autant plus que certains emplois risquent fort d'être frappés par des pénuries très bientôt. On le sait, plusieurs jeunes trouvent que l'école, c'est plate. Bien sûr, l'idée de donner à tous une vaste formation générale était alléchante. Toutefois, si on peut mener un cheval à l'abreuvoir, on ne peut pas le forcer à boire. Peut-être qu'en dirigeant vers des cours pratico-pratiques une partie des élèves qui menacent d'abandonner les études très jeunes, nous n'obtiendrions pas de meilleurs résultats.

Je sais, des piles d'études ont été faites là-dessus. Mais ce qui m'intéresse, ce sont les résultats, pas les études. Et, à cet égard, les résultats sont déplorables.

Je crois que ça vaudrait à tout le moins la peine d'essayer de faire les choses autrement. Il faudrait améliorer nos services d'orientation, comme je l'ai déjà mentionné, et organiser des cours de métiers dignes de ce nom. Ailleurs que dans les polyvalentes ? J'ai l'impression que oui. Un peu comme cela se faisait avec nos écoles de métiers où les élèves étaient fiers de se rencontrer entre eux et d'apprendre à faire quelque chose de pratique, plutôt que de se dévaloriser en compagnie d'élèves qui filaient vers les études supérieures. Quelques projets pilotes peut-être ? Qui est volontaire pour aller voir en Irlande, en Allemagne et dans certains pays scandinaves comment ils s'y prennent ? Je reviendrai un peu plus loin sur le rôle des entreprises dans ce domaine, car je pense qu'elles ont un rôle important à jouer à cet égard.

Bienvenue aux immigrants

Une autre façon de renforcer notre marché du travail est d'améliorer nos performances en immigration. Le moins que je puisse dire, c'est que la démarche est mal partie. S'il y a un domaine qui prête à la démagogie, c'est bien l'immigration. Voilà un sujet où des gens sans scrupules ne se gênent pas pour ameuter la population en faisant ressortir les différences. C'est malheureux. D'autant plus que nous avons un besoin criant d'immigrants pour nous prêter main-forte dans le développement du Québec.

Pourquoi attirons-nous moins d'immigrants que d'autres provinces canadiennes dont la population est pourtant moins nombreuse que la nôtre ? Comment se fait-il que nous éprouvions autant de difficulté à retenir les immigrants que nous accueillons ? C'est bien de les attirer au Québec, mais encore faut-il nous assurer qu'ils vont y rester.

Une partie de la réponse à ces questions réside dans notre capacité d'intégrer les immigrants à notre marché du travail qui, pourtant, a bien besoin d'eux. Paradoxe ? À tout le moins, anomalie. Une étude de Statistique Canada révèle que le Québec fait piètre figure en ce qui concerne l'intégration des immigrants au marché du travail. Les immigrants qui sont arrivés chez nous depuis moins de cinq ans souffrent d'un taux de chômage de près de 18 %, contre 6,3 % pour les citoyens nés au Canada. De cinq à dix ans après leur arrivée au Québec, le taux de chômage des immigrants est toujours de 13,4 %. Ailleurs au Canada, ce taux se situe autour de 7 %. C'est quand même la moitié moins... Ce n'est pas possible que cela ne soit que le fruit du hasard[34].

Un bel exemple : le domaine médical. Un des problèmes importants de notre système de santé réside dans la pénurie de médecins disponibles et accessibles. Or, en Saskatchewan, 55 % des médecins qui pratiquent ont reçu leur diplôme à l'étranger. Ce pourcentage est de 10 % environ au Québec et de 22 % pour l'ensemble du Canada[35]. Je vous laisse tirer vos conclusions...

On aura beau s'agiter, de commission en groupe d'études sur l'immigration, il n'en reste pas moins que le travail demeure la seule façon d'intégrer les immigrants suffisamment pour qu'ils aient envie de rester chez nous. Que peut-on faire? Encore une fois, la réponse réside dans l'éducation. Mais il faut aussi nous assurer que certains ordres professionnels ne bloquent pas systématiquement l'entrée des immigrants sous les prétextes les plus farfelus. Et si nécessaire, il ne faudra pas hésiter à légiférer pour ramener un peu de bon sens au sein de certains ordres professionnels.

Le vieillissement de la population causera tous les problèmes dont j'ai parlé abondamment dans les pages précédentes, en plus de déséquilibrer complètement le poids politique des jeunes et des vieux. Une des conséquences de ce vieillissement se traduira par une pénurie de main-d'œuvre, qui commence déjà à se faire sentir. Cette pénurie ira croissant au cours des années à venir. Il faudrait à tout le moins prendre les moyens pour garder au travail ceux qui y sont déjà. Évident? Ailleurs peut-être, mais pas chez nous.

Aussi incroyable que cela puisse paraître, nos lois continuent d'encourager les retraites anticipées et pénalisent littéralement les personnes qui persistent à travailler. L'art de se tirer dans le pied? Parfaitement!

Par ailleurs, les pénuries de main-d'œuvre prévisibles auront un impact négatif sur la croissance économique. Les recettes fiscales, par exemple, en subiront les conséquences pendant que les besoins croîtront au rythme du vieillissement de la population, notamment en santé. Il va falloir allumer, à un moment donné!

La combinaison de divers facteurs démographiques fera en sorte que la population âgée de soixante-cinq ans et plus doublera au moment où la tranche de population active la plus jeune diminuera. D'où les prévisions de croissance économique anémique du ministère des Finances du Québec, soit 1,1% de 2020 à 2030. Notre taux de croissance a été de l'ordre de 1,6%, en moyenne par année, depuis vingt-cinq ans.

Qu'en sera-t-il de nos retraités ? La Régie des rentes du Québec (RRQ) prévoit que le nombre de bénéficiaires augmentera de 19 % d'ici 2011. C'est demain. Et de 90 % d'ici 2030. Ce qui n'est pas si loin. Du moins pour nos enfants... et même pour la majorité d'entre nous.

Bien sûr, il faut faire quelque chose. Mais quoi ? L'Institut économique de Montréal propose quelques pistes que je vous présente dès maintenant[36].

Vive les vieux !

Il faut essayer d'accroître la participation des personnes plus âgées au marché du travail en réduisant les effets économiques négatifs du vieillissement. Mais encore ? La seule façon d'y parvenir est de favoriser les retraites tardives. Exactement le contraire de ce que nous faisons maintenant. Comment fait-on ça ? En changeant la réglementation pour bonifier les prestations de la RRQ pour les retraites prises après soixante-cinq ans et en pénalisant, plutôt qu'en encourageant, les retraites anticipées.

Mais il faudra faire plus. On pourrait repousser graduellement l'âge de la retraite de soixante-cinq à soixante-sept ans, par exemple. Ça se fait aux États-Unis et en Allemagne. D'autres pays le feront bientôt. Au Québec, des actions en ce sens sont à l'étude, et certaines entreprises, Desjardins notamment, ont déjà mis sur pied des mesures à cet effet. Il faut accélérer la cadence. Souvent, les gens de cet âge ne demandent pas mieux que de continuer à travailler. Ils sont en meilleure santé que les générations précédentes au même âge, et leurs revenus de retraite ne suffisent pas toujours à leur assurer un niveau de vie équivalent à celui qu'ils ont connu en travaillant. C'est donc une solution qui arrange bien des gens.

Peut-être faudrait-il ajouter à cela une véritable pénalité dans le cadre des régimes privés pour les retraites anticipées, plutôt qu'un simple ajustement actuariel à partir de cinquante-cinq ans, ce qui n'est visiblement pas suffisant.

Cela est d'autant plus vrai qu'un sondage mené par la firme Ipsos Reid, pour le compte de mon entreprise, BMO Groupe financier, et rendu public en décembre 2005, révèle que 48 % des baby-boomers québécois qui ne bénéficient pas de régime de retraite à prestations déterminées n'ont qu'un très faible niveau d'épargne. Ils ne possèdent pas les fonds nécessaires pour vivre à la retraite pendant une dizaine d'années. Comment vivront-ils le reste de leur vie, qui risque de leur paraître bien longue ? Le même sondage révèle que ce sont les Québécois qui se disent le moins enclins à travailler après avoir pris leur retraite (31 %). Et ce sont les Québécois qui choisissent le plus souvent l'énoncé « réaliser mes rêves » (54 %) pour décrire ce qu'ils croient pouvoir faire à la retraite.

Travailler fort, mais pour qui ?

Travailler fort, travailler longtemps, c'est bien. Encore faut-il encourager l'effort et non le contraire.

Je passe rapidement là-dessus parce que j'ai déjà abordé ce sujet lorsque j'ai parlé des anomalies de notre système fiscal. Je rappellerai simplement que le jour où nous modifierons notre système fiscal dans le but de cesser de pénaliser l'effort, en taxant davantage la consommation, le travail s'avérera peut-être plus intéressant pour bon nombre de Québécois.

Est-ce qu'on s'entend au moins pour reconnaître qu'on ne peut pas attendre la semaine des quatre jeudis pour instaurer, tant au fédéral qu'au provincial, une réforme de la fiscalité qui favoriserait le travail ?

CHANTIER N° 9

Brancher le marché du travail sur les valeurs des jeunes pour concurrencer efficacement les meilleurs du monde.

■ **OBJECTIF**

Donner à nos jeunes le goût de s'épanouir dans nos entreprises, chez nous au Québec, et de contribuer à rehausser nos performances, dans le respect de leurs valeurs.

■ COMMENT S'Y PRENDRE

- Revoir systématiquement la législation québécoise du travail en fonction des dispositions en vigueur dans les provinces et pays avec lesquels nous sommes en concurrence. Par exemple, évaluer la capacité réelle de sous-traiter dans des conditions équivalentes à ce qui existe ailleurs.

- Revoir la législation qui touche la famille dans le but de soutenir plus adéquatement la participation au marché du travail. Par exemple, repenser l'accès aux places en garderie.

- Réinstaurer les écoles de métiers en orientant les cours vers des apprentissages courts et pratiques. Par exemple, pourquoi ne pas donner accès à des formations de métiers plus rapidement, en mettant à contribution les entreprises, dans des environnements où les métiers sont valorisés ?

- Diffuser une campagne d'information grand public portant sur l'apport des immigrants au développement du Québec. Par exemple, publiciser (journaux, médias électroniques) la contribution exceptionnelle de certaines personnes d'origines différentes à la société québécoise, tant sur le plan économique que social. Diffuser des témoignages de personnalités jouissant d'une grande notoriété.

- Inciter les ordres professionnels à une plus grande ouverture à l'endroit des immigrants qualifiés. S'il le faut, légiférer afin d'obtenir une plus grande diversité au sein des professions les plus névralgiques, en modifiant au besoin le Code des professions. S'il faut aller jusqu'à établir des quotas, je suis d'accord. Pourquoi les professionnels formés dans des universités reconnues, notamment en Europe, ne seraient-ils pas aussi compétents que nos finissants universitaires ? S'agit-il de prudence excessive, de chauvinisme, ou de quoi encore ?

- Signer des ententes de réciprocité avec des pays dont les systèmes d'éducation et de formation des professionnels sont de calibre comparable au nôtre. On me dit qu'une telle entente ferait actuellement l'objet de discussions avec la France. Cela veut dire que, par exemple, un médecin français qui a le droit de pratiquer dans son pays pourrait aussi le faire chez nous. Et inversement pour un médecin québécois. S'il faut pour cela tordre quelques bras un peu trop corporatistes, tordons-les.

- Faciliter les démarches d'intégration des immigrants au marché du travail. Par exemple, les jumeler à un « parrain » qui les accompagnerait dans leurs démarches dans les entreprises, en fonction de leurs compétences.

- Offrir des cours de français de qualité aux immigrants pour faciliter leur intégration au marché du travail.

- Offrir des sessions de formation portant sur les habitudes de travail au Québec. Par exemple, offrir une rencontre d'information aux immigrants nouvellement arrivés.
- Favoriser les retraites tardives en bonifiant les prestations pour les retraites prises après l'âge de soixante-cinq ans. La décision de continuer à travailler doit être «payante» plutôt que d'entraîner des pénalités, comme c'est souvent le cas maintenant.
- Pénaliser les retraites anticipées. La prise de la retraite avant l'âge de soixante-cinq ans devrait entraîner une pénalité financière et non un simple ajustement actuariel, lequel ne constitue en rien une incitation à continuer à travailler.
- Repousser progressivement l'âge normal de la retraite à soixante-sept ans.

Des réactions ?
Venez poursuivre la discussion sur le blogue de l'auteur : **www.sionsymettait.com**

22

L'entreprise dans l'œil de l'ouragan

Les « chasseurs d'ouragans » nous disent que tout est calme en plein centre de la tempête. Quand l'œil passe au-dessus d'une région, il n'y a plus qu'une brise légère, il ne pleut plus. Le ciel se dégage. On peut même voir les étoiles si c'est la nuit. Ou le soleil si c'est le jour. On m'a dit que, parfois, on peut même voir des oiseaux voler tranquillement dans l'œil. On dirait que le temps s'est arrêté... Malheureusement, ça ne dure pas longtemps. Les vents violents frappent à nouveau, les pluies torrentielles s'abattent sur la région. Et vous connaissez la suite...

C'est calme ces temps-ci, au Québec. Un peu trop calme à mon goût quand je pense aux rendez-vous qui nous attendent. Nous, mais surtout nos enfants. On est assez contents de notre sort. Béats, tellement on a l'impression que tout baigne.

Le réveil risque d'être assez brutal si on ne bouge pas rapidement. J'ai l'impression qu'on est en plein dans l'œil de l'ouragan. « Attachez vos ceintures, dirait le commandant de bord, ça va brasser. »

Ça va brasser !

On peut sortir de l'œil de l'ouragan. Ça se fait. Ça risque de secouer, mais c'est possible. Une condition : pleins gaz. Ça prend de la vitesse, de la puissance. Il faut foncer droit devant. Pas question de changer d'idée en cours de route. Encore moins de revenir en arrière. On ne peut pas revenir dans la quiétude de l'œil de l'ouragan une fois les grandes manœuvres commencées. Oubliez ça ! On ne pourra pas dire « *Stop this train* », comme dans la chanson de John Mayer dont j'ai parlé au début de ce livre, dans la lettre destinée à mes enfants.

L'entreprise éducatrice

Je l'ai dit maintes fois : l'éducation doit être portée au rang de priorité des priorités. Mais l'éducation ne doit pas être la prérogative de l'État qui s'érige en monopole. Au contraire, nous devons tous nous préoccuper d'éducation. Nous devons agir, chacun dans notre domaine. Cela ne veut pas dire que nous nous installerons tous devant la classe pour donner des cours. Il y a des gens formés pour faire ça, et c'est très bien ainsi. Mais comment l'entreprise peut-elle contribuer à l'acte d'éduquer dans un monde en changement perpétuel ? Plusieurs moyens existent. Il ne s'agit pas, encore une fois, de réinventer la roue, mais on pourrait au moins essayer de faire connaître certains de nos bons coups et d'en élargir la pratique.

Je crois que les chefs d'entreprise et leurs dirigeants auraient tout intérêt à se rapprocher de l'école de plusieurs façons. L'autonomie nouvelle dévolue aux écoles devrait d'ailleurs faciliter ces rapprochements, qui se sont heurtés trop souvent dans le passé à un mur bureaucratique qui a eu pour effet de décourager toute tentative de rapprochement.

Puisque l'orientation des élèves est une des grandes faiblesses de notre système d'éducation, pourquoi ne pas mettre à contribution les entreprises qui accepteraient de recevoir des élèves des écoles environnantes pour les mettre en contact direct avec la réalité de certains métiers et professions ? Des élèves du secondaire, et pourquoi pas du primaire, iraient voir sur place ce que cela veut dire d'être machiniste, mécanicien, courtier en valeurs mobilières ou pharmacien. Des élèves pourraient bénéficier de contacts réels avec le monde du travail avant de poser les premiers gestes vers un métier ou une carrière dont ils ne savent pratiquement rien au moment de faire leur choix. De **vrais** contacts, plutôt qu'une petite visite (ou un petit congé) une fois qu'ils sont entrés dans l'entonnoir.

Je m'apprête à m'engager dans cette démarche, comme d'autres dirigeants de BMO et des dirigeants d'autres entreprises, dans le cadre d'un programme qui s'appelle «Opération Retour à l'école», mis sur pied par la Chambre de commerce du Montréal métropolitain. Nous passerons un peu de temps avec des jeunes, dans leur école, pour échanger avec eux sur notre vision du monde du travail. Nous essaierons de leur donner l'heure juste sur les perspectives d'emploi et les compétences qu'ils doivent acquérir pour améliorer leurs chances de réussite sur le marché du travail.

Tous ceux et celles qui ont déjà vécu cette expérience m'ont dit qu'ils sortent de l'école visitée avec une grande satisfaction: celle d'avoir apporté leur contribution, même modeste, pour aider les jeunes à s'orienter dans la vie avec réalisme, avec une meilleure connaissance du marché du travail. Je n'en ai pas rencontré un seul qui ne recommence pas l'expérience, d'année en année, avec beaucoup de plaisir.

Il faudrait multiplier ce genre d'expérience à la grandeur du Québec: rencontrer des élèves dans leur milieu pour leur raconter la vie quotidienne dans le domaine qu'ils s'apprêtent à choisir, et répondre à leurs questions en toute simplicité. Ne serait-ce que pour leur donner un but bien concret durant leurs études.

Visiblement, un bon nombre d'entre eux ne réagissent pas très bien à la seule perspective de se voir remettre un hypothétique bout de papier à la fin de leurs études, lesquelles semblent à leurs yeux trop souvent «déconnectées» de la vie de tous les jours. Nous pouvons les aider à établir des liens entre leurs études et le genre de travail qu'ils envisagent, faire en sorte qu'ils puissent enfin dire que «l'école, c'est *hot*». Ne serait-ce qu'allumer des lumières pour éviter qu'ils s'engagent dans des métiers ou des professions qui ne correspondent qu'à de fausses images qu'ils se sont fabriquées. Ce serait déjà pas si mal!

Cela peut-il aider à contrer le décrochage scolaire? Je pense que oui. Cela peut-il permettre de minimiser les changements d'orientation en cascade au cégep? Encore une fois, je pense que oui. Cela peut-il leur donner un but dans la vie? Certainement. Voilà un moyen on ne peut plus simple, qui ne coûte pas une fortune à l'État et qui colle à la réalité. De bien grandes qualités par les temps qui courent!

Pourquoi ne pas commencer dès maintenant ? Pas besoin de démarches à n'en plus finir, ni d'autorisations de lointaines autorités pour démarrer le mouvement. Pour amorcer la pompe, pour ainsi dire…

Surtout, il faudra éviter les grands programmes nationaux sur lesquels tous les experts du ministère se pencheraient au point de s'écrouler par terre. Il nous faut des projets à échelle humaine. Une entreprise, une école. Des ententes fondées sur le bon sens : aider les élèves, les intéresser, les motiver. Est-ce si compliqué ? Et ne me dites surtout pas que ça ne peut fonctionner que si toutes les écoles du Québec sont prêtes à s'engager dans ce type de démarche. Plusieurs petits projets qui fonctionnent valent infiniment mieux qu'un grand projet qui ne décolle jamais…

L'entreprise pourvoyeuse

Une fois les contacts établis entre l'école et l'entreprise, aussi bien pousser la collaboration un peu plus loin. C'est le premier pas qui coûte, non ?

La collaboration école-entreprise pourrait s'étendre à bien d'autres domaines. Là où les besoins sont les plus criants. Elle pourrait contribuer à regarnir les rayons des bibliothèques scolaires, dont certaines ne correspondent plus à la définition que donnent le dictionnaire du mot « bibliothèque ». Comment intéresser les enfants aux plaisirs de la lecture s'ils ne trouvent pas à l'école au moins quelques livres intéressants ? Les livres ne sont pas toujours disponibles en quantité et en qualité dans tous les foyers.

Déjà, le défi est immense. Convaincre les jeunes fascinés par la télévision et séduits par les jeux vidéo, que la lecture d'un bon livre offre de grands plaisirs, voilà une tâche bien difficile de nos jours. Encore faut-il alimenter leur curiosité en leur fournissant une lecture intéressante et de qualité. La lecture des articles de journaux, si utiles et si intéressants soient-ils, ne me semble pas être le meilleur moyen d'initier les jeunes au plaisir de lire et encore moins de jeter les bases d'une culture littéraire. Lire est une source de richesse et d'épanouissement dans laquelle les jeunes pourraient puiser toute leur vie durant.

Des entreprises pourraient pallier cette lacune évidente de notre système d'éducation. Fournir des livres à une école, voilà un engagement qui me semble tellement facile à prendre et à tenir. Ne rétorquez surtout pas qu'on n'a pas de bibliothécaires en nombre suffisant pour «gérer» les livres et encadrer leur circulation. Que certains enseignants se chargent de fournir des listes de livres et ensuite de les faire circuler auprès de leurs élèves et nous aurons fait un bout de chemin. Oui, je sais, ce n'est pas dans la convention collective. Mais c'est dans le manuel du bon sens et celui-ci devrait avoir priorité.

Ce qu'on peut faire avec les livres, d'autres pourraient le faire avec du matériel informatique. Là non plus, certaines de nos écoles ne sont pas particulièrement bien pourvues. Pas de budget, pas de personnel, pas de volonté politique. Pourtant, l'informatique constitue aujourd'hui un passage obligé vers l'accès à la connaissance. Des entreprises sont d'accord pour fournir du matériel informatique à des élèves qui manifestent un intérêt dans ce domaine. Quelques appareils, un peu de conseils, un peu de soutien, et le tour est joué. Certaines entreprises, fondations, organismes le font déjà. Je n'invente rien. Il s'agirait tout simplement de faire connaître les succès enregistrés et de passer à une vitesse supérieure.

Juste à titre d'exemple, au cours de la dernière décennie, mon entreprise, BMO Groupe financier, a donné à trois organismes à but non lucratif de la région montréalaise qui aident les jeunes, notamment en éducation, des locaux et de la documentation pour aider ceux-ci à développer leurs compétences en informatique. Nous avons donné à ces organismes, entre autres, trois de nos anciennes succursales dont la valeur dépasse un million de dollars. L'Auberge communautaire du Sud-Ouest, qui s'est installée dans une de ces succursales, est un des organismes qui en ont profité. Nous voulons ainsi rendre plus accessibles les technologies de l'information aux jeunes de milieux défavorisés afin de faciliter leur insertion sur le marché du travail. Je ne serais pas surpris que d'autres institutions financières au Québec aient déjà pris ce genre d'initiative.

Je comprends que, lorsque le système d'éducation n'a pas assez d'argent pour fournir à chaque élève tous les livres dont il a besoin, il soit difficile de parler d'acquisition de matériel informatique. Mettons alors la main à la pâte. Cette forme d'aide qui existe déjà pourrait certainement s'organiser à une plus grande échelle. Faisons du chemin en nous basant sur des histoires à succès. Avec un peu de bonne volonté, un plus grand nombre d'écoles pourraient être mieux pourvues. Si je parle d'écoles primaires et secondaires, c'est parce que c'est à ce niveau que les jeunes doivent apprendre et contrôler les principaux codes qui leur serviront par la suite tout au long de leurs études et même de leur vie.

Adopter une école ?

De façon plus globale, certains pays ont mis sur pied des projets sous l'appellation générale « Adopter une école ». De tels projets existent aux États-Unis, en Australie, en Grande-Bretagne et dans d'autres pays[37].

Il s'agit grosso modo d'établir des liens plus étroits entre une entreprise, ou une industrie, et une école ou un groupe d'écoles. Ces projets visent d'abord et avant tout à répondre à des besoins particuliers d'élèves qui fréquentent les écoles visées. De nombreuses formes de collaboration peuvent être envisagées, allant d'une aide matérielle (livres, matériel informatique, équipement sportif, etc.) à l'organisation d'activités dont les élèves ne pourraient bénéficier autrement (allocations, voyages, tournois, etc.).

À l'intérieur de ce type de programme, l'école et l'entreprise tissent des liens serrés et collaborent étroitement dans une perspective à moyen et à long terme. Dans le cas d'écoles techniques ou de métiers, la collaboration peut se traduire par des prêts ou dons d'équipements importants, des prêts de travailleurs spécialisés, des stages structurés en entreprise, etc.

Bien sûr, ce mode de collaboration suivie exige un encadrement précis afin de s'assurer que les élèves sont les grands bénéficiaires des efforts déployés. Ça fonctionne ailleurs. Les résultats sont vérifiables. Pourquoi ne pourrions-nous pas, nous aussi, aider nos écoles à remplir leur mission ? Est-il nécessaire de rappeler qu'un encadrement efficace n'est pas synonyme de frein à toute initiative ?

La guerre au décrochage

Dans la lutte contre le fléau de l'abandon scolaire au secondaire, l'entreprise peut aussi jouer un rôle important. J'ai déjà dit qu'une contribution du monde de l'entreprise à une meilleure orientation, effectuée rapidement dans la vie de l'élève, constituerait déjà une avancée non négligeable. Mais l'entreprise peut faire encore plus, comme certaines l'ont déjà démontré dans différentes régions.

Savez-vous pourquoi la région du Saguenay–Lac-Saint-Jean affiche un des plus bas taux d'abandon scolaire au Québec? Une grande partie de la réponse tient dans une évidence: parce qu'on s'en occupe! On a compris que la réussite des jeunes, c'est la réussite de toute la région. On appuie la persévérance. Au-delà des mots, on est passé à l'action. Qui? Tout le milieu s'est mobilisé pour créer le Conseil régional de prévention de l'abandon scolaire (CREPAS)[38] Saguenay–Lac-Saint-Jean. Des entreprises, des représentants des divers échelons du monde de l'éducation, allant du secondaire à l'université en passant par le cégep. Voilà plus de dix ans que ça fonctionne. En puisant à même les ressources et l'expérience de tous ces intervenants, on a réussi un maillage très efficace, qui a pour but de convaincre les jeunes de l'importance de persévérer dans leurs études. Les résultats témoignent de la pertinence de la démarche.

Pourquoi ne pas répéter un si bel exemple partout au Québec, en s'inspirant des réalisations du Conseil régional de prévention de l'abandon scolaire (CREPAS) Saguenay–Lac-Saint-Jean? Je suis certain que les gens de cette région, et particulièrement l'âme dirigeante de cette organisation, seraient très fiers de contribuer à la lutte contre l'abandon scolaire à l'échelle du Québec.

Une autre région, les Basses-Laurentides, relève le défi d'une autre façon. Les milieux de l'éducation ont uni leurs efforts avec les entreprises de la région afin d'aider les élèves et les étudiants à atteindre un meilleur équilibre travail-études. Le projet de conciliation travail-études Équi T-É, lancé en février 2006 avec la collaboration des carrefours jeunesse-emploi dans certaines communautés, vise à amener les jeunes qui occupent un emploi rémunéré à adopter des attitudes et des comportements favorables à la persévérance scolaire.

La croissance économique enviable qu'a connue cette région au cours des dernières années a entraîné des effets pervers auprès des jeunes qui sont sollicités pour effectuer un nombre d'heures de travail parfois inconciliable avec leur réussite scolaire. Les employeurs ont été sensibilisés à la nécessité de promouvoir la persévérance scolaire auprès des jeunes. Le projet donne déjà des résultats tangibles. Même les franchisés des grandes entreprises comme McDonald's, Jean Coutu, Tim Hortons ont accepté de jouer le jeu en n'exigeant pas de leurs employés étudiants de travailler un nombre d'heures déraisonnable. Bravo !

Un métier ou une technique, rien de déshonorant là-dedans

Dans le domaine de la formation professionnelle, les entreprises pourraient aussi jouer un rôle plus important. La grande entreprise a généralement ses propres programmes à cet égard et s'occupe, souvent en collaboration avec les institutions d'enseignement, de la mise à jour des connaissances de ses employés en regard de l'évolution technologique. Il n'est pas rare non plus que des grandes entreprises à l'intérieur d'un même secteur se regroupent pour favoriser la conception de programmes et la fourniture d'équipements pour les écoles et les collèges. C'est le cas notamment dans le secteur de l'aéronautique.

Mais cet effort de formation est parfois plus difficile à fournir dans les PME, sur lesquelles repose pourtant une grande partie de l'économie du Québec. Manque de temps, de moyens, et les ressources suffisent à peine à accomplir tout le travail que l'entreprise exige d'elles. Cela dit, il ne faut pas généraliser non plus. Je connais bon nombre de PME qui ont des pratiques exemplaires de formation et qui, en plus d'offrir à leurs employés des conditions très intéressantes pour poursuivre leur formation, mettent la main à la pâte pour améliorer l'enseignement dans les écoles et les collèges.

Quoi qu'il en soit, il n'en demeure pas moins que la formation professionnelle est une des grandes faiblesses de l'économie québécoise. Le Canada se classe en queue de peloton par rapport aux autres pays industrialisés et, là encore, malheureusement, le Québec ne fait pas très bonne figure dans l'ensemble canadien.

Encore une fois, il ne s'agit pas de réinventer la roue. D'autres pays ont mis sur pied, depuis longtemps, des systèmes éprouvés qui leur permettent de disposer d'une main-d'œuvre qualifiée et dont les compétences sont constamment mises à jour. Les pays qui réussissent le mieux dans ce domaine ont une chose en commun : les entreprises sont largement mises à contribution, tant pour former leurs propres employés que les étudiants qui s'apprêtent à entrer sur le marché du travail. Les détails diffèrent d'un pays à un autre, mais dans l'ensemble, les entreprises servent de « milieux d'apprentissage » où les ouvriers et les techniciens viennent confronter leurs connaissances à la réalité et, tout aussi important, prennent le pouls du milieu du travail avant même d'avoir décroché leur premier emploi. Cela évite de désagréables surprises par la suite, tant pour les entreprises que pour les nouveaux travailleurs.

Plusieurs avantages découlent de cette approche :

1. Les étudiants travaillent avec des équipements à jour sans grever les budgets des écoles.
2. C'est une manière efficace de transférer les compétences d'une génération à l'autre.
3. C'est une façon de contrer la relative « platitude » de l'enseignement traditionnel qui rebute bien des jeunes (ces derniers n'ont pas été tendres à cet égard au cours de nos rencontres).
4. C'est un moyen de redonner leurs lettres de noblesse aux métiers et aux techniques, qui sont trop souvent dévalorisés dans les écoles et les collèges, au profit des élèves qui sont inscrits dans une démarche devant les mener à l'université. Qu'ils atteignent le stade des études supérieures ou non, c'est un autre problème. Entre-temps, il est évident que les nobles visées du rapport Parent, qui voyait les futurs universitaires cheminer avec les travailleurs de demain dans le cadre de cours communs, n'étaient pas réalistes. Il s'agit d'un problème qui

dépasse largement le cadre de l'école. C'est un problème qui s'adresse à l'ensemble de la société qui valorise trop peu les métiers et les techniques. Attention, grave difficulté à l'horizon...

Où trouver ce qui se fait de mieux en matière de collaboration entreprise-école ? En Allemagne, où les traditions sont très fortes dans ce domaine. En Autriche, en Finlande, au Danemark, où la collaboration de l'entreprise est acquise depuis longtemps. En Irlande, où des programmes de formation ont été développés sur mesure pour répondre aux besoins pressants des entreprises prêtes à investir massivement dans ce pays. Aux Pays-Bas et en Suède, où la formation continue fait partie de la vie quotidienne. Dans d'autres pays aussi.

Chez nous, peu d'initiatives ont été prises en ce sens. Pourtant, le besoin est criant. Le monde de l'entreprise a beaucoup à apporter dans le processus de formation professionnelle de nos jeunes et de nos travailleurs. Hélas, les projets porteurs sont à inventer dans la majorité des cas. Servons-nous de l'expérience des autres et profitons de leurs bons coups. D'autant plus que plusieurs jeunes qui se disent déçus de leur expérience dans le réseau de la formation professionnelle trouveront peut-être une motivation nouvelle à fréquenter le monde plus concret de l'entreprise pendant qu'ils suivent leurs cours. Ne serait-ce qu'en ayant un aperçu clair de la réalité des métiers et des techniques qui les intéressent pendant que c'est encore le temps. Ce serait déjà beaucoup.

Pourquoi les entreprises devraient-elles contribuer à toutes ces initiatives qui relèvent d'abord du monde de l'éducation ? Elles ont pourtant bien assez de leurs problèmes à régler, disent plusieurs dirigeants. Surtout que la méfiance du monde de l'éducation, souvent jaloux de ses prérogatives, n'a rien pour inciter les entreprises à offrir leurs services.

Pourquoi donc s'embarquer là-dedans ? Tout simplement parce que l'entreprise n'a pas le choix. Devant les pénuries de main-d'œuvre qui s'annoncent, attendre béatement que les problèmes se règlent d'eux-mêmes relèverait du suicide.

Au sein même des entreprises, beaucoup de travail reste à faire. J'ai déjà dit que le bulletin des entreprises québécoises n'est pas très reluisant en matière de formation. Nous sommes les derniers au Canada pour la formation continue liée au travail. Par rapport aux autres pays de l'OCDE, il n'y a pas de quoi pavoiser non plus. Ce n'est pas inutile de le rappeler.

À cet égard, je n'ai de conseils à donner à personne. En revanche, ce que je peux dire, c'est que l'entreprise qui prépare mal ses employés à s'adapter aux changements importants que l'avenir leur réserve, compte dans ses propres filets. Cette fois, il sera beaucoup moins facile que jadis de recruter chez le voisin les employés requis par le changement. Ce sera un des effets de la pénurie qui s'annonce. Si on peut toujours discuter l'ampleur du phénomène, difficile de nier son existence.

CHANTIER N° 10

Favoriser la participation de nos entreprises à tous les efforts dans le but de renforcer le système d'éducation, la performance des services d'orientation et le soutien à la participation au marché du travail.

■ OBJECTIF

Maximiser la participation des entreprises à l'effort collectif pour améliorer notre capacité de créer de la richesse et améliorer notre niveau de vie.

■ COMMENT S'Y PRENDRE

- Faire de l'entreprise un maillon important dans l'orientation scolaire des élèves du secondaire. Par exemple, en favorisant les présentations dans les écoles de différentes professions et métiers par certains de leurs représentants. Et, à l'inverse, en invitant les élèves à visiter des entreprises afin de voir à l'œuvre, dans leur quotidien, des professionnels et des gens de métier.

- Apparier des entreprises avec des écoles afin de regarnir les rayons des bibliothèques scolaires. Par exemple, en invitant des entreprises à choisir une ou des écoles auxquelles elles feront don de livres, en fonction des besoins manifestés. De la même façon, des entreprises pourraient fournir du matériel informatique à des écoles qui en ont besoin.

- Établir un cadre ouvrant la voie à l'« adoption » d'une école par des entreprises, en se fondant sur les modèles qui existent ailleurs dans le monde. En prenant exemple notamment sur l'expérience d'entreprises américaines qui ont « adopté » une école à l'intérieur de paramètres précis et lui fournissent l'aide dont elle a besoin.

- Développer en région des conseils de prévention de l'abandon scolaire avec la participation des entreprises. On pourrait s'inspirer notamment de l'exemple du Conseil régional de prévention de l'abandon scolaire (CREPAS) du Saguenay–Lac-Saint-Jean, qui a développé une expertise intéressante et obtient des résultats très encourageants.

- Obtenir la collaboration des entreprises dans le processus de la formation professionnelle. Par exemple, on pourrait s'inspirer de l'expérience des entreprises allemandes qui contribuent depuis des décennies à la formation professionnelle avec des résultats très intéressants.

- Soutenir financièrement et techniquement les PME qui souhaitent offrir à leurs employés des possibilités de télétravail. La Suède peut nous inspirer dans ce domaine.

- Appuyer financièrement les entreprises qui veulent offrir des services de garde aux employés qui le désirent. Par exemple, diffuser largement les cas d'entreprises québécoises qui ont mis sur pied de tels services.

- Accorder une attention particulière aux entreprises d'économie sociale dans la conception des programmes de soutien aux entreprises et dans la prestation de services sociaux, entre autres auprès des personnes en perte d'autonomie.

- Soutenir financièrement le déploiement des réseaux Internet haute vitesse et le branchement des PME sur tout le territoire, particulièrement en région.

- Au besoin, se faire pressant auprès du CRTC et des autres acteurs de l'économie sociale pour assurer une couverture complète pour toutes les régions d'ici 2010.

Des réactions ?

Venez poursuivre la discussion sur le blogue de l'auteur : **www.sionsymettait.com**

23

L'entreprise nouvelle génération

Les jeunes m'ont dit que la famille se classe au sommet de leurs valeurs, qu'ils ne mettront pas en péril leur famille, ni leur couple, ni l'épanouissement de leurs enfants, pour satisfaire aux exigences du marché du travail. On peut toujours se dire qu'ils changeront bien d'idée le moment venu. Quant à moi, je préfère essayer de voir comment on pourrait concilier les exigences de l'entreprise avec les valeurs des jeunes.

Au fond, ce dont il est question, c'est l'aménagement du travail en fonction des priorités des jeunes, d'une part, et les besoins de l'entreprise confrontée à la concurrence mondiale, d'autre part. Irréconciliable, dites-vous ? Pas si sûr de ça…

Évidemment, **l'entreprise devra repenser son milieu de travail de fond en comble.** Ce livre n'a pas pour objet d'indiquer la marche à suivre pour y arriver. Je ne me reconnais d'ailleurs pas la compétence pour dire aux autres comment ils devraient fonctionner dans leur entreprise.

Des experts ont analysé en profondeur les éléments les plus susceptibles d'attirer les jeunes, de faciliter leur rétention au sein de l'entreprise, d'orienter les plans de carrière en fonction de leurs intérêts, en tenant pour acquis que ces intérêts changeront d'une tranche d'âge à une autre.

Notre sondage révèle plusieurs pistes intéressantes à ce sujet. Par exemple, l'entreprise devra exploiter au maximum la créativité de ses jeunes employés et partenaires pour attirer et conserver dans ses rangs les meilleurs. Les défis proposés devront être à la hauteur des ambitions des jeunes. Les critères de promotion devront tenir compte de leurs aspirations. Certes, l'argent et le statut social jouent des rôles différents selon les catégories de jeunes auxquels on s'adresse.

Au-delà des particularités de chaque entreprise et de son personnel, une chose est certaine : des moyens pour faciliter une conciliation intelligente de la vie familiale et de la vie au travail existent déjà dans plusieurs entreprises. Je pense qu'il y aurait lieu d'en étendre l'application le plus largement possible.

Bosser en pantoufles

Bien qu'il ne soit pas sans inconvénients, le télétravail est une des formes de réorganisation du travail qui peut profiter à tout le monde : à la société en général, aux jeunes comme aux travailleurs plus âgés, ainsi qu'à l'entreprise. Comment ? D'abord, la diminution des déplacements domicile-travail a un effet direct sur la consommation d'énergie, sur la congestion des accès aux centres-villes. Le télétravail exige moins d'espaces de bureaux et de surfaces de stationnement. De plus, il permet de diminuer le degré de stress, d'augmenter la qualité de vie et de passer plus de temps en famille. Pourquoi se taper les ponts matin et soir si on peut faire autrement ?

Même lorsqu'on travaille à la maison, les nouvelles technologies permettent de tenir des réunions simultanément avec plusieurs personnes, ce qui diminue d'autant les besoins de salles de réunions. Ce mode de travail peut aussi rendre plus facile l'adaptation aux décalages horaires qu'entraîne la mondialisation des échanges commerciaux. Imaginez l'impact considérable qu'une entreprise favorable au télétravail pourrait avoir sur le développement des régions qui cherchent par tous les moyens à conserver leurs jeunes, dont plusieurs ne demanderaient pas mieux que de fonder leur famille dans leur région natale.

Le télétravail gagne constamment en popularité chez nous, comme dans plusieurs pays dans le monde. Mes rencontres avec les jeunes ont confirmé les observations d'un autre sondage CROP sur le sujet. Le télétravail constitue un avantage concurrentiel au moment du recrutement. Il contribue même à séduire les jeunes de la génération Y (ou la *Net Generation*) qui recherchent des défis à relever, de la reconnaissance et un équilibre entre leur vie privée et leur vie professionnelle. La technologie existe. Certains s'en servent déjà avec intelligence.

Selon le Centre francophone d'informatisation des organisations (CEFRIO)[39], la proportion d'adultes québécois qui travaillent par Internet à partir de leur domicile a fait un bond remarquable : de 19 % en 2004 à 31 % en 2006.

Les experts américains prévoient une augmentation de l'ordre de 10 % par année des télétravailleurs au cours des prochaines années, principalement en raison de l'accès grandissant à Internet haute vitesse et des coûts croissants des déplacements. Un groupe de sénateurs a déposé récemment un projet de loi qui accorderait une aide financière fédérale pour le télétravail, ce qui permettrait à un plus grand nombre d'Américains de travailler à partir de leur résidence. Avec la tertiarisation galopante de l'économie, rien de plus facile.

Les principales raisons évoquées par les entreprises américaines pour expliquer le succès du télétravail au cours des dernières années sont généralement les suivantes :

– réduction des frais de déplacement (et du temps) ;
– réduction des coûts immobiliers ;
– meilleure conciliation entre la vie professionnelle et la vie familiale ;
– réponse, à meilleur coût, aux obligations légales concernant l'emploi des personnes handicapées ;
– contribution au maintien des opérations en période de crise ;
– réponse aux préoccupations environnementales.

Les Suédois (encore eux !) ont mis en place, dès le début des années 1990, des mesures incitatives pour permettre aux entreprises d'encourager le télétravail. Ces mesures accordaient une aide aux entreprises qui équipaient leurs employés du matériel informatique requis pour travailler à leur domicile ainsi que la couverture de tout le pays en infrastructures efficaces pour les liaisons Internet et le téléphone mobile. Des mesures incitatives visaient aussi les utilisateurs. Le bon sens à la suédoise, comme dirait l'autre.

L'ensemble de ces mesures a donné des résultats probants. En 2005, dans 90 % des entreprises suédoises de plus de 500 personnes, les salariés travaillaient régulièrement hors des locaux de l'entreprise. Cette proportion était de 30 % dans les entreprises de moins de 20 salariés[40]. C'est considérable.

Au Japon, le télétravail connaît un essor remarquable. En 2002, 15,6 % de l'ensemble de la main-d'œuvre faisait du télétravail, dont environ 40 % pour une durée de plus de huit heures par semaine. En 2005, la proportion des télétravailleurs au sens large était passée à 38,9 % de la main-d'œuvre, dont près du tiers pour une durée de plus de huit heures par semaine[41].

Aujourd'hui, le Japon encourage fortement le télétravail dans les PME. Ces entreprises pourront bientôt tester gratuitement un système sécurisé mis au point par les pouvoirs publics japonais. Le gouvernement nippon cherche ainsi à généraliser une pratique devenue courante dans certaines grandes entreprises qui permettent à leurs employés de travailler depuis leur domicile un ou deux jours par semaine.

Le télétravail s'inscrit dans une approche plus globale de la relation avec le travail. Une question bien simple devrait permettre de déclencher la réflexion : est-ce essentiel d'exiger la présence de tout le monde, en même temps, au travail ? Dans la majorité des entreprises, la réponse me semble évidente. Particulièrement dans une économie où le secteur des services domine. À chacun d'apporter ses propres solutions. Toutefois, une chose demeure : si nous n'arrivons pas à offrir une organisation du travail plus souple que celle que nous avons connue, les jeunes risquent fort de ne pas embarquer. Ce serait bien dommage…

L'entreprise gardienne d'enfants

La famille, et les enfants tout particulièrement, se trouve au cœur des préoccupations des jeunes. Certains opposent même travail et famille. Le télétravail peut contribuer à solutionner une partie des problèmes que les jeunes soulèvent. Cependant, il faudra mettre en œuvre plus d'une solution pour répondre à l'ensemble de leurs besoins. Car ce ne sont pas toutes les fonctions qui se prêtent au télétravail. Il faut bien que les gens se rencontrent de temps à autre.

En ce sens, un des grands problèmes soulevés concerne la garde des enfants d'âge préscolaire. Qui s'occupera des enfants pendant que les parents sont au travail ? Comment faire en sorte que la garde des enfants et les multiples contraintes qui sont reliées à cette activité ne prennent une telle ampleur que certains préfèrent rester à la maison ?

La garderie en milieu de travail peut contribuer à régler une partie du problème pour certains parents. Là aussi, les pays scandinaves ont une longueur d'avance sur nous, bien que certaines grandes entreprises d'ici aient pris d'heureuses initiatives en ce sens depuis une dizaine d'années. Je pense notamment à Jean Coutu (le vrai) et à Robert Dutton chez RONA. Elles sont cependant encore trop peu nombreuses.

La garderie en milieu de travail procure des avantages certains aux entreprises qui s'engagent dans cette voie. Elle offre :
- un atout de plus en plus important dans le recrutement et la rétention du personnel ;
- une réduction des retards et de l'absentéisme ;
- une réintégration plus facile des employés de retour d'un congé parental ;
- un engagement, une satisfaction et une motivation accrus ;
- une réduction du stress et des problèmes de santé qui en découlent.

Ces avantages dont profitent les entreprises qui font l'effort d'offrir une garderie en milieu de travail ne sont pas négligeables. Ils peuvent faire la différence entre travailler et rester à la maison, ou encore, entre conserver son emploi ou en chercher un autre. Quand les pénuries de main-d'œuvre frapperont sévèrement les entreprises, ce seront là des considérations très importantes. Aussi bien s'y préparer dès maintenant.

24

L'économie sociale : capitale !

Vous le constatez, il y a beaucoup de travail à faire. Les efforts de tous ceux et celles qui veulent mettre la main à la pâte sont requis. Heureusement, dans une économie très diversifiée comme la nôtre, il existe plusieurs façons de faire les choses. L'économie sociale est l'une d'entre elles. La feuille de route de plusieurs de ces entreprises qui visent des objectifs à la fois économiques et sociaux est déjà impressionnante. Particulièrement depuis la création du Chantier de l'économie sociale, formé à la suite du Sommet sur l'économie et l'emploi tenu en 1996 sous le leadership de mon amie Nancy Neamtan et de Claude Béland.

De quoi s'agit-il exactement ? De petites entreprises locales, sans but lucratif, qui ont pour objectif d'améliorer les conditions sociales, économiques et environnementales dans les communautés, proposent des produits et services en gérant leurs activités en fonction des intérêts sociaux et communautaires. Elles occupent plusieurs champs d'activités, allant des opérations forestières à l'agroalimentaire en passant par les services de santé et les services offerts aux personnes. Le vaste domaine des services aux personnes en perte d'autonomie, notamment, pourrait constituer dans un avenir rapproché un terrain extrêmement fertile pour ces entreprises, pour le plus grand bénéfice des communautés concernées.

À une époque où les gouvernements ont tendance à se désengager de champs complets de services, les gens se tournent vers des approches et des initiatives communautaires dans le but de mettre au point des solutions locales pour répondre à des besoins locaux. Ces entreprises sont intéressantes dans la mesure où elles contribuent à l'atteinte d'un vaste éventail d'objectifs à l'échelle des communautés. Elles favorisent la richesse collective en produisant des biens et des services.

Le Québec compte parmi les leaders dans ce domaine. Ailleurs, plusieurs pays membres de l'OCDE ont mis en œuvre des stratégies visant à favoriser le développement de ces entreprises. L'Union européenne encourage fortement l'entrepreneuriat social.

Où en sommes-nous chez nous dans ce secteur ? Le Québec compte plus de 6 000 entreprises d'économie sociale qui génèrent environ 4 % du PIB québécois[42]. Cela exclut les grandes coopératives financières et agricoles. Chacune des communautés du Québec peut compter sur l'appui de centres locaux de développement qui sont généralement ouverts à la réalité des entreprises d'économie sociale.

De façon générale, l'économie sociale est intégrée à part entière à l'infrastructure socioéconomique du Québec. Je ne doute pas que ces entreprises puissent contribuer, d'ici peu, de façon originale, à la solution de plusieurs problèmes auxquels nous serons confrontés. D'autant plus que le mode de fonctionnement de ces entreprises et le type d'objectifs qu'elles poursuivent tombent pile avec les valeurs qu'un grand nombre de jeunes m'ont fait valoir durant nos rencontres. Tout comme en témoignent aussi leurs réponses aux questions de notre sondage.

25

Esprits créatifs, à vos ordis !

J'ai lu récemment un livre extraordinaire dont le titre est *Wikinomics*[43]. Les auteurs sont Don Tapscott et Anthony D. Williams, tous deux dirigeants de la firme New Paradigm dont le siège social est à Toronto. Madeline, mon assistante à Toronto, m'a présenté à son gendre, le jeune Anthony D. Williams, que j'ai rencontré par la suite durant la préparation de ce livre.

Sa firme m'a donné accès à certains résultats d'enquêtes qui ont été menées auprès de jeunes du monde entier, dont le but était de mieux cerner leurs valeurs, leurs attentes, leur désir de s'engager dans l'action. Tous les dirigeants d'entreprise auraient avantage à lire ce livre qui raconte comment les plus grandes entreprises du monde en viennent à élargir leurs bases de connaissances et leurs réseaux afin de multiplier leur capacité d'innover et de produire plus rapidement et à meilleur coût. Le contenu de ce chapitre est largement inspiré de cet excellent livre.

Des changements sans précédent

Des changements technologiques profonds, les impératifs démographiques et la mondialisation des échanges commerciaux favorisent l'émergence de nouveaux modèles de conception et même de production. Ces modèles découlent de paradigmes nouveaux, tels un sens élargi de la communauté et un esprit tourné vers la collaboration, tout en rendant beaucoup plus facile la contribution individuelle spontanée plutôt que l'appartenance à une hiérarchie où dominent les contrôles serrés.

Nous vivons dans une ère nouvelle. Les bouleversements que nous connaissons offrent des conditions inédites de contributions individuelles au développement économique et à celui des entreprises. Exactement les conditions dont m'ont parlé les jeunes qui veulent travailler en réseaux, être créatifs, contribuer personnellement au progrès tout en bénéficiant des retombées de leurs trouvailles, et étendre leur champ d'action au monde entier.

Ça tombe bien. Les nouvelles infrastructures qui soutiennent ces types de collaborations, comme Internet ou les plateformes d'externalisation (*outsourcing*) technologiques ouvertes à tous, permettent maintenant à des milliers d'individus et de petites entreprises de participer au développement de produits et à la recherche de solutions à des problèmes technologiques que les grandes entreprises ont tenté jusqu'à maintenant de solutionner en vase clos, strictement avec leur personnel. L'accessibilité croissante des nouvelles technologies permet d'élargir la participation au grand laboratoire universel qu'est devenu le monde. Nous sommes en train de passer de l'ère du développement en vase clos à une approche de collaboration à l'échelle de la planète.

Tout ce dont chacun a besoin, c'est d'un ordinateur, d'un branchement Internet, d'idées, d'initiative, de créativité. Ce qui fait que la connaissance et la capacité d'améliorer la production de biens et de services sera plus dispersée que jamais auparavant. Devant cette nouvelle réalité, aucune entreprise ne pourra plus mener seule, uniquement avec ses ressources internes, la bataille du savoir.

Un exemple donné par les auteurs de *Wikinomics* : Procter & Gamble. Cette très grande entreprise œuvre dans un secteur où les produits issus de l'innovation ont doublé au cours des cinq dernières années. Même leur armée de 7 500 chercheurs ne suffit plus à maintenir le rythme. Plutôt que d'embaucher encore plus de chercheurs, la direction de l'entreprise a donné instruction à ses unités d'affaires d'aller chercher à l'extérieur au moins la moitié de ses nouvelles idées de produits et services. Si bien que vous pouvez très bien travailler pour Procter & Gamble sans être un de leurs employés !

Miser sur la créativité des jeunes

Rappelez-vous les réponses des jeunes au sondage. Ils disaient vouloir faire preuve de créativité, travailler en réseau, sans pour autant être encadrés de façon trop rigide. Rappelons-nous aussi leurs désirs de s'occuper de leur famille et d'avoir du temps pour leurs loisirs, sans que l'organisation de leur travail ne les pénalise trop lourdement. Nous y sommes. L'appartenance à ces vastes réseaux dans une multitude de domaines pourrait offrir une partie de la réponse à leurs aspirations.

Ces jeunes disaient aussi être désireux de travailler à l'étranger si des projets exaltants les y amenaient. Eh bien, le terrain de jeu de ces nouveaux réseaux de créateurs s'étend à la planète, qui se transforme rapidement en un vaste réseau global de concepteurs et de producteurs spécialisés. Des réseaux qui rendent possibles les réorientations constantes de carrière en fonction des besoins extrêmement diversifiés qui se manifestent dans un pays ou un autre. Passionnant, non ?

Ces nouvelles formes d'organisation ouvrent des perspectives très intéressantes en ce qui concerne la participation à la vie communautaire, aux institutions démocratiques et même à l'organisation de l'économie planétaire. Pensons seulement aux multiples possibilités que cela offre en matière de développement régional. Pensons aux régions ressources du Québec qui déplorent la perte de plusieurs de leurs éléments les plus actifs au profit des grands centres. Ce nouveau genre d'organisation en réseau pourrait peut-être permettre le développement de noyaux régionaux, même dans les endroits les plus éloignés. Des emplois de qualité au sein de sa propre communauté, conjugués avec une qualité de vie exceptionnelle. Je connais bon nombre de jeunes qui en rêvent. Ça vaudrait certainement la peine de travailler là-dessus.

Quant aux entreprises qui se lancent dans ce nouveau genre d'organisation, elles réalisent déjà des taux de croissance et des degrés d'innovation intéressants, à mesure qu'elles apprennent à travailler dans le cadre de cette nouvelle réalité. Les exemples de succès sont de plus en plus nombreux. On en retrouve déjà dans des domaines aussi variés que le design de pièces d'avions, l'assemblage de motocyclettes et même l'analyse du génome humain.

Oui, même dans un domaine aussi complexe que le séquençage du génome humain, le travail en réseau a fait des miracles. Tout a commencé lorsque plusieurs grandes firmes, notamment les compagnies pharmaceutiques, ont délaissé chacune leurs projets individuels, qui coûtaient très cher et prenaient beaucoup de temps, pour entrer de concert dans des projets à structure ouverte. Ces firmes ont mis de côté ce qui leur semblait jusque-là un élément fondamental de leur credo : les premières étapes de la R-D étaient menées jusque-là par leurs équipes respectives de chercheurs, dans leurs propres laboratoires, sous le sceau du plus grand secret. En mettant en commun leurs ressources et en faisant appel à des réseaux ouverts, ces entreprises ont pu réduire leurs coûts, accélérer l'innovation, créer plus de richesse pour leurs actionnaires et, ultimement, tirer profit des retombées de la recherche génomique beaucoup plus rapidement.

Bien sûr, par la suite, chaque entreprise a développé ses propres recherches en vue de fabriquer des produits particuliers. Mais que de temps et de ressources épargnés pour obtenir des résultats qui profitent maintenant au monde entier.

Un autre exemple : le système d'exploitation Linux. Il s'agit d'un système d'exploitation d'ordinateur libre qui combine le système d'exploitation et un ensemble d'utilitaires. D'abord développé et offert pour les compatibles PC, Linux est maintenant utilisé pratiquement sur tout type de matériel de communication, allant du téléphone portable aux superordinateurs. C'est un autre grand succès adopté par certaines des plus grandes entreprises qui s'en servent pour soutenir leurs produits. Les utilisateurs peuvent travailler avec Linux tel quel ou encore le modifier à leur guise en fonction de leurs besoins. Il a été utilisé par des entreprises telles que BMW, IMB, Motorola, Philips, Sony, etc.

Le principe est simple. On peut utiliser l'exemple de la vague qui soulève tous les bateaux en même temps pour comprendre le fonctionnement du système d'exploitation libre (*open source*). Fonctionner de cette façon ne peut faire que des gagnants. L'expansion des marchés ouvre des possibilités pour tout le monde. À chacun d'en profiter dans son domaine spécifique. Chacun, bien sûr, continue de protéger sa propriété intellectuelle critique et ses nouveaux produits. Cela laisse malgré tout une immense marge de manœuvre pour la mise en commun de la propriété intellectuelle de base qui peut servir à développer de nouveaux produits dans d'autres secteurs non concurrents. En retour, la réciprocité peut être très créatrice et très payante.

Puiser à même la connaissance universelle

Les gagnants d'aujourd'hui, et encore plus ceux de demain, seront ceux qui réussiront à s'alimenter à même cette nouvelle connaissance universelle mise en commun à l'échelle planétaire. C'est là où nous en sommes. Les jeunes visent en plein dans le mille. Ils ont compris bien avant nous les nouvelles règles du jeu. Ils sont prêts à se lancer dans l'aventure.

Les entreprises devront rapidement passer en mode « connaissance universelle » si elles veulent intéresser ces jeunes et leur proposer des défis à la mesure de leurs possibilités et de leurs besoins de créer. Nous devons très rapidement nous tailler une place dans ces communautés d'intérêts d'où proviendra la plus grande partie de l'innovation au cours des années qui viennent. Ces communautés sont en formation maintenant. Des milliers de ces groupes d'intérêts se développent, et ce, dans tous les domaines, dans tous les pays. Nous ne pouvons pas nous payer le luxe de continuer à travailler seuls, chacun de notre côté.

La génération Net

Les jeunes sont ceux et celles qui peuvent le plus profiter (et nous faire profiter) de cette nouvelle réalité. Ils baignent dans cette culture numérique souvent depuis leur naissance. Ils y sont à l'aise. Nos sondages démontrent à quel point ils lient leur évolution à ce nouveau mode de vie. Ils constituent littéralement le moteur démographique de cette nouvelle culture de la collaboration dans la recherche de la connaissance, dans cet effort universel pour innover.

Les résultats de nos sondages le démontrent : les jeunes composent déjà une nouvelle sorte de travailleurs. Ils ont passé leur vie à interagir au téléphone cellulaire et à clavarder. Ils apprennent différemment. Ils consomment différemment. Ils exercent leurs droits et devoirs de citoyens différemment. Pourquoi ne voudraient-ils pas travailler différemment ? Rien à faire pour endiguer une telle vague. Bien au contraire, il faut absolument tirer profit de ce dynamisme et de cette capacité créatrice extraordinaire.

Ces jeunes ont tout ce qu'il faut pour faire éclater les méthodes actuelles de travail. La formation (formelle ou autre) qu'ils ont acquise les amène déjà à passer outre les frontières des organisations au sein desquelles ils évoluent. Que ce soit aux études, au travail ou dans leurs loisirs, leurs réflexes les amènent à échanger à l'échelle de la planète pour obtenir des opinions, des informations, des confirmations. Pourquoi agiraient-ils autrement dans le cadre de leur travail formel ? Le réseautage fait partie de leur ADN. Chaque jour qui passe multiplie les moyens de communication et en décuple l'efficacité. C'est fascinant de constater avec quelle facilité les équipes de recherche peuvent collaborer à l'échelle de la planète pour accélérer les cycles de développement de produits et même prendre le relais au rythme de la succession des fuseaux horaires. Oui, fascinant !

N'allez surtout pas penser que toute cette cogitation ne peut s'appliquer que dans le domaine des idées ou de l'échange de services. Déjà, pratiquement aucun domaine n'échappe à cette nouvelle réalité. Du travail de *back office* aux sous-contrats de fabrication en passant par la médecine, tout est possible dans le monde nouveau de la collaboration planétaire, pour autant que cela facilite la croissance, l'innovation et la diversité. Aussi bien dire que rien n'y échappera. Il n'y a pas d'avenir pour les entreprises qui persisteront à s'isoler dans ce monde ouvert. Plusieurs jeunes ont déjà compris que leur avenir est là.

Un autre exemple de ce genre d'organisation : InnoCentive, un immense réseau auquel se sont greffés 90 000 scientifiques provenant de 175 pays et offrant leurs services pour trouver des solutions à des problèmes de toutes sortes. Des entreprises comme Boeing, Dow, Dupont, Novartis et Procter & Gamble font affaire avec ce réseau. Aux dernières nouvelles, au moins 35 entreprises du Fortune 500, dans un grand nombre de secteurs, recouraient à ses services. Cela élargit de façon extraordinaire leur capacité d'innover et de trouver rapidement et à meilleur coût des solutions à des problèmes complexes. L'idée de base est qu'un grand nombre de scientifiques interreliés grâce à des réseaux mondiaux arriveront certainement à performer mieux et plus rapidement que les services de recherche fermés d'une seule entreprise.

L'expérience démontre constamment que quelqu'un, quelque part dans le monde, peut résoudre vos problèmes ou vous aider à exploiter chaque occasion qui se présente mieux que vous ne pouvez le faire vous-même. Une fois cette évidence admise, il ne reste qu'à trouver ces personnes ou ces réseaux et à jeter les bases d'une collaboration efficace. C'est ce que font les entreprises qui réussissent le mieux maintenant.

Propriété intellectuelle à vendre

Cette forme de collaboration a permis à plusieurs entreprises de constater une évidence. Les entreprises sont souvent assises sur une montagne de propriétés intellectuelles qu'elles n'utilisent pas. Or, ces propriétés peuvent valoir très cher pour d'autres entreprises dans des domaines qui ne sont pas en concurrence. Pourquoi alors ne pas vendre ou échanger ces propriétés ? Voilà une pratique qui gagne de plus en plus en popularité parce qu'elle permet de transformer des coûts en sources de revenus et même en nouvelles propriétés intellectuelles potentielles qui, elles, seront mises à profit. C'est ce qu'on appelle une relation gagnant-gagnant! Qui fait ça? Des entreprises comme Procter & Gamble, IBM, Texas Instruments, Eli Lilly, pour ne citer que celles-là.

Ce terrain n'appartient pas qu'aux grandes entreprises transnationales. De telles pratiques permettent aussi à des PME de se greffer à ce que les Américains appellent des *ideagoras,* qui ont pour but d'établir des liens entre des individus, des entreprises et des organisations de toute nature, incluant des universités, qui ont des idées à vendre, d'une part, ou à acheter, d'autre part. De véritables marchés aux idées. Ces *ideagoras* sont accessibles par Internet. Au sein de ces réseaux, les participants jouent tantôt le rôle d'acheteurs d'idées, tantôt celui de vendeurs d'idées.

Au moment où personne ne peut plus tout faire tout seul, les coûts et le temps forcent les plus puissants à travailler en réseau. Autant d'occasions offertes aux individus et aux entreprises partout sur la planète. Pourquoi pas chez nous?

Je vous encourage fortement à lire *Wikinomics,* un livre qui donne plusieurs exemples d'entreprises qui fonctionnent en réseau et qui explique comment faire pour intégrer ces nouveaux réseaux. Il s'agit littéralement d'une nouvelle façon de penser qui pourrait donner une impulsion inespérée à plusieurs de nos secteurs économiques et nous permettre de rayonner sur la planète. Une façon extraordinaire d'utiliser à bon escient l'immense potentiel de nos jeunes, dans le respect de leurs valeurs. Et pourquoi pas à partir des régions, ici au Québec, où ils ont leurs racines les plus profondes?

26

Donner sans compter son temps

Une autre façon de changer les choses : donner de son temps. Pas traditionnel non plus. Surtout au Québec où le bénévolat et la philanthropie ne sont pas encore ancrés aussi profondément dans nos mœurs qu'ailleurs au Canada. Mais ça s'en vient. On va y arriver.

Je me souviens de mon retour au Québec, une fois terminées mes études universitaires. J'avais 24 ans. Oui, ça fait longtemps. Mes premières années à titre de bénévole chez Oxfam-Québec ont littéralement changé ma vie. C'est à ce moment que j'ai compris que l'engagement personnel peut vraiment changer des choses.

Depuis, bon an mal an, j'ai dû passer le quart de ma vie adulte à militer ou à travailler dans des organismes sans but lucratif (OSBL) de différente nature, qu'ils appartiennent au monde du sport, à celui de l'éducation, à la culture, au secteur de la santé. Sans compter les organismes de ma propre industrie où j'ai aussi eu l'occasion de servir bénévolement.

Le message que je veux passer en rappelant cela, c'est que malgré toutes les heures qu'on consacre au travail bénévole et les sacrifices personnels et familiaux qu'il entraîne, on en retire toujours beaucoup plus, personnellement, que la contribution qu'on a pu apporter. Je dis bien *toujours*. Je peux en témoigner personnellement.

Quand j'ai l'occasion de m'adresser à des jeunes, je les encourage à **plonger dans cet univers du bénévolat le plus tôt possible dans leur vie.** Ils ont tout à gagner à le faire. Si je peux y aller d'une suggestion, je dirais que consacrer 10 % de son temps à un engagement bénévole est un bon point de repère. Je dis aussi aux jeunes que leur engagement leur vaudra au moins **4 précieux bienfaits** :

1. *Le bénévolat leur apprendra à mieux cerner leurs valeurs.* Ces valeurs fondamentales qui les définissent comme êtres humains. En découvrant ces valeurs, ils pourront les « tester », si je peux dire. Ils auront à les partager et parfois à les défendre. C'est au contact des autres que nos valeurs prennent tout leur sens. Sans de telles expériences, celles-ci risquent fort de n'être que des mots, des paroles de circonstance.

2. *Le bénévolat apprendra aux jeunes à aiguiser leur leadership.* Il n'y a rien comme d'assumer des responsabilités au sein d'organismes caritatifs ou des OSBL en général, pour découvrir nos vraies capacités et notre véritable leadership. Il faut aller chercher au fond de soi-même toute son habileté à convaincre. Il n'y a pas d'ordre à donner ni à recevoir. C'est le genre de fonctions qui ne nous laissent que notre aptitude personnelle à motiver les autres pour qu'ils donnent le meilleur d'eux-mêmes. Sans rien avoir à leur offrir que la satisfaction d'avoir accompli quelque chose gratuitement. Pas de récompense financière, pas de plan de carrière, souvent peu de reconnaissance, pour obtenir des gens avec qui on travaille un engagement profond, même un dépassement. C'est toute une expérience !

3. *Le bénévolat mettra à l'épreuve leur créativité, leur imagination et leur capacité d'innover.* C'est le genre de milieu où il faut souvent faire de grandes choses avec bien peu de moyens. Les ressources financières et humaines sont très rares, même si les défis sont généralement ambitieux.

4. *Le bénévolat favorisera la construction de leur réseau.* En œuvrant bénévolement, on interagit avec une foule de personnes de toutes sortes de milieux, de cultures, d'origines. On vit des expériences riches et diversifiées qui nourrissent l'âme et le cœur. Je dis souvent aux jeunes qu'au-delà des dollars qu'ils auront gagnés, au-delà des honneurs qu'on leur décernera ou pas, la véritable richesse de leur vie se mesurera à la façon dont ils auront touché la vie de ceux et celles qu'ils

auront côtoyés. C'est l'impact qu'ils auront eu sur la vie de leurs concitoyens, de leur famille, de leurs collègues qui fera la différence. Le bénévolat est une façon extraordinaire d'agir sur son milieu. Au-delà de ce qu'on pourra dire au sujet des bénévoles, ils sauront, dans leur for intérieur, qu'ils ont réellement amélioré ou changé la vie de ceux qu'ils auront croisés chemin faisant. Ou à bord de ce train dont je parlais dans la lettre destinée à mes enfants, au début de ce livre.

Au fond, le bénévolat est une excellente façon de réussir sa vie, au-delà des succès rencontrés dans sa vie professionnelle.

27

Un ministère de l'Imagination : pourquoi pas ?

À l'été 2007, à l'occasion d'un souper en compagnie de Kent Nagano, Robert Charlebois, Luc Plamondon et d'autres personnes qui avaient participé au concert en plein air de l'OSM au stade Molson, commandité par mon entreprise BMO, Robert Charlebois, égal à lui-même, y est allé d'une proposition qui m'a frappé et que je vous transmets telle quelle.

On avait échangé pendant le souper sur différentes politiques au Québec. Puis on en est venus à parler de l'hésitation que met le gouvernement, depuis des années, notamment à s'attaquer vraiment au problème des algues bleues. Pourquoi faut-il toujours que les médias montent en épingle quelques cas douteux pour que l'État se tape une tournée du Québec, attachés de presse en première ligne du bataillon ? Robert nous rappelait que nos lacs, c'est l'âme du Québec et que, le jour où nous les perdrons, nous aurons perdu une grosse partie de notre âme collective.

Devant cet attentisme auquel on a été trop souvent habitués, Robert s'est exclamé : « Il faut créer un ministère de l'Imagination au Québec, ça presse ! » Et Luc Plamondon de rétorquer : « Oui, Robert, à la condition que tu en sois le ministre. » Et Robert, de répondre du tac au tac : « Non, jamais ! C'est un ministère qui ne devrait compter absolument personne au-dessus de trente ans. Moi, je suis trop vieux. L'imagination, c'est un muscle, dit-il, et plus on vieillit, plus il s'atrophie. » Wow ! Pas si fou que ça, un ministère de l'Imagination.

Pour un « vieux », moi, je le trouve pas mal imaginatif et créatif, notre Robert Charlebois national. J'aimerais bien pouvoir en dire autant ! J'ai pour lui une grande admiration. Pas seulement pour tout ce qu'il a fait dans le monde de la musique au Québec et ailleurs dans le monde, mais aussi pour le citoyen remarquable et le papa le plus *cool* du Québec, selon ses enfants. Tant qu'à être « ordinaire », c'est ainsi que j'aimerais être. Mais j'ai choisi d'être banquier – et je ne ressens pas le blues du businessman.

Je ne vous raconte pas cette anecdote pour vous aviser de la création prochaine d'un ministère de l'Imagination chez nous. Je veux simplement rappeler une réalité. Tant qu'on ne réussira pas à attirer une partie des jeunes au sein d'une fonction publique qui se renouvelle, ainsi que dans les Parlements, à Québec comme à Ottawa, on ne risque pas de s'aventurer très loin sur la voie de l'imaginaire et de l'innovation dans l'élaboration des politiques publiques.

Pourquoi ? Parce qu'on continuera à faire du *tried and true,* comme disent mes amis anglophones. Avec les mêmes résultats que nous ne connaissons que trop. On a beau changer l'habit, mais on se retrouve toujours avec le même moine dedans.

En janvier 2008, de retour de Davos, un forum que j'apprécie particulièrement, Bill Gates a prononcé une conférence devant un groupe d'étudiants de la Sorbonne. Il disait être prêt à passer à autre chose et à se consacrer entièrement à sa Fondation. Il est prêt à passer le flambeau « technologique » de Microsoft aux jeunes. Il a notamment dit ceci : « L'innovation sera toujours surtout l'affaire des moins de 25 ans […] Dans un sens, en vieillissant, on en vient à savoir trop de choses… Ça m'est arrivé et je me suis dit : non, on ne peut pas continuer ainsi. » Vous comprendrez que je me trouve en assez bonne compagnie pour dire : place aux jeunes, ce sont eux qui inventeront l'avenir.

Je ne dis pas que toutes les décisions de ceux qui nous gouvernent sont mauvaises, mais on ne peut pas attendre beaucoup de nouveau de la part d'appareils gouvernementaux particulièrement réfractaires au changement. Ici comme ailleurs, soit dit en passant. Le réflexe des gens « très matures » qui y travaillent est souvent de protéger leurs acquis et de défendre les vieilles approches qu'ils connaissent. La destruction créatrice de nos vieux schèmes ne viendra pas d'eux. Ça aussi, c'est un des traits dominants de notre héritage démographique québécois.

Au moment du changement de garde, qui finira bien par arriver dans les fonctions publiques fédérale et provinciale, retenons bien le message de l'ami Robert et de nos autres créateurs. **Faisons confiance aux jeunes.** Quand je relis les notes de mes rencontres avec les jeunes ou les résultats de nos sondages, je remarque une étonnante sagesse. Une sagesse qui ne se dément pas.

Au rythme où vont les choses, je suis prêt à assumer le supposé risque du « moins d'expérience » et j'échangerais bien la vieille recette de l'expérience et du déjà-vu pour un peu plus d'audace, de créativité et d'innovation. Sans parler du courage propre à la jeunesse et de son sens éthique dont témoignent les sondages cités dans la deuxième partie de ce livre.

D'ailleurs, avec la rareté des ressources qu'on connaît et le vieillissement accéléré de notre population, a-t-on vraiment le choix ? Je suis convaincu que notre prospérité à venir, notre compétitivité et même, d'une certaine façon, notre solidarité passent par l'avènement d'un vent de fraîcheur, dans la fonction publique comme ailleurs. Là peut-être même plus qu'ailleurs.

Pour attirer de bons candidats et particulièrement des jeunes dans les fonctions publiques fédérale et provinciale, toutefois, au moins **deux grands changements s'imposent.**

Tout d'abord, **une révision majeure de la *Loi fédérale sur l'imputabilité*** des fonctionnaires. On le sait, cette loi a été adoptée au lendemain du scandale des commandites. Bien qu'elle s'inspire de nobles principes de transparence et d'imputabilité, elle a presque instantanément immobilisé les fonctionnaires, eux qui, on le sait, étaient déjà assez timides en fait de changement. Depuis lors, les règles d'imputabilité sont si pointilleuses que plus personne ne prend d'initiatives, de peur de se tromper... Le droit à l'erreur ? Vous voulez rire !

À Ottawa, tout le monde se regarde comme des chiens de faïence ; il s'est installé une atmosphère de méfiance institutionnalisée qui atrophie toute velléité de renouveau et de créativité. Qui plus est, les tensions entre le gouvernement et les fonctionnaires ont atteint de nouveaux sommets. Ce n'est certainement pas dans ce contexte qu'on attirera nos plus brillants jeunes candidats à faire carrière dans la fonction publique fédérale.

L'autre changement majeur doit avoir lieu à Québec, où il faut **cesser de déléguer à la société civile le travail d'élaboration des politiques publiques** dont le gouvernement provincial est pourtant responsable, que ce soit en santé, en agriculture ou que sais-je encore. Cette attitude n'envoie pas un signal encourageant aux jeunes qui songeraient à une carrière de fonctionnaire.

Ce qui me frappe, c'est que nos gouvernements, à Québec comme à Ottawa, ne font plus confiance à leurs propres troupes. Ne leur confient plus ce travail vital qui est de mettre sur pied des politiques publiques porteuses et structurantes. Dans ce contexte, peut-être que certains jeunes se laisseront attirer par la sécurité d'emploi et la caisse de retraite, mais les plus talentueux et confiants ne s'y feront pas prendre.

Bref, la fonction publique n'a rien pour séduire les jeunes... sauf s'ils prennent carrément le pouvoir! Mais ce n'est pas demain la veille, pour les raisons déjà évoquées. À moins que n'émerge bientôt chez nous un leader politique à la John Kennedy ou à la Barack Obama qui saura susciter la passion des jeunes envers la politique et la vie publique.

Avec l'envergure des défis que je vois poindre à l'horizon, peut-être que je devrais ressortir les lampions de ma mère et en allumer une couple! (Je pense que j'en ai encore...) Aidez-moi: faites donc pareil. On ne sait jamais!

CONCLUSION

Le droit de rêver, l'obligation d'agir

Je rêve d'un Québec qui retrousserait ses manches et qui se servirait à bon escient de toute la puissance que nos jeunes ne demandent qu'à déployer. Nous pouvons bâtir sur leurs forces, leurs valeurs, leur vision du monde, pour concurrencer les meilleurs sur la planète. Je pense que je suis très réaliste. À la condition d'avoir un bon plan de match et de travailler très fort en investissant nos ressources limitées aux bons endroits.

Bien sûr, il faut accepter de faire les sacrifices qui s'imposent pour rétablir nos positions concurrentielles. Et quand je dis cela, je pense particulièrement à nous, les baby-boomers, qui avons une lourde responsabilité à assumer avant d'accrocher nos patins. Il faut cesser de vouloir améliorer notre confort en levant des hypothèques sur l'avenir de nos enfants.

Je souhaite ardemment que nos dirigeants de tous les ordres de gouvernement aient le courage politique de nous rappeler nos obligations et, surtout, de prêcher par l'exemple dans leurs décisions futures. Ils doivent cesser de nous dire uniquement ce que nous voulons bien entendre, d'une échéance électorale à l'autre. Si nous ne nous réveillons pas, la grande illusion risque de se terminer tragiquement.

Cela dit, la responsabilité n'appartient pas qu'à nos dirigeants politiques. C'est à nous tous, chefs d'entreprise, chefs syndicaux, artistes, éducateurs, intellectuels, travailleurs dans tous les domaines, étudiants, qu'il incombe de prendre conscience de l'urgence à laquelle nous sommes confrontés. Au-delà de nos intérêts particuliers, nous devons bien admettre que les moyens pour relancer notre progression nous appartiennent. Les leviers de changement sont à notre portée, socialement, économiquement, politiquement et même constitutionnellement.

C'est dans les domaines de l'éducation, de la santé, de la famille, de nos finances publiques que logent nos plus grands défis. Tous des domaines qui nous appartiennent en propre. Tous des domaines auxquels nous pouvons nous attaquer dès maintenant, sans attendre un éventuel messie venu d'ailleurs. Or, je ne crois pas que ce soit en adressant toutes les requêtes du monde aux Jean Charest, Stephen Harper et compagnie que nous allons relever nos défis. Certes, ceux-ci ont un rôle à jouer. Un rôle important même. Mais c'est surtout en jouant pleinement notre rôle, chacun dans nos domaines respectifs, avec nos moyens propres, que nous arriverons à faire bouger l'aiguille. Même si notre apport individuel peut nous sembler bien minime au premier coup d'œil. J'ai l'habitude de dire qu'on peut déménager des montagnes avec des petites cuillères. Il suffit d'avoir assez de cuillères et de gens prêts à retrousser leurs manches. Si on s'y mettait… le politique finirait bien par sentir le vent et surfer sur la vague que nous aurons déclenchée. J'ai rarement vu l'inverse.

Les défis sont nombreux. Toutefois, ce n'est pas en fracassant les records vers le bas, en travaillant moins que les autres, en laissant notre système d'éducation se dégrader, ni en engouffrant toutes nos ressources nouvelles dans un système de santé qui ne tient plus la route, que nous brillerons parmi les meilleurs, comme disent certains. **Ça ne suffit plus de scander des slogans. Il faut passer à l'action.**

Si les athlètes qui règnent sur leur sport sont les meilleurs du monde, ce n'est pas un hasard. Ils n'ont pas demandé à leurs gouvernements de leur insuffler la victoire. Ils sont devenus les meilleurs parce qu'ils ont travaillé plus que les autres et qu'ils continuent à le faire, avec bien sûr du talent, je ne le nie pas. Mais nous avons plein de talents au Québec. Cependant, nous avons peut-être un peu trop tendance à prendre les choses mollo en nous disant, après tout, que ce n'est pas si pire. On tolère même l'intolérable trop longtemps.

Je pense qu'il est grand temps que nous sortions de notre torpeur, car il se fait tard et **le monde n'attend pas après nous. Les jeunes me l'ont dit.** Si ça ne fait pas ici, ça va faire ailleurs ! Attention, danger. Ils iront chercher ailleurs, s'il le faut, le niveau de vie dont ils rêvent et les conditions propices à leur épanouissement. Pourquoi ne pas nous efforcer de créer ces conditions chez nous et leur faire cadeau d'un milieu de vie à la mesure de leurs ambitions. Il est tard, mais pas trop tard.

Mon message est très simple : *si on s'y mettait*, comme le chante Ferland. Si on s'y mettait, chacun dans son domaine, sans attendre que d'autres commencent. Alors rien ne pourrait nous arrêter. Sauf nous-mêmes, comme c'est le cas présentement. On peut l'entreprendre, ce vaste chantier de redressement et de renouveau. Ce sera difficile, exigeant, demandant, mais on peut sortir de l'ornière et revenir sur la route où d'autres sont en train de nous dépasser.

Au Québec, quand on s'en est donné la peine, on a réussi à déplacer des montagnes. On a même réussi à créer de toutes pièces des îles dans le milieu du fleuve. C'était l'époque où on voyait grand. Pourquoi avons-nous rapetissé nos rêves ? Ce n'est certainement pas la meilleure façon de préparer l'avenir de nos jeunes.

Dans ce livre, je propose un plan d'action qui comprend **10 chantiers.** Je crois qu'il y a là-dedans suffisamment de pistes qui peuvent nous aider à reprendre une place de choix parmi les gagnants. Je propose au fond que nos gouvernants gouvernent au lieu de prendre leur propre pouls de sondage en sondage. Que les dirigeants d'entreprise assument les risques inhérents à leur rôle et nous mènent vers une richesse suffisante pour soutenir les ambitions de nos jeunes. Que les chefs syndicaux redeviennent des leaders provocateurs de changement plutôt que de se replier sur le passé et leurs supposés droits acquis. Que les intellectuels et les artistes sortent du placard et provoquent eux aussi un débat de qualité sur les vrais enjeux. Que les aînés reprennent du service et contribuent à la transmission de leurs connaissances et de leurs expertises au nom de leurs enfants et de leurs petits-enfants.

Les sondages menés auprès des jeunes me convainquent d'une chose. **Nous n'avons pas le droit de nous asseoir sur nos réalisations et nos réussites passées.** Au contraire, nous avons le devoir de relever nos manches, de nous cracher dans les mains et de nous remettre sérieusement au travail. C'est ce que je propose dans ce livre qui n'a rien d'un credo. Ajoutez-y ce que vous voulez, à la condition que vos actions facilitent la mise en place d'une société que nous serons fiers de laisser à nos enfants.

En terminant, je vous dis à vous tous, lectrices et lecteurs, que, si ce livre vous incite à vous engager davantage dans le renouveau que le Québec se doit de vivre, j'aurai atteint mon but. Quel que soit votre mode d'engagement. Je dis aussi aux parents que si la lecture de ce livre vous incite à mieux observer et à écouter davantage ce que vos enfants ont à vous dire, nous avançons. Nous faisons du chemin.

Je vous le dis et vous le garantis parce que je l'ai vécu moi-même : **c'est dans l'action qu'on est le plus heureux.** En étant dans la parade. En l'organisant même au besoin, plutôt que de regarder passer celle des autres. Je me rappelle les paroles que papa m'a dites un jour et qui m'ont profondément marqué : c'est dans nos actions courageuses et non dans les plus populaires que nous trouvons un jour nos souvenirs de vie les plus durables.

Au fond, ce livre est une invitation à construire tous ensemble, incluant, au premier chef bien sûr, les gens de ma génération, avec nos souvenirs de vie les plus durables. Ce sont ces souvenirs qui nous rendront le plus fiers, le plus sereins, le plus heureux au cours de nos vieux jours. Ce sera alors plus facile, plus agréable même, de regarder nos enfants dans le blanc des yeux et de bercer nos petits-enfants, pour ceux et celles qui en auront la chance. Qu'avons-nous à perdre ? Absolument rien. *Let's go !* Notre travail n'est pas encore terminé. Il nous reste encore quelques manches au bâton. Et n'oubliez pas : il n'y aura pas de match nul.

En disant cela, ne croyez surtout pas que je ne m'adresse qu'à l'élite de notre société. Aux dirigeants, aux gens les plus en vue. Rien n'est plus éloigné de ma pensée. Je m'adresse à tous les Québécois dont dépend notre avenir collectif. Je m'adresse notamment aux chefs de famille monoparentale, qui ont des défis considérables et immédiats à relever au quotidien. Dans votre bataille pour la survie, vous tenez entre vos mains une des clés les plus importantes pour notre avenir collectif : vos enfants ! Ne perdez jamais de vue qu'en incitant vos enfants à s'instruire, en leur communiquant vos valeurs de ténacité et de courage, votre action est tout aussi importante que celle de n'importe quel politicien, dirigeant d'entreprise ou leader syndical. Surtout, ne lâchez pas !

Si vous avez de meilleures idées, tant mieux. Allez-y. Foncez. Mais, de grâce, passons tous à l'action en maintenant le cap sur une réalité incontournable : la vraie autonomie d'un peuple provient de l'engagement de chacun de ses citoyens à prendre ses propres responsabilités, individuellement et collectivement. C'est à cette condition que le Québec renouera avec le succès, concurrencera les meilleurs de ce monde et maintiendra un niveau de vie et de services qui fera l'envie des autres peuples.

Si on s'y mettait... maintenant.

Notes

1. CSN. Commentaires présentés dans le cadre des consultations prébudgétaires du ministre des Finances du Québec, 2 février 2006.
2. FORTIN, Pierre. *Faut-il rembourser la dette?*, présentation à l'Université du Québec à Montréal, février 2006.
3. *Ibid.*
4. DUBUC, Alain. *Éloge de la richesse,* Montréal, Éditions Voix parallèles, 2006, p. 25.
5. COMITÉ DE TRAVAIL SUR LA PÉRENNITÉ DU SYSTÈME DE SANTÉ ET DE SERVICES SOCIAUX DU QUÉBEC. *Pour sortir de l'impasse : la solidarité entre nos générations,* juillet 2005, p. 14.
6. « Population active, occupée et en chômage, et taux d'activité et de chômage, par province », *Le Quotidien,* Statistique Canada, janvier 2007.
   « Taux d'activité (Québec) », Institut de la statistique du Québec, février 2007.
7. WORLD ECONOMIC FORUM. *The Global Competitiveness Report 2006-2007,* p. 27.
8. ROY, Mario. « Lire de travers », *La Presse,* 10 janvier 2007.
9. MINISTÈRE DE L'ÉDUCATION. *Cap sur l'apprentissage tout au long de la vie, Rapport du comité d'experts sur le financement de la formation continue,* Québec, Gouvernement du Québec, 2004. Disponible à l'adresse : www.meq.gouv.qc.ca/REFORME/formation_con/Rapport/rapport.pdf
10. UNIVERSITÉ McGILL, Département des sciences de l'éducation, *YGI Newsletter,* novembre 2003.
11. *Enquête sur les toxicomanies au Canada – une enquête nationale sur la consommation d'alcool et d'autres drogues par les Canadiens : la prévalence de l'usage et les méfaits, points saillants,* Ottawa, Centre canadien de lutte contre l'alcoolisme et les toxicomanies, novembre 2004. Disponible à l'adresse : www.ccsa.ca/CCSA/FR/Research/2004_Canadian_Addiction_Survey/

12 LEFEBVRE, Chantal. *Un portrait de la santé des jeunes Québécois de 0 à 17 ans*, Institut national de santé publique du Québec, 2004, p. 20.

13 FRENETTE, Marc. «Pourquoi les jeunes provenant de familles à plus faible revenu sont-ils moins susceptibles de fréquenter l'université? Analyse fondée sur les aptitudes aux études, l'influence des parents et les contraintes financières», 2003, *Le Quotidien*, Statistique Canada, 8 février 2007.

14 Conférence des recteurs et des principaux des universités du Québec (CREPUQ). *Le financement des universités québécoises : un enjeu déterminant pour l'avenir du Québec*, mémoire présenté à la Commission parlementaire de l'éducation sur la qualité, l'accessibilité et le financement des universités, 6 février 2004.

15 SÉGUIN, Claude. *Assessing Quebec's Key Prosperity and Competitiveness Opportunities and Challenges*, présentation, juin 2007. Document inédit dont une partie a été publiée dans *Le Devoir*, 16 juin 2007.

16 TAPSCOTT, Don, et Anthony D. WILLIAMS. *Wikinomics: How Mass Collaboration Changes Everything*, Portfolio, 2006, 324 p.

17 SÉGUIN, Claude. *Assessing Quebec's Key Prosperity and Competitiveness Opportunities and Challenges*, présentation, juin 2007. Document inédit dont une partie a été publiée dans *Le Devoir*, 16 juin 2007.

18 FORTIN, Pierre. *Faut-il rembourser la dette ?*, présentation à l'Université du Québec à Montréal, février 2006.

19 COMITÉ DE TRAVAIL SUR LA PÉRENNITÉ DU SYSTÈME DE SANTÉ ET DE SERVICES SOCIAUX DU QUÉBEC. *Pour sortir de l'impasse : la solidarité entre nos générations*, juillet 2005.

20 FORTIN, Pierre. *Le boom économique irlandais : les faits, les causes et les leçons*, Université du Québec à Montréal et Institut canadien de recherches avancées, mai 2002.

21 OCDE. *Étude économique de l'OCDE – Irlande 2006*, résumé en ligne. Disponible à l'adresse: http://www.oecd.org/document/36/0,3343,fr_33873108_33873500_36159012_1_1_1_1,00.html

22 Site www.grandquebec.com.

23 NOËL, Kathy. «Le Québec doit-il vendre son eau?», *Commerce*, octobre 2007, p. 28.

24 PAQUET, Stéphane. «Le Québec, un peuple d'importateurs», *La Presse*, 14 septembre 2007.

25 «Croissance de la productivité à long terme au Canada et aux États-Unis, de 1961 à 2006», *Le Quotidien*, Statistique Canada, 28 août 2007.

26 OCDE. *La performance économique du Canada : une mise en perspective*, n° 13, automne 2006.

27 OCDE. L'observateur international de la productivité, automne 2006.

28 CHOUINARD, Marie-Andrée. « Travailler pour s'intégrer », *Le Devoir*, 12 septembre 2007.

29 HUGO, Victor. « Les quatre vents de l'esprit », *Œuvres complètes de Victor Hugo – Poésie III*, Robert Laffont, Paris, 1985.

30 MINISTÈRE DES FINANCES DU QUÉBEC. Budgets de 1959 à 1969.

31 GOUVERNEMENT DU QUÉBEC. *Rapport de la Commission royale d'enquête sur l'enseignement dans la province de Québec* (Rapport Parent) (5 vol.). Québec, Gouvernement du Québec, 1963-1965.

32 BROSSARD, Luce, et Arthur MARSOLAIS. *Mémoire, discernement, engagement : le 40e anniversaire du rapport Parent*, 7 octobre 2003, p. 16. Disponible à l'adresse : www.viepedagogique.gouv.qc.ca/articles/rapport_parent.pdf

33 GODIN, Keith, et autres. « Measuring Labour Markets in Canada and the United States : 2007 Edition », *Studies in Labour Markets*, Institut Fraser, n° 4, septembre 2007.

34 CHOUINARD, Marie-Andrée. « Travailler pour s'intégrer », *Le Devoir*, 12 septembre 2007.

35 Association médicale canadienne, 2007.

36 KOZHAYA, Norma. « L'âge de la retraite au Québec : une situation préoccupante », Institut économique de Montréal, 18 juin 2007. Disponible à l'adresse : http://www.iedm.org/main/show_publications_fr.php?publications_id=182.

37 Site www.adoptaschool.org.

38 Site www.crepas.qc.ca.

39 CEFRIO. *Utilisation d'Internet au Québec : de nouveaux sommets fracassés*, 16 février 2007. Disponible à l'adresse : www.cefrio.qc.ca/Communiques/commun_77.cfm

40 MOREL, Pierre. « Du télétravail au travail mobile : un enjeu de la modernisation de l'économie française » (extraits) Disponible à l'adresse : http://teletravail.fr/informations/teletravail-dans-le-monde/le-teletravail-en-suede/index.html

41 « Le télétravail au Japon », 26 juin 2007. Disponible à l'adresse : http://teletravail.fr/informations/teletravail-dans-le-monde/le-teletravail-au-japon/index.html

42 *Portraits statistiques*, Chantier de l'économie sociale. Disponible à l'adresse : www.chantier.qc.ca

43 TAPSCOTT, Don, et Anthony D. WILLIAMS. *Wikinomics : How Mass Collaboration Changes Everything*, Portfolio, 2006, 324 p.

Références

Publications imprimées

ANGUS REID. *Young Canadian Study,* mai 2007.

ATTALI, Jacques. *Une brève histoire de l'avenir,* Fayard, 2006, 423 p.

BROSSARD, Luce, et Arthur MARSOLAIS. *Mémoire, discernement, engagement : le 40e anniversaire du rapport Parent,* 7 octobre 2003, p. 16. Disponible à l'adresse : www.viepedagogique.gouv.qc.ca/articles/rapport_parent.pdf

CEFRIO. *Utilisation d'Internet au Québec : de nouveaux sommets fracassés,* 16 février 2007. Disponible à l'adresse : www.cefrio.qc.ca/Communiques/commun_77.cfm

COMITÉ DE TRAVAIL SUR LA PÉRENNITÉ DU SYSTÈME DE SANTÉ ET DE SERVICES SOCIAUX DU QUÉBEC. *Pour sortir de l'impasse : la solidarité entre nos générations,* juillet 2005.

COMITÉ SÉNATORIAL PERMANENT DES AFFAIRES SOCIALES, DES SCIENCES ET DE LA TECHNOLOGIE. *De l'ombre à la lumière, La transformation des services concernant la santé mentale, la maladie mentale et la toxicomanie au Canada,* mai 2006.

COOPER, Dr Sherry. « The True North Meets the Middle Kingdom : Why Canada Must Embrace China », *Economic Research,* BMO Capital Markets, 12 janvier 2007, 18 p.

COTIS, Jean-Philippe. « La performance économique du Canada : une mise en perspective », *Observateur international de la productivité,* n° 13, Centre d'étude des niveaux de vie, automne 2006.

« Croissance de la productivité à long terme au Canada et aux États-Unis, de 1961 à 2006 », *Le Quotidien,* Statistique Canada, 28 août 2007.

CROP. *Les valeurs des jeunes Québécois et leurs perceptions de l'avenir,* Montréal, mars 2007.

CSN. *Commentaires de la CSN sur la gestion de la dette publique présentés dans le cadre des consultations prébudgétaires du ministre des Finances du Québec*, 2 février 2006. Disponible à l'adresse : www.csn.qc.ca/memoires/commentaires-budget-2006.html

DE KONINCK, Thomas. *Philosophie de l'éducation, Essai sur le devenir humain*, Paris, Presses Universitaires de France (Thémis), 2004, 296 p.

DUBUC, Alain. *Éloge de la richesse*, Montréal, Les éditions Voix parallèles, 2006, 335 p.

Enquête sur les toxicomanies au Canada – une enquête nationale sur la consommation d'alcool et d'autres drogues par les Canadiens : la prévalence de l'usage et les méfaits, points saillants, Ottawa, Centre canadien de lutte contre l'alcoolisme et les toxicomanies, novembre 2004. Disponible à l'adresse : www.ccsa.ca/CCSA/FR/Research/2004_Canadian_Addiction_Survey/

FORTIN, Pierre. *Faut-il rembourser la dette ?*, présentation à l'Université du Québec à Montréal, février 2006.

FORTIN, Pierre. *Le boom économique irlandais : les faits, les causes et les leçons*, Université du Québec à Montréal et Institut canadien de recherches avancées, mai 2002.

FRASER INSTITUTE. *Studies in Labour Markets, Measuring Labour Markets in Canada and the United States*, septembre 2007.

FRENETTE, Marc. « Pourquoi les jeunes provenant de familles à plus faible revenu sont-ils moins susceptibles de fréquenter l'université ? Analyse fondée sur les aptitudes aux études, l'influence des parents et les contraintes financières », 2003, *Le Quotidien*, Statistique Canada, 8 février 2007.

GÉRIN-LAJOIE, Diane. « La contribution de l'école au processus de construction identitaire des élèves dans une société pluraliste », *Éducation et francophonie*, vol. XXXIV, n° 1, printemps 2006, p. 3-9.

GOUVERNEMENT DU QUÉBEC. *Rapport de la Commission royale d'enquête sur l'enseignement dans la province de Québec* (Rapport Parent) (5 vol.). Québec, Gouvernement du Québec, 1963-1965.

HUGO, Victor. « Les quatre vents de l'esprit », *Œuvres complètes de Victor Hugo – Poésie III*, Robert Laffont, Paris, 1985.

KOZHAYA, Norma. « L'âge de la retraite au Québec : une situation préoccupante », Institut économique de Montréal, 18 juin 2007. Disponible à l'adresse : http://www.iedm.org/main/show_publications_fr.php?publications_id=182.

LEFEBVRE, Chantal. *Un portrait de la santé des jeunes Québécois de 0 à 17 ans*, Institut national de santé publique du Québec, 2004.

MONTMARQUETTE, Claude. *Ça va mal… est-ce nécessairement mauvais ?*, présentation à l'École d'été de l'Institut du Nouveau Monde, août 2007.

NOËL, Kathy. « Le Québec doit-il vendre son eau ? », *Commerce*, octobre 2007, p. 20-28.

OCDE. *Études économiques de l'OCDE – Canada 2006*, 2006, 162 p.

OCDE. *Étude économique de l'OCDE - Irlande 2006*, résumé en ligne. Disponible à l'adresse: http://www.oecd.org/document/36/0,3343,fr_33873108_33873500_36159012_1_1_1_1,00.html

OCDE, *Regards sur l'éducation*, édition 2002.

OCDE. *Regards sur l'éducation*, édition 2006.

« Population active, occupée et en chômage, et taux d'activité et de chômage, par province », *Le Quotidien*, Statistique Canada, janvier 2007.

ROUSSEAU, Nadia, et autres. « L'insertion socioprofessionnelle des jeunes », *Éducation et francophonie*, vol. XXXV, n° 1, printemps 2007.

ROY, Mario. « Lire de travers », *La Presse*, 10 janvier 2007.

SÉGUIN, Claude. *Assessing Quebec's Key Prosperity and Competitiveness Opportunities and Challenges*, présentation, juin 2007. Document inédit dont une partie a été publiée dans *Le Devoir*, 16 juin 2007.

TAPSCOTT, Don, et Anthony D. WILLIAMS. *Wikinomics : How Mass Collaboration Changes Everything*, Portfolio, 2006, 324 p.

THE CONFERENCE BOARD OF CANADA. *How Canada Performs : A Report Card on Canada*, juin 2007, Ottawa, 154 p.

THE CONFERENCE BOARD OF CANADA. *Mission Possible : Stellar Canadian Performance in the Global Economy*, Ottawa, janvier 2007, 144 p.

THE CONFERENCE BOARD OF CANADA. *Performance and Potential 2004-05 : How Can Canada Prosper in Tomorrow's World ?*, Ottawa, octobre 2004, 168 p.

VAILLANCOURT, François. *Le financement des universités québécoises : un enjeu déterminant pour l'avenir du Québec*, CRÉPUQ, 2004.

WORLD ECONOMIC FORUM. *Global competitiveness report*, 2006-2007.

Sites Internet

www.adoptaschool.org

www.crepas.qc.ca

www.grandquebec.com

www.teletravail.fr

Merci

Je projette d'écrire ce livre depuis quelques années, en particulier depuis la fin des travaux du Groupe de travail sur la pérennité du système de santé et des services sociaux du Québec, que j'ai eu l'honneur de présider en 2005. Ce mandat m'a fait jeter un regard nouveau sur l'évolution du Québec.

Mais le plus difficile restait à faire. Il fallait l'écrire, ce livre ! Pas évident pour moi, dont l'écriture n'est pas le talent numéro un. Heureusement, l'apport exceptionnel de mon ami et fidèle collaborateur des 20 dernières années, Denis Beauregard, s'est révélé déterminant. Denis partage ma passion pour les affaires publiques et m'accompagne dans toutes mes interventions auprès de la communauté. S'il maîtrise mon vocabulaire et mes expressions colorées, c'est qu'il a appris à me connaître, patiemment. Sans toi, Denis, cet ouvrage n'aurait pu voir le jour. Je t'en suis très reconnaissant.

Je tiens aussi à remercier mon éditeur, Jean Paré. Il a vite adopté ce projet dont le sujet, visiblement, le passionne, et il nous a épaulés tout au long de la rédaction. J'ai beaucoup apprécié la discipline et la rigueur qu'il nous a insufflées. Jean, tu es un vrai pro. Je vous remercie chaleureusement, ton équipe et toi, pour votre excellente collaboration.

Au-delà de mes préoccupations de citoyen, je suis convaincu que je n'aurais eu l'idée folle de m'aventurer à écrire ce livre si je n'avais pas d'enfants. Je remercie Louis Simon et Anne Valérie, qui en ont inspiré l'écriture. Leur passion de vivre, leur optimisme et leur humour sont pour moi des sources de motivation continuelles.

Marie-José, l'amour de ma vie, mon amie, ma complice de tous les instants depuis nos premiers jours, je te dis merci du fond du cœur pour ta présence, tes conseils judicieux et ta patience, non seulement durant la rédaction de ce livre, mais pour m'avoir appuyé et accompagné dans toutes mes initiatives professionnelles et communautaires.

Merci à mes collègues et associés chez BMO, dont l'appui est toujours indéfectible, ainsi qu'aux jeunes qui évoluent chez nous et dont la créativité m'inspire et me confirme que tout est encore possible au Québec.

Enfin, je veux remercier tous ceux et celles avec qui j'ai eu le privilège de collaborer dans la communauté ces 40 dernières années. On dit que nous sommes tous le produit de notre environnement. Toutes ces personnes que j'ai croisées et côtoyées ont touché ma vie et l'ont influencée profondément. Qu'ils soient d'Oxfam-Québec, de Centraide, de l'Université Concordia, des Grands Ballets Canadiens, de la Fondation Ressources-Jeunesse, des Expos de Montréal, de l'organisation de la Traversée internationale du lac Saint-Jean ou des Jeux du Québec, de la Fondation de l'Hôpital Sainte-Justine ou de l'Institut de cardiologie de Montréal, de l'Orchestre symphonique de Montréal ou des autres organismes avec lesquels j'ai collaboré, je les remercie de m'avoir fait vivre les expériences qui ont mené à la rédaction de cet ouvrage.

Les droits d'auteur issus de la vente de ce livre seront entièrement versés à la Fondation Ressources-Jeunesse, qui contribue à l'intégration des jeunes en emploi.

Vous avez entre les mains un livre carbone neutre

Ce livre a été imprimé sur du papier Regénération, 100 % recyclé post-consommation.

Pour le premier tirage de ce livre, l'utilisation de 1 690 kg de papier Regénération plutôt que de papier vierge :

- sauve l'équivalent de 29 arbres ;
- évite la production de 828 kg de déchets solides ;
- réduit de 78 335 litres la quantité d'eau utilisée ;
- réduit de 5,2 kg les matières en suspension dans l'eau ;
- réduit de 1 818 kg les émissions atmosphériques ;
- réduit de 118 m^3 la consommation de gaz naturel grâce à l'utilisation du biogaz.

Pour compenser les émissions de CO_2, lesquelles sont issues du transport du papier de l'usine du fabricant vers l'imprimerie, du transport des livres finis au distributeur et de la première distribution aux points de vente en sol québécois, 50 arbres seront plantés au printemps 2008. Ces 50 arbres rejoindront ainsi des centaines d'autres, tous destinés à la création d'immenses espaces verts publics.

Le calcul de la compensation tient compte d'une marge de sécurité équivalant à plus du double de la quantité de CO_2 émise.

 Pour savoir comment compenser vos émissions de CO_2 : www.zeroco2.com